四川省社会科学院重大集体攻关项目
"四川经济高质量发展的金融重大问题研究"项目（2022J

科创金融支持创新驱动发展
——理论探索与四川实践

魏良益 吴佳其 杨嘉嵋 著

经济日报出版社
北 京

图书在版编目（CIP）数据

科创金融支持创新驱动发展：理论探索与四川实践 / 魏良益，吴佳其，杨嘉嵋著. -- 北京 : 经济日报出版社，2025. 4. -- ISBN 978-7-5196-1544-4

Ⅰ. F127.71

中国国家版本馆CIP数据核字第202456NE30号

科创金融支持创新驱动发展——理论探索与四川实践
KECHUANG JINRONG ZHICHI CHUANGXIN QUDONG FAZHAN——LILUN TANSUO YU SICHUAN SHIJIAN

魏良益　吴佳其　杨嘉嵋　著

出版发行：	经济日报出版社
地　　址：	北京市西城区白纸坊东街2号院6号楼
邮　　编：	100054
经　　销：	全国各地新华书店
印　　刷：	文畅阁印刷有限公司
开　　本：	710mm×1000mm　1/16
印　　张：	14.75
字　　数：	225千字
版　　次：	2025年4月第1版
印　　次：	2025年4月第1次
定　　价：	62.00元

本社网址：www.edpbook.com.cn　微信公众号：经济日报出版社
请选用正版图书，采购、销售盗版图书属违法行为
版权专有，盗版必究。本社法律顾问：北京天驰君泰律师事务所，张杰律师
举报信箱：zhangjie@tiantailaw.com　　举报电话：(010) 63567684
本书如有印装质量问题，由我社事业发展中心负责调换，联系电话：(010) 63538621

前　言

我国对科创金融促进科技创新体制改革的探索始于1985年中共中央发布的《关于科学技术体制改革的决定》，该文件提出"鼓励部门、企业和社会集团向科学技术投资""设立创业投资给以支持""银行要积极开展科学技术信贷业务"等重大举措。当时，科创金融的重点及形式是信贷市场的科技贷款和财政贷款贴息。以2006年国务院发布的《国家中长期科学和技术发展规划纲要（2006—2020）》为起点，多元化科创金融产品（服务）开始出现。同年正式启动科技保险试点。2007年设立科技型中小企业的创业投资引导基金。2009年形成"新三板"、推出创业板。2011年设立首批促进科技与金融结合的试点试验区。2018年上交所设立科创板并进行注册制试点。2021年11月25日，经国务院同意，中国人民银行等八部委印发《山东省济南市建设科创金融改革试验区总体方案》，以"科创金融"为名的地方金融改革试验探索拉开了序幕。

建设创新型国家是我国的重大战略。2006年1月召开的全国科学技术大会首次提出了建设创新型国家的总体目标、核心内涵和战略任务。党的十八大明确提出，要实施创新驱动发展战略，科技创新必须摆在国家发展全局的核心位置。2016年5月，中共中央、国务院印发《国家创新驱动发展战略纲要》（简称《纲要》），明确了我国建设世界科技创新强国的"三步走"战略：到2020年进入创新型国家行列，到2030年跻身创新型国家前列，到2050年建成世界科技创新强国。《纲要》强调要把创新驱动发展战略作为国家的优先战略，以高效率的创新体系支撑高水平的创新型国家建设。党的十九大报告明确提出，加快创新型国家建设、加快科技强国建设，把创新型国家建设、科技强国建设与全面建设社会主义现代化国家密切结合起来。党的二十大报告提出，加快实施创新驱动发展战略，加快实现高水平科技自立自强，进入创新型国家前列，并向全党和全国各族人民发出了"全面建成社会主义现代化强国、实现第二个百年奋斗目标，以中国式现代化全面推进中华民族伟大复兴"的动员令。

新发展阶段，必须坚持创新驱动发展战略。创新是引领发展的第一动力，加快推进创新驱动发展战略是解决发展不平衡不充分问题、化解社会主要矛盾的关键路径。当前，国内外经济形势持续发生深刻变化，我国面临着经济恢复基础尚不牢固、需求收缩、供给冲击、预期转弱等挑战，同时还面临着逆全球化等国际问题。我们必须坚持创新驱动发展战略，以科技创新推动产业创新，特别是以颠覆性技术和前沿技术催生新产业、新模式、新动能，发展新质生产力。坚持创新驱动发展战略，要以科技创新体系建设为核心，推进现代化产业体系建设，加快培育和发展新质生产力，实现高质量发展。完善我国科技创新体系是我国实施创新驱动发展战略、增强经济发展动力与活力、破解经济发展体制机制障碍、实现中国式现代化的必然选择。2023年10月的中央金融工作会议明确"坚持把金融服务实体经济作为根本宗旨""加快建设中国特色现代金融体系""优化资金供给结构，把更多金融资源用于促进科技创新、先进制造、绿色发展和中小微企业，大力支持实施创新驱动发展战略、区域协调发展战略""做好科技金融、绿色金融、普惠金融、养老金融、数字金融五篇大文章""坚定不移走中国特色金融发展之路，推动我国金融高质量发展，为以中国式现代化全面推进强国建设、民族复兴伟业提供有力支撑"。

党的十八大以来，四川省全面践行新发展理念，全面创新改革试验系统开展，创新引领发展能力持续增强，创新资源加快集聚，科技成果加速转化。2024年，四川省地区生产总值突破6.4万亿元，较上年增长5.7%，GDP名义增长率位于全国前列。四川省制定了基础研究十年行动计划，前瞻布局2 000个基础研究项目；全省企业研发投入占全社会R&D比重超过60%；启动共建"一带一路"科技创新合作区。中共四川省委十二届二次、三次、四次、五次、六次全会，分别作出了《中共四川省委关于深入学习贯彻党的二十大精神在全面建设社会主义现代化国家新征程上奋力谱写四川发展新篇章的决定》《中共四川省委关于深入推进新型工业化加快建设现代化产业体系的决定》《中共四川省委关于深入贯彻习近平总书记重要指示精神以县域为重要切入点扎实推进城乡融合发展的决定》《中共四川省委关于以发展新质生产力为重要着力点扎实推进高质量发展的决定》《中共四川省委关于深入贯彻党的二十届三中全会精神 进一步全面深化改革、奋力谱写中国式现代化四川新篇章的决定》。深入实施"四化同步、城乡融合、五区共兴"发展战略，将发展新质生产力作为高质量发展的重要着力点，以创新为主导加快发展新质生产力，实施前沿科技突破攻坚行动，推动产业深度转型升级，深化重点领域和关键环节改革。力争到 2027 年全省综合实力和竞争力明显提升，高质量发展明显进位，经济总量再跨两个万亿台阶，发展新质生产力取得新进展；到 2035 年，全要素生产率大幅提升，基本实现新型工业化、信息化、城镇化和农业现代化，基本建成现代化经济强省，与全国同步基本实现社会主义现代化。

在新发展阶段，四川省如何构建"科技—产业—金融"良性循环机制，充分发挥科创金融资源集聚与配置功能，促进科技创新和现代产业体系构建，加快发展新质生产力实现高质量发展，需要从理论上对科创金融支持创新驱动发展进行深入研究，并指导四川省高质量发展的实践，特别是对科创金融作为一个金融体系如何赋能科技创新体系发展、进而支持创新驱动发展的内在机理的研究。

"科技金融"和"科创金融"虽然只有一字之差，实践中却存在内涵差异，并导致模式上的差别。科技金融更多是传统金融模式向科技型企业的延伸与覆盖，因此在业务形态、BD 模式、风控方法等方面普遍带有银行传统信贷的印记。而科创金融，则是科技创新、创投市场与银行信贷相结合的跨界金融，因此其特征也与传统科技金融有差异。科创金融是服务于从科学研究到技术发明改进再到新的生产体系全链条的一系列金融组织体系、金融产品体系、金融市场体系、金融政策体系和制度安排（肖钦等，2023）。"科技金融"与"科创金融"概念内涵与外延存在区别和联系，基于研究目标，本书并未对二者进行严格区分，但侧重从科创金融的视角对促进科技创新、支持创新驱动发展问题进行研究。

因此，本书在梳理国内外相关文献的基础上，首先从科创金融支持创新驱动发展相关基础理论分析着手，重点阐述科创金融支持经济创新驱动发展的内在投融资制度逻辑。结合处于国家战略腹地的四川省深入推动金融、科技和产业融合创新发展的具有典型特色和成效的地方政府实践，从四川省科创金融支持创新驱动发展面临的重大问题入手，从科创金融资源集聚的制度环境建设与优化、科创金融资源配置效率及其评价、科创金融支持创新驱动发展机制创新、科创金融支持创新驱动发展路径优化等方面研究四川省科创金融体系完善、科技创新体系完善和创新驱动发展的理论与实践问题。研究的目的在于：一是进一步丰富和完善科创金融理论体系，为实践和创新提供理论指导；二是为地方政府建设金融强省、推动高质量发展提供政策建议和决策依据。

围绕上述研究背景、研究目的和总体思路，本书内容体系结构分为研究现状、理论基础及其分析、科创金融资源集聚的制度环境建设与优化、科创金融资源配置效率与评价、科创金融支持创新驱动发展机制创新、科创金融支持创新驱动发展路径优化与研究展望七章内容。

第一章是研究现状。主要对国内外金融与经济增长、科技创新的生产要素投入、科技创新与科创金融资源配置机制等方面研究进行文献综述与评述，为本书后续研究提供文献借鉴。

第二章是理论基础及其分析。主要对科技创新的制度变迁理论、金融发展的结构观理论、金融发展与经济增长理论进行深入分析。在此基础上，从制度供需、市场主体结构、制度环境对科创金融支持创新驱动发展的内在投融资制度逻辑进行了深入分析。提出了四川省科创金融支持创新驱动发展面临的投融资结构性制度问题。

第三章是促进四川省科创金融资源集聚的制度环境建设与优化问题研究——以政府政策为主要视域。从政府政策安排视角，首先对四川省科技金融发展制度环境建设的经验与成就进行归纳总结；其次，重点分析存在的主要问题及形成原因；最后，提出科创金融发展制度环境建设与优化的对策建议。

第四章是提升四川省科创金融资源配置效率及其评价问题研究。从科创金融资源配置效率理论及科创金融资源配置效率评价方法研究着手，梳理四川省科创金融资源配置相关政策，深入分析四川省科创金融资源配置实践成效。构建 BCC 模型和 Malmquist 模型分析，对四川省 21 个市（州）的科创金融资源配置效率进行评估和解析。对四川省科创资源配置存在的主要问题进行分析，提出提升科创金融资源配置效率的对策建议。

第五章是科创金融支持四川省创新驱动发展机制创新问题研究。主要对科创金融支持创新驱动发展的几个重要机制创新进行深入研究，包括风险投资投入退出机制、科创金融与供应链金融协同机制、科创金融与资本市场融资协同机制等，并提出科创金融支撑四川省创新驱动发展机制创新路径。

第六章是科创金融支持四川省创新驱动发展路径优化研究。从科创金融"宏观政策制度—中观区域产业发展—微观市场机制"不同维度切入，围绕产融结构匹配、科创金融主体和业态、科创金融法治和信用环境优化，分析科创金融支持四川省创新驱动发展的路径优化问题，提出对策建议。

第七章是研究展望。未来在科创金融支持创新驱动发展方面还可以在三方面进一步研究；分别是四川省科创金融发展全生命周期生态体系构建、四川省"科技—产业—金融"良性循环机制形成路径以及四川省金融强省建设路径。

本书是四川省社会科学院金融财贸研究所近年从事金融支持四川省高质量发展项目的系列成果之一。项目首席专家魏良益负责全书内容框架搭建、撰写与出版组织统筹工作，参与了第一部分、第四部分、第七部分撰写；吴佳其参与了第一部分、第二部分、第六部分撰写，负责全书统稿工作；杨嘉嵋参与了第三部分、第五部分撰写；李璇、李琴两位同学参与了

第四部分撰写。

本书获得四川省社会科学院重大集体攻关项目"四川经济高质量发展的金融重大问题研究"（2022JTGG11）的资助。本书在写作过程中还得到四川省科技厅、四川省科学技术信息研究所等相关机构及工作人员的指导和帮助，在此一并表示感谢。

承蒙经济日报出版社的大力支持与帮助，在此表示感谢！

本书的撰写，参考或借鉴了国内外众多相关领域学者的研究成果，他们的思想或观点给予我们极大的启发，虽然书中尽量列出相关参考文献，但恐挂一漏万，在此表示谢意和致歉！

魏良益
2024 年 6 月于成都

目　　录

第一章　研究现状 ………………………………………………… 1
　第一节　科技创新、金融发展与经济增长的关系 ……………… 1
　第二节　科技创新与异质性融资支持之间的关系 ……………… 7
　第三节　科创金融资源配置模式、效率及制度环境 …………… 14
　第四节　研究述评及小结 ………………………………………… 16

第二章　理论基础及其分析 …………………………………… 18
　第一节　基础理论 ………………………………………………… 18
　第二节　科创金融支撑经济创新驱动发展的内在逻辑阐释 …… 26
　第三节　科创金融支撑四川省创新驱动发展的投融资结构性
　　　　　制度问题 ………………………………………………… 42

第三章　促进四川省科创金融资源集聚的制度环境建设与优化问题研究
　　　　——以政府政策为主要视域 …………………………… 48
　第一节　四川省科创金融发展制度环境建设现状 ……………… 49
　第二节　四川省科创金融发展制度环境建设存在的
　　　　　问题与原因 ……………………………………………… 56
　第三节　建设优化四川省科创金融发展制度环境的对策建议 … 69

第四章　提升四川省科创金融资源配置效率及其评价问题研究 …… 87
　第一节　科创金融资源配置效率评价研究回顾 ………………… 87

· 1 ·

第二节　四川省科创金融资源配置现状分析 …………………… 90
   第三节　四川省科创金融资源配置效率实证研究 ……………… 119
   第四节　四川省科创金融资源配置中存在的主要问题分析 …… 139
   第五节　提升四川省科创金融资源配置效率的对策建议 ……… 142

第五章　科创金融支持四川省创新驱动发展机制创新问题研究 ……… 148
   第一节　创新完善风险投资投入退出机制 ……………………… 148
   第二节　科创金融与供应链金融协同机制创新 ………………… 163
   第三节　科创金融与资本市场融资协同机制创新 ……………… 174
   第四节　科创金融支撑四川省创新驱动发展机制创新路径 …… 184

第六章　科创金融支持四川省创新驱动发展路径优化研究 …………… 191

第七章　研究展望 …………………………………………………………… 208

参考文献 ……………………………………………………………………… 211

第一章 研究现状

围绕科创金融赋能创新驱动发展的资源配置效率提升这一主题，第一章将对现有相关文献做出梳理和述评，以揭示科创金融支持地区创新驱动发展的内在逻辑。具体讲，第一节从宏观角度梳理科技创新、金融发展与经济增长的关系的代表性研究，进一步从科创金融需求侧视角，介绍科创金融与科技创新生产性资源投入间的关系，重点梳理同资金要素相关物质资源投入的相关研究。第二节从科创金融供给侧资源配置的"市场—政府"机制协调视角，梳理了科技创新与异质性融资支持间的关系的相关研究。紧扣"资源配置优化"这一研究主题，在第三节系统梳理科创金融资源配置模式、效率测度及制度环境的研究。最后一节是对研究现状的述评及小结。

第一节 科技创新、金融发展与经济增长的关系

熊彼特（Schumpeter）较早从论证货币、信用、信贷、银行等金融变量对于企业（或企业家）创新与经济发展的影响视角切入，较细致地研究了金融发展与科技创新间的关系。熊彼特在其著作《经济发展理论》中首次提出"创新理论"这一术语，他认为创新不属于技术范畴，而应属于经济学范畴。与主流经济增长理论强调资金要素、人力要素的重要性不同，他认为创新才是经济发展的根本动因。并认为，金融发展的本质是金融服务企业（或企业家）科技创新，否则金融资源的使用过程会出现低效甚至无效（Schumpeter，1912）。他进一步提出企业科技创新的实质是对生产要素的组合。熊彼特高度重视银行信贷对企业家创新的重要影响，认为银行

信用的主要作用是为生产要素"新组合"提供购买力,认为银行家是企业家创新天然的风险承担者。生产要素的"新组合"可以催生质变,经济组织以"创造性破坏"驱动经济实现间断性、爆发性增长。

一、金融发展与产业经济发展

约翰·希克斯(John Hicks,1969)认为工业革命是金融革命直接作用的结果。工业革命伴随的金融创新并非诞生于工业革命之后,而是先于工业革命出现,因为金融资本未及时跟进,使得新技术的产业化时间延迟。因此,若无金融支持就无法引致工业革命,经济增长也是不可能的。卡洛塔·佩蕾丝(Perez C,2002)基于演化经济学视角,较为系统性、规范性地探讨了科创金融的发展问题。她发现,新技术早期崛起是一个爆炸性增长时期,会诱致极大动荡和不确定性。风险资本家为获取高额利润,迅速参与新技术的投资,促进金融资本和产业资本的耦合,引致技术创新繁荣和金融资产几何级增长。郑惠玉等(Jeong H,Townsend R M,2007)将TFP的增长率分解为人力资本变动效应、金融深化效应、资本异质效应以及部门索洛余值,提出金融深化对科技创新的影响。国内学者陈涤非(2002)探讨了金融与科技创新间的相互促进作用,一方面是科技创新可以为金融发展提供足够的技术支撑;另一方面是金融发展可以为科技创新提供充足的物质基础。因此两者间是互利共生的关系。李颖(2011)将科技创新和金融发展的结合分为初、中、高三个阶段——即科创金融的闭合循环回路、开放循环回路和一体化,基于不同的阶段和层次探讨了科技创新和金融发展间的关系。关于金融发展和产业经济发展之间的关系,国内研究者基于演化经济学、金融制度变迁视角,探讨了科技与金融深度结合对于经济增长的促进作用(李健等,2014;张明喜等,2019;林毅夫,2022)。

还有学者从中观产业结构观的视角研究了科技产业发展与金融产业结构间的关系。

金融发展理论的著名学者戈德史密斯(Goldsmith,1994)研究发现,金融结构尤其是国有金融机构对墨西哥工业化进程发挥了重要的推动作用。这一观点，对不同经济体选取不同的金融发展路径提供了参考。约翰·G. 格利等（Gurley J G, Shaw E S, 1960）认为，一个稳健的银行体系既有利于该国经济发展，也有利于该国的科技进步。罗伯特·G. 金等（King R G, Levine R, 1993）认为，金融机构授信进程中，可通过对授信企业进行综合调查，筛选出具有市场前景的企业进而推动科技创新。勒内·斯图兹（Stulz R M, 2000）从偏微观的视角提出，若要提高科技企业的融资效率，银行可以进行必要的动态监控，及时掌握企业或项目的进展。新结构经济学（New Structural Economics, NSE）理论主张以历史唯物主义为指导，科学借鉴新古典学派的方法论，以经济组织资源禀赋及其结构为切入点，深入探讨产业、技术、金融经济基础设施等结构及其变迁的决定因素和影响，在"有效市场"和"有为政府"的共同作用下，推进经济结构转型升级，促进经济社会可持续发展。国内学者林毅夫等（2022）认为，金融结构需要匹配产业结构调整的需要，因此由要素禀赋决定的产业生产结构会通过"金融的生产性服务功能"作用于地方金融结构的"最适宜化"调整，这一中观结构的分析视角无疑具有较高的现实参考意义。

二、金融体系与科技创新

金融体系与科技创新关系的相关研究，主要可以归纳为以下三个领域：金融发展功能观相关的研究、金融促进科技创新的作用机制和金融结构对企业科技创新的影响。

金融发展功能观相关的研究。罗斯·莱文等（King R G, Levine R, 1993）的研究表明，金融中介机构通过为资金需求者和供给者提供服务，刺激了技术创新和经济增长。莱文等学者进一步揭示了金融体系在科技创新中的关键作用，包括融资功能、信息传递、技术评估和分散风险等。马克西莫维奇等（Maksimovic V, Ayyagari M, Demirgüs-Knut A, 2007）发现，不同类型企业对外源融资的依赖程度不同，而多样化的融资方式能够促进技术创新。阿塔纳索夫等（Atanassov J, Nanda V K, Seru A, 2007）

研究发现，债券市场和股票市场的建立对技术创新有积极影响。高科技企业在科技创新中面临着信息不对称和抵押缺乏等挑战，这限制了企业 R&D 投入。可以看出，金融体系通过拓展融资渠道、缓释企业融资约束，助推科技创新，进而推动经济增长。

金融促进科技创新的作用机制。这主要体现在两个方面。一是金融体系优化可以促进科技创新。阿卜杜拉·赛义德等（Abdullah S，Shayem S，2018）通过对阿曼科创金融市场的调查发现，金融体系的优化与金融机构服务效率呈正相关，优化金融体系能推动科技企业发展，进而促进经济社会发展。汪淑娟（2021）基于全国性科技金融面板数据，揭示了科技金融在推动我国经济高质量发展中的显著作用。科创金融可以被视为一种"技术创新—经济金融"范式，科技革命推动经济进一步发展，而金融创新则成为促进社会经济发展的催化剂（冯锐等，2021），也促进了"科技—产业—金融"的良性循环（张明喜，2024）。二是科创金融的激励效应。科创金融发展通过提升工业企业的全要素生产率进而促进企业科技创新（张腾等，2019）。科创金融政策、工具对市场主体具有激励效应，尤其是对不同发展阶段的科技型企业会产生不同的激励效果（成海燕等，2020；李徐哲，2021）。

金融结构对企业科技创新的影响。林毅夫等（2001，2019）论证了中小银行对于科技企业的影响，提出了"中小银行优势论"观点，认为解决科技企业融资难题的可行路径是大力发展中小金融机构。刘志彪（2011）基于我国银行业占主导的金融结构情境，提出要建设和完善科技银行的功能，以推进我国战略性新兴产业发展。张婕等（2021）通过研究科技型上市企业发现，相比于科技资本市场的投入和企业自有资金，地方政府的科技投入和金融机构的科技信贷更为有效。但是，曹文芳（2018）选用湖北省企业样本发现，相比于资本市场融资和企业内源融资，政府资助更为显著，而科技信贷的影响相对较小。新结构经济学的金融发展理论认为，企业是产业发展的基础，金融支持企业科技创新是驱动产业升级的动力（林毅夫等，2022）。

三、科创金融服务的生命周期属性

科创金融服务的生命周期源于企业的生命周期。20世纪中期，西方开始探讨企业生命周期理论。梅森·海尔（Mason Haire，1959）首次借用生物学中的"生命周期"概念，提出企业发展也具备类似的生命周期，并指出企业发展过程与生物个体相似，会经历停滞和消亡阶段。加德纳（Gardner，1965）认为企业成长过程不可预测，各阶段持续时间不固定，停滞和消亡并非必然结局。爱迪思在《企业生命周期》中将企业发展细分为孕育期、青春期、盛年期等十个阶段。20世纪末，我国学者也开始研究这一理论。李业（2000）在原有理论基础上，将企业生命周期划分为孕育期、初生期、发展期、成熟期和衰退期。因此，企业科技创新在不同阶段面临的风险差异较大，需要选择与之匹配的金融资源以支持创新进程。具体而言，有两种途径：一是通过风险补偿和风险承担路径；二是对科技创新企业在各阶段提供相应支持。例如，在种子期和初创期可通过风险投资支持，成长期主要依赖商业银行，成熟期则通过资本市场推动企业发展。这种阶段性的金融支持策略有助于有效应对企业在不同生命周期阶段的挑战和机遇。

阿维尼蒂斯·斯皮罗斯等（Arvanitis S，Stucki T，2013）认为，科技创新不单是基础科学研究，还包括成果转化、市场化、产业化，使企业孕育新能力的一系列长期行为，科技创新的周期性就引致全生命周期的金融服务。曼斯菲尔德（Mansfield，1968）认为，从创新理念萌发到技术开发、产品生产、市场化，所有阶段都实现了才算是真正的创新；弗里曼等（Freeman C，Clork J，Soete L，1982）认为创新应涵盖市场化后续相关活动，这些观点都印证了科技创新的生命周期属性。曼斯菲尔德（Mansfield，1968）将创新分为突破式创新、渐进式创新，前者是以高效率的技术、知识等为投入要素进行的破坏式创新（Zhan和Chen，2013；叶江峰和顾远东，2019），后者则是一种较为缓慢的改进性、完善性创新（Javier等，2011；王建平等，2017）。纳尔逊等（Nelson R R，Winter S G，1982）从制度演化视角，指出科技创新需要一系列探索活动，创新不仅仅是技术创新，还包括制度创新（刘景东等，2019），创新的长周期性必然引致科创金融服务的长周期性。

四、科创金融与科技创新生产要素投入相关研究

熊彼特较早通过探讨企业家微观创新对宏观经济发展的影响，建立了宏微观视角统一的"技术创新—经济金融"理论体系[①]。熊彼特（1990）认为，企业家是创新主体，强调了创新的过程性，将创新分为原材料创新、技术创新、组织创新、产品创新、市场创新。创新理论的后续学者，更加凸显科技创新生产要素投入研究。阿维尼蒂斯·斯皮罗斯等（Arvanitis S, Stucki T, 2013）认为，科技创新各个阶段均需要投入大量专用性资源，如果缺乏资金，创新活动可能会被终止。除资金要素之外，企业科技创新还需在各阶段投入大量其他生产性资源，包括物质资源、关系资源等（Wernerfelt, 1984, 1989; Barney, 1991; Barney 等, 2001; 钟田丽等，2014）。大量文献使用 R&D 投入来衡量科技创新要素投入（郝盼盼等，2019; 成力为和邹双，2020）。相比 R&D 资金要素投入而言，科技创新所投入的设备、基础设施、人力资本更具有长期性、资本化的属性（马娜和钟田丽，2017）。但是，无论是 R&D 资金要素投入还是资本化的物质资源投入，都需要金融体系提供外源性融资支持。

熊彼特创新理论认为，科技创新是生产资源要素的"新组合"。需要深入探讨的是，企业家为何要投入生产性资源开展创新？以及企业家如何优化配置这些要素资源？这些问题涉及企业战略选择，是资源基础理论的关注重点。彭罗斯（Penrose, 1959）提出，企业更重要的存在形式是生产性资源的聚集。沃纳菲尔特（Wernerfelt, 1989）指出，企业是一系列有形资源和无形资源的组合，企业制定发展战略要立足资源禀赋自内而外。巴尼（Barney J B, 1991）认为，异质资源是企业核心竞争力之源。洛伦特

---

① 这一理论体系的主要构成包括熊彼特创新理论、新熊彼特理论、科技创新的制度（演化）变迁理论等。

（Vicente-Lorente J D，2001）指出，"专用性"是判断企业异质资源是否具有竞争力的主要标准。科技创新所需的机器设备、基础设施等物质资源都具有专用性。科技中小企业可用于设定抵押的物质资源缺乏，加之专用物质资源的变现能力弱，这些因素使得企业科技创新的融资约束更加凸显（Cole 和 Sokolyk，2018；黄宇虹和黄霖，2019）。

奥利弗·威廉姆森（Williamson，1985）对专用性资本进行了细分，包括专用性物质、专用性人力、专用场地、特定用途资产、品牌和暂时性专用资产。从形成来源细分，这些物质资源具有长期化、资本化投入属性。固定资产是企业科技创新最一般化的物质资源投入。还有部分研究选用无形资产作为专用物质资源的替代指标。大卫·J. 科利斯等（Collis D J，Montgomery C A，1997）以无形资产替代固定资产的专用性。巴拉克里希南等（Balakrishnan S，Fox I，1993）与莫克尼克（Mocnik，2001）选用 R&D 支出和广告费用与销售收入之比测度物质资源的专用性。但是企业科技创新相关的无形资产主要包括专利产出，而根据我国现行的《企业会计准则》，广告费用一般确认为费用支出而非资本性支出，只有符合条件的才能资本化。

本研究主要考察"资金生产要素"这类物质资源的配置问题。这些资金生产要素来源重点包含三个方面。一是 R&D 经费内部支出。这一指标反映了企业科技创新资金投入，指科技创新主体在内部进行研发活动的实际支出，包括基础研究、实验发展和应用研究的费用总和。它是衡量科技投入强度的重要指标。二是金融机构贷款，作为企业从银行和非银行金融机构借入的资金，商业银行贷款是我国企业科技创新最主要的外源融资方式。三是市（州）财政科技支出，反映政府在推动科技创新方面的投入力度。

第二节 科技创新与异质性融资支持之间的关系

从广义上讲，本研究第四部分实证分析所重点考察的科创金融来源包含以上三个方面。因为企业科技创新所需的物质资源，实际上可视为科创金融资源物质形态的转化。从科创金融资源的资本业态划分，主要包含债权性金融资源支持、股权性金融资源支持以及蕴含有混合型金融资本业态的政府资助。总体上，这些异质性金融资源对科技创新的产出究竟有何影响，已有研究结论尚未收敛，但基于事实层面不难发现，这些异质性金融来源均有助于缓释经济组织科技创新的资金生产要素的融资约束。

一、科技创新的债权性融资支持

科创金融理论最早由科技创新的债权融资视角切入。熊彼特（1990）系统论证了货币、信用、信贷、银行等金融变量对于企业科技创新与经济发展的影响，认为金融发展的本质是支持科技创新、银行信贷对科技创新的重要性举足轻重，甚至认为银行是科技创新理所当然的风险承担者。

科技创新需要持续性、积累性的资源投入，尤其需要在各个阶段投入大量的金融资源（Arvanitis 和 Stucki，2013；张璇等，2017）。相比于一般投资，科技创新的特点包含三个方面。一是成功概率低。难以在短期内实现与高风险相匹配的回报，创新成果难以预测（Hall 和 Lerner，2010；Cole 和 Sokolyk，2018；黄宇虹和黄霖，2019）。二是不可逆性（investment irreversible）。企业科技创新需要持续投入大量专用性资源（申宇等，2017），创新成果多为无形资产，难以用于物权担保，加剧了科技创新的贷款融资约束（Stiglitz 和 Weiss，1981）。三是正外部性。创新成果具有知识外溢效应，如果欠缺保密性，创新租金很可能被他人攫取（Waegenaere 等，2012）；如果保密，又会加剧外源融资的信息不对称性。虽然传统融资理论假设企业可以零摩擦出入金融市场，企业科技创新可以依据自身所需灵活选择融资契约。目前，我国企业科技创新资金要素投入主要来源有债权资本、股权资本、政府资助（辜胜阻等，2016；张一林等，2016）。诸多学者认为，银行贷款债权性融资仍是我国企业科技创新主要的融资来源（马光荣等，2014；翟胜宝等，2018；王满四等，2020）。

文献从不同维度考察科技创新和银行贷款债权融资的内在联系。主流观点认为，银行贷款可以有效缓释科技创新的融资约束，文献从正向、逆向不同视角提供了证据。一是正向视角。贷款融资既能提高企业 R&D 投入，也能提高企业 R&D 产出（Acharya 等，2014）。随着贷款可得性、规模、资金供给持续提高，可以显著提升企业科技创新投入（谢家智等，2014；李后建等，2015）。张璇等（2019）利用 1996—2007 年中国工业数据库数据、金融许可证数据等，考察了银行竞争对企业科技创新的影响后发现，银行业竞争加剧能够有效缓释企业科技创新的融资约束，增进企业的创新力。二是逆向视角。基帕尔（Kipar S，2011）基于德国企业样本发现，贷款融资约束很可能导致企业科技创新被终止的概率达 21.6%。席尔瓦和卡雷拉（Silva F，Carrera C，2012）选用葡萄牙国家统计局的数据发现，银行贷款约束严重降低了企业 R&D 投入。张璇等（2017）利用调查数据发现，如果企业遭遇信贷寻租，贷款融资约束对企业科技创新的抑制效应会加剧。

文献发现，异质性融资环境会影响企业科技创新与债权融资的关系。例如，政府贷款规制放松（Amore 等，2013）、银行分布密度（Benfratello 等，2008）、企业贷款规模（Mancusi 和 Vezzulli，2010）等都与企业科技创新呈正相关。研究发现，小企业债权融资大约 50%源自银行贷款（Durguner，2017），因银企双方存在信息不对称性，银行为减少不确定性，在贷款前会要求企业定向披露会计信息，或者提供物权担保，银行为规避小企业违约风险，会实施信贷配给（Berger 和 Frame，2007）。债权人可以通过提高交易频率收集到企业更多的私人信息，减小借贷交易的不确定性（Chen 等，2015；Kirschenmann，2016），银企关系也会影响企业融资可得性和契约条款（Durguner，2017；何韧等，2012；尹志超等，2015）

除了传统的信贷融资渠道之外，文献发现，非正规金融也会显著影响企业科技创新。富兰克林·艾伦等（Allen F，Qian J，Qian M J，2005）认为，非正规金融提供的债权融资对我国企业发展有重要影响，并以此作为突破口，解读我国在金融体系欠发达情况下仍实现经济高增长之谜。富兰克林·艾伦等（Allen F，Qian M J，Qian J，2019a；Allen F，Qian Y M，

Tu G Q, et al., 2019b）认为，非正规金融对我国经济发展仍具有积极影响，有序发展非正规金融体系可以助力企业科技创新。邦特等（Bonte W, Nielen S, 2010）研究了 15 个欧盟成员国的中小企业，发现非正规金融与中小企业融资特征更匹配，更能促进企业科技创新。归纳前述观点，主流观点是，银行贷款可以通过缓释企业融资约束促进企业科技创新。

二、科技创新的股权性融资支持

企业科技创新与风险资本（venture capital，VC）股权投资之间的关系，文献主要从微观层面切入。VC 对企业科技创新的影响，存在正面影响、不显著和负面影响的诸多观点，结论尚未明确。其观点主要有三类：认为 VC 对企业科技创新有促进作用、存在非线性关系和抑制效应。

主流文献认为，VC 对企业科技创新具有促进作用。一是国外文献。罗森布施等（Rosenbusch N, Brinckmann J, Müller V, 2013）认为，VC 具有价值增值功能，可以为企业带来股权资本、管理经验、关系网络等，这些都有助于企业科技创新。赫尔曼等（Hellmann T, Puri M, 2002）选用美国硅谷高科技企业样本，实证检验 VC 与科技企业专业化之间的关系，他们发现，VC 参股下的企业在人力资本、期权计划、高管聘用等方面专业性得以提升，创始人和外部 CEO 轮换速度更快。博塔齐等（Bottazzi L, Da Rin M, Hellmann T, 2008）以欧洲 VC 组织为样本，从专用性人力资本视角考察对被投企业的影响发现，VC 合伙人若积累了专业化知识，那么参与被投企业高管招聘的主动性会更高，参与企业融资也会更积极。切曼努尔等（Chemmanur T J, Krishnan K, Nandy D K, 2011）发现 VC 投入会增加企业销售额，提升企业的 TFP，对企业成功退出也有促进效应。VC 对被投企业的内部治理、投融资决策也会产生积极影响（Suchard，2009；吴超鹏等，2012）。有学者对 VC 组织进一步细分后考察其对企业科技创新的影响。切曼努尔等（Chemmanur T J, Loutskina E, Tian X, 2014）发现，受企业风险股权资本 CVC 资助的企业比受个体风险股权资本（independent venture capital，IVC）资助的企业科技创新能力更强。两者之间可能存在的不同机制是：CVC 组织的专业性知识可能更丰富、对企业科技创新的失败容忍度可能也更高。

二是国内文献。付雷鸣等（2012）学者以我国上市企业为样本，考察异质创新投入来源对创新产出的影响后发现，相比于未受 VC 资助的企业，受 VC 资助的企业创新投入水平更高。苟燕楠和董静（2013）选用中小板上市企业为样本发现，VC 投入越早，越能对企业科技创新施加积极影响。尤其是在初创期、成长期进入的 VC 能显著促进企业科技创新投入。基于 A 股 2003—2012 年的企业数据，张学勇和张叶青（2016）发现，VC 提升了企业在 IPO 之前的创新能力。陆瑶等（2017）以我国上市企业为样本，研究辛迪加风险股权资本（syndicate venture capital，SVC）投资对企业科技创新的影响发现，受 SVC 投资的企业要比受 IVC 投资的企业科技创新力更强，进一步地，SVC 联合的机构数量越多，企业科技创新力越强。陈思等（2017）发现 VC 能促进企业专利申请数量增长，有外资背景的 VC 和 SVC 对企业科技创新的促进更显著。可能原因是，VC 具有专业知识和行业资源，可以为企业科技创新提供支持；企业受 VC 资助会产生声誉效应而节约交易成本，例如，这些企业更容易招揽高技术人才。

此外，一些文献认为，风险资本对企业科技创新的影响不显著或者是非线性的。第一是不显著的观点。余琰等（2014）探讨 VC 背景与被投企业科技创新的相关性，选用 IPO 前三年 R&D 支出测度企业科技创新，发现国有 VC 对企业科技创新的影响并不显著。恩格尔等（Engel D，Keilbach M，2007）发现，VC 在企业成立后当年介入，不会对企业专利申请偏好和专利申请强度产生影响。彭德（Peneder M，2014）使用匹配方法，考察 VC 对奥地利企业科技创新产出的影响，同样发现 VC 对企业科技创新产出的影响不显著。勒韦等（Revest V，Sapio A，2012）认为这些德语系国家的 VC 发展程度没有美国和英国高。第二是非线性的观点。刘刚等（2018）选用我国新三板企业为样本，考察 VC 和企业科技创新之间的关系，他们发现，SVC 投资比 IVC 更能促进创新绩效，SVC 与企业科技创新绩效的关系呈倒 U 形。基于 2004—2013 年我国中小板、创业板的企业数据，温军和冯根福（2018）实证研究发现，VC对企业科技创新同时存在"增值"效应和"攫取"效应，VC投入与企业科技创新的关系呈倒U形，曲线先递减后递增，企业IPO当年或前一年出现拐点，原因是VC的"攫取"效应所诱致的负面影响在IPO前后相对凸显，而此时VC的"增值"效应却无显著变化。

综上所述，主流研究认为，VC组织可以促进企业科技创新，主要机制路径是：缓释股权融资约束、提供技术支持、提供管理经验、分享关系网络等。还有一些文献认为，VC组织的前述优势在IVC组织中相对更弱，甚至部分VC组织还存在"攫取"效应阻碍企业科技创新。我国的VC组织尚处于快速发展之中，并不发达，2010—2018年我国风险投资额最高仅为同期银行贷款额度的0.18%，VC组织对企业科技创新的融资支持还有较大潜力（王满四和王旭东，2020）。学术界对VC组织是否可以增进企业科技创新产出仍存在分歧，但是对VC组织可以缓释企业科技创新融资约束形成了相对统一的共识。不同VC组织除资金效应以外，还存在治理效应。相比于IVC组织，嵌入关系网络的CVC组织对企业科技创新产出更具有正面效应（Chemmanur等，2014）。

三、科技创新的政府资助

除以上梳理的银行贷款债权融资、VC股权融资之外，政府资助也是我国企业科技创新重要的外源性融资来源（钟凯等，2017）。政府可以从加大对企业科技创新事前、事后资金要素投入，减少税费收取等机制为企业科技创新提供融资支持。

我国政府资助企业科技创新的主要方式是：对企业科技创新实施税收优惠、财政补贴或转移支付激励，通过政府基金投入资助企业科技创新（苗文龙等，2019）。此外，本研究认为，政府还有更重要的途径资助企业科技创新，即提供知识产权保护、优化科创金融制度供给，从制度供给这一维度为企业科技创新提供更系统、全面的融资支持。因此，"有为政府"对我国企业科技创新而言不可或缺。即便是发达国家的科技创新也离不开政府的支持（Stiglitz，2015），对于我国创新体系构建，政府支持更是至关重要的（洪银兴，2013）。孙早等（2017）认为，我国创新投入虽跻身于全球前列，但高科技产业发展处于新的历史拐点，基础研究投入还有待提升。政府资助是发挥资源配置中政府作用的集中体现，这些职能是市场机制难以替代的，有些作用甚至是无法替代的。科技创新成果具有正外部性，可能诱致市场机制驱动创新的动力不足，而政府可以通过基金资助弥补市场失灵（魏江等，2015）。

政府资助对企业科技创新影响的文献，依据影响结果可分为两类。一类是政府资助对企业科技创新具有促进作用。另一类则认为具有异质影响。

主流文献认为，政府资助可以促进企业科技创新。Waegenaere等（2012）认为税收优惠、税收激励可以显著地促进企业科技创新。这是因为，政府税收优惠可以减少创新型企业的现金流出，伴随未分配利润积累，企业所有者权益股权资本可得到增加。选用1998—2007年我国规模以上工业企业为样本，白俊红和李婧（2011）实证发现，政府资助科技创新显著提高企业科技创新的效率。李汇东等（2013）学者基于2006—2010年上市企业样本发现，相比于股权融资、债权融资，政府补贴能显著"刺激"企业科技创新投入。张杰等（2015）创新性地合并科技中小企业技术创新基金数据、中国工业企业数据库数据，研究政府补贴对企业科技创新的影响发现，政府补贴对企业R&D的影响受地方知识产权保护的调节，地区知识产权保护越弱，企业R&D投入受政府补贴的正面影响越凸显。选用A股上市企业为样本，黎文靖等（2016）实证考察产业政策对企业科技创新的影响发现，如果企业预期可以取得政府税收优惠和补贴，那么企业申请专利的数量会显著增加，非发明专利的增幅更大。基于广东省科技企业数据，周海涛（2016）考察了政府资助对企业科技创新的影响，发现政府资助可以增进企业自主研发、产学研合作意愿。

少数文献认为，政府资助对企业科技创新具有异质影响。一是国内文献。解维敏等（2009）发现，政府资助对企业科技创新存在刺激和挤出双重效应。因为政府资助可能推高企业科技创新的要素价格，加大交易成本，最后反而诱致企业减少创新投入。叶祥松和刘敬（2018）研究发现，政府资助对我国科技创新投入具有异质性影响，当政府支持基础研究的力度超过阈值时，在长期可以显著促进 TFP 提升，而当政府支持技术开发时却没有表现出 TFP 可以得到显著促进。二是国外文献。巴恩斯等（Yu F F, Barnes S, Zhang W T, et al., 2016），马里诺等（Marino M, Lhuillery S, Parrotta P, et al., 2016），波音（Boeing P, 2016）的研究认为，政府资助可能对于企业科技创新具有挤出效应。蒙马丁等（Montmartin B, Herrera M, 2015）选用动态面板方法，研究政府补贴对企业科技创新的影响，发现政府补贴与企业科技创新投入之间存在非线性关系。胡德等（Hud M, Hussinger K, 2015）发现，政府补助总体上可以显著促进企业科技创新投入，但是在经济危机时期却表现出挤出效应。阿西莫格鲁等（Acemoglu D, Akcigit U, Alp H, et al., 2018）的研究结果为政府资助对企业科技创新具有挤出效应提供了补充证据。

第三节　科创金融资源配置模式、效率及制度环境

科创金融既是资源配置的对象，也是资源配置的手段及模式。优化金融资源配置不仅需要提升数量，更重要的是提升质量，以提高金融效率和完善金融功能（白钦先，1998）。金融资源要素间的协调运行对于提高金融资源配置效率至关重要，金融资源规模、投向和形式应最大限度地满足社会经济发展的需求（崔满红，1999）。我国的金融资源配置模式既不同于完全市场化模式，也不同于计划经济模式，而是一种更适宜的中间模式（蔡隽，2007），该资源配置模式通过政府指令有序引导，同时不断强化市场机制的作用，最终利用市场机制提高资源配置效率，促进产业结构转型升级，推动经济社会高质量发展。

在金融资源配置效率的研究中，王冠凤（2011）将金融资源配置效率细分为制度配置效率、资金配置效率和机构配置效率，并用综合配置效率

来反映整体效果。张庆君等（2015）研究发现，融资约束对金融资源配置效率的影响呈倒 U 形，金融所有制歧视则会削弱这种效率。史贞（2021）验证了金融资源配置在促进实体经济发展方面具有空间溢出效应。郭庆宾等（2022）通过时空异质性分析发现，我国金融资源配置效率呈"M"形时序变化特征。冯锐等（2022）则指出，优化金融资源配置效率不仅能显著降低地方系统性金融风险，还能够有效抑制邻近地区的系统性金融风险。

科创金融资源无论是市场配置还是政府配置都有赖于特定的制度环境。已有研究发现，不同制度环境会对融资可得性、融资决策、融资技术选用产生影响。首先是正式制度环境方面。安德莉亚等（Andrea，et al.，2017）发现，知识产权保护、破产法、税法及监管规则等正式制度对欧洲小企业融资存在显著影响；期限和融资可得性与地区制度环境呈正相关。法与金融学相关文献认为，法律制度环境会影响企业融资契约选择、契约要素的确立（La Porta 等，1997；Fan 等，2012）。何韧等（2012）考察了我国 23 个城市的企业融资的可得性发现，经济发展水平、正式制度因素会影响银企关系及贷款技术的使用，最后作用于企业的融资选择。其次是非正式制度环境方面。安德莉亚等（Andrea，et al.，2017）发现，除了正式制度外，信用制度、社会资本等非正式制度对欧洲小企业融资结构存在显著影响。此外，银企关系作为一种非正式制度，与企业融资可得性、规模、期限等合约要素显著相关（Berger 等，2014；Kirschenmann，2016；何韧等，2012）。

李万福等（2011）学者选用 A 股上市企业数据，发现企业所处制度环境可以显著影响政府补助与企业科技创新之间的关系，相比于内控水平较差或处于制度环境较差地区的企业，内控水平和制度环境均较好的企业，政府补助对激励企业自主创新的效果更好。顾夏铭等（2018）学者研究发现，政府制度供给是影响企业科技创新的重要因素，政策不确定性会对企业科技创新产生选择效应和激励效应，并受企业产权属性、政府补贴等因素调节。选用北京市 2001—2012 年约 3 万家科技企业为样本，章元等

(2018)学者发现，政府补贴可以显著提升企业科技创新投入、创新产出（专利申请数）、新产品销售收入。

第四节　研究述评及小结

围绕科创金融赋能创新驱动发展的资源配置效率提升这一主题，本部分从三个方面对现有相关文献做出梳理，以揭示科创金融支持地区创新驱动发展的内在逻辑。科创金融制度供给侧结构性改革是本书关注的重点论题，重中之重是如何通过健全"市场—政府"机制提升科创金融资源配置效率。已有研究为本书第二章四川省科技创新投融资结构性制度特征、第三章科创金融资源集聚、第四章科创金融资源配置效率、第五章科创金融配置机制的深入研究提供文献参考。因为四川省科创金融资源配置需要"有效市场"和"有为政府"协同发力，如何在科创金融资源配置中发挥市场机制的决定性作用？又如何发挥政府机制的基础性作用？为回答市场机制问题，重点梳理了科技创新债权融资、科技创新股权融资对科技创新的影响；为回答政府机制问题，重点梳理了科技创新政府资助对创新产出的影响。

上述内容在以下四个方面为本研究奠定了良好的文献基础。第一，现有研究在熊彼特创新理论、制度变迁理论、金融结构观等理论指导下，对经济体"科技创新、金融发展、经济增长"之间关系的分析构建了较为统一的"技术创新—经济金融"分析范式。在宏观层面，认为科技创新是经济体实现可持续发展的根本力量。在微观层面，认为企业是科技创新的主体，创新型企业是中观产业创新的核心构成（林毅夫，2022），企业科技创新需要大量长期的生产要素投入，这些资源要素投入是企业科技创新的"原材料"，是企业个体获得市场竞争力的根基。但是企业科技创新的长期性、不确定性、机密性常常更容易诱致融资约束，因此离不开外源性融资支持。第二，文献概括了企业科技创新的内外部融资来源及其影响，形成了较为完备的逻辑框架和分析模式，债权融资、股权融资作为增进我国企业科技创新的两个最重要的外部资金来源，国内外学者对于债权融资和股权融资都能有效缓释企业融资约束这一观点较为一致。但是对于异质融资来源如何影响企业科技创新产出尚未得到一致的观点。第三，文献发现，政府资助对企业科技创新产出的影响虽然存在异质观点，但是同债权融资、VC组织股权融资相似，主流文献认为，政府资助也可以缓解融资约束，进而促进企业科技创新。结合研究主题，本研究认为，我国地方政府在服务企业科技创新方面除了直接的资金要素支持之外，更重要的是深化金融制度供给侧结构性改革，提供优质的科创金融制度支持。例如，在创新驱动发展战略引领下，发起更多科创金融制度创新、监管创新、组织创新、市场创新、服务模式创新。因为我国科创金融制度变迁属于政府主导型[①]，因此"有为政府"的科创金融制度创新尤为重要。政府的金融制度将在一定程度上决定科创金融发展的方向和质量，同时进一步影响科技创新质效和创新驱动发展的推进。

当然，前人文献对于本研究的借鉴意义还需要结合研究主题深入探索。尤其是如何更紧密地结合四川省科创金融发展的现实情境，构建更完备的分析框架、更深刻地揭示出科创金融支持四川省创新驱动发展的内在逻辑，为促进四川省科创金融资源集聚的制度环境建设、提升四川省科创金融资源配置效率、科创金融支持四川省创新驱动发展的机制创新及路径优化提供更为科学和有效的理论指引。

---

① 这一特征，还有理论文献将其称之为：供给主导型制度变迁。这与我国金融制度"自上而下"的特征相符，因此科创金融制度变迁的分析重点在于制度供给侧。

第二章 理论基础及其分析

基于第一部分的文献梳理，本部分继续紧扣科创金融赋能创新驱动发展的资源配置效率提升这一主题，首先介绍相关的理论基础，主要包含科技创新的制度变迁理论、金融发展的结构观理论、金融发展与经济增长理论。更进一步地，从四川省科创金融投融资制度供给、制度需求变迁的理论分析层面，探寻科创金融支撑四川省创新驱动发展的内在制度逻辑，以及可能面临的投融资结构性制度问题。

新结构经济学较好地融合了与本研究部分相关的金融结构观理论、制度变迁理论、金融发展及经济增长理论的观点，一定程度上代表了金融发展结构观理论的最新前沿。本书的后续内容将在金融结构观理论中，引入新结构经济学的金融结构观分析视角，深入剖析四川省科创金融投融资结构性制度问题①，其中的科创金融资源集聚、配置效率及治理机制相关问题，分别在本书第三章、第四章和第五章专门探讨。

第一节 基础理论

本书主要基于金融制度供给侧结构性改革视角，探讨科创金融赋能创新驱动发展的资源配置优化问题。因此，本书将重点关注上述理论基础中的科技创新的制度变迁理论。该理论体系的新熊彼特学派（Neo-Schumpeterian School，NSS）是研究科技创新和制度创新的主流学派，提出"新奇

---

① 具体内容参见本部分的第三节和第四节。

性创生"本体论、"行为依赖性"方法论以及"组织遗传学"等独具特色的生物隐喻分析范式，并且提出了"科技创新—金融服务—政策服务"这一经典的科创金融分析范式。四川省深入推进全面创新改革试验的主要目标就是增进"科技创新"和"制度创新"的协同性，而服务科技创新的科创金融制度创新又是其中的核心议题。

一、科技创新的制度变迁理论

新熊彼特学派是研究科技创新与制度变迁关系的主流经济学流派。总体上，制度变迁过程可概括如下：在科学技术变迁和经济增长的基础上形成相应的制度结构，其随生产方式变革发生相应转变，但是受路径依赖和报酬递增机制的影响，制度变迁在不同条件下会呈现多样性和不确定性。演化分析对于制度变迁过程的分析集中于经济增长、积累体制和路径依赖三方面，新熊彼特学派、调节学派以及诺思的制度变迁学派分别探讨了三方面的相关问题（胡乐明，2019）。

技术变迁的经济增长理论认为，技术变迁是经济变迁的重要内容，也是科技创新的制度变迁理论的重要主题。科技创新的制度变迁理论的新熊彼特学派尤其重视技术变迁问题。当前宏观经济学的经济增长理论获得了较快发展，尤其是新增长理论强调了"技术兼容性"问题，将技术变迁纳入宏观经济学的动态分析模型。但是演化经济学认为，新增长理论的研究依然具有典型的静态"均衡分析"和物理分析特征，对于动态均衡和稳态路径的过度依赖，使得以新增长理论为代表的宏观经济学动态分析模型很难深入解析技术变迁的动态过程，他们运用其演化分析范式对经济增长过程的技术变迁进行了较为细致的演化分析，提出了更为注重技术变迁过程的经济增长理论。新熊彼特学派以"新奇性创生"作为本体论，将行为依赖性作为方法论，并引入"组织遗传"对技术变迁及经济增长进行生物类比分析，丰富了经济学分析范式。

"组织遗传学"与资源基础观等理论均重视内因决定外因观点，提出了经济组织"惯例—技能—搜寻"分析框架。其中，惯例具有基础性，经济组织的基本行动规则主要由三种不同的惯例所决定，其中搜寻惯例的差异导致不同经济组织、经济组织不同部门和不同时间点形成不同的搜寻行为，搜寻结果对应着新的技术或对原来技术的更新和改进，类似于其他理论的研发（R&D）行为。如果经济组织搜寻并实施了更好的技术，其经营交易将获得改进，这会被其他经济组织注意到并对此进行模仿，从而形成技术扩散。这一思想与新增长理论的"技术外溢"类似。但是科技创新的制度变迁理论对这种扩散的过程进行了更为深入的剖析，其分析方法与新增长理论的差别主要集中于以下三个方面。

一是技术变迁是一个动态的迭代过程。某一时点上经济组织的生产要素存量决定了其规模，而经济组织的主导惯例决定了其基本行为规则，因此经济组织在这一时期的投入和产出效果由生产要素存量和主导惯例决定，这也是经济组织在下一阶段变迁的基础。在下一阶段，经济组织依据其投资惯例确定资本规模，形成生产数量上的经济增长。同时经济组织在此基础上确定自己对新惯例的搜寻，其结果可能引入新惯例，也可能保持不变；如果新惯例被引入和保留，则经济组织出现实质性创新，其技术发生制度变迁，然后这一阶段的规模和技术成为下一阶段迭代的基础和背景。因此，技术变迁并非必然的、机械的、均衡的过程，反而具有明显的随机性和偶然性。

二是主导技术变迁的经济组织并非处于绝对的理性状态，其行为存在"有限理性"特征。因此这与新古典理论的"理性人"假说差异较大。此外，该理论的满意原则也与新古典理论的最优化原则存在显著的学术分野。依据惯例作出选择是科技创新的制度变迁理论分析视角下经济组织的基本行为特点，这也意味着科技创新的制度变迁理论分析假定由于具体行为细节的复杂性以及个人和经济组织能力的局限性，经济组织往往难以明确知晓随机因素之外的所有相关细节，因此其行为是在自身现有条件（主要是默会知识和主导惯例）下进行有限理性的选择。

三是技术变迁的过程受"时滞"和"模仿"的影响，其结果会有较大差异。科技创新的制度变迁理论分析认为，从经济组织搜寻获得新的惯例，到成功实施有利可图的新技术或技术改造，往往需要一个或长或短的过程，在此过程中，技术可能会产生外溢效应。如果经济组织实施技术创新的过程太久，或者技术容易外溢，那么，技术模仿者就可能超越先行者获得成功。

通过上述过程，生产效率较高的科学技术最终将得到推广，技术的内容和推广的途径会有所差异。就新技术的内容而言，包括两种技术进步：通过独立的搜寻获得的新技术，以及通过操作和练习开发原有技术的潜力。就技术推广的途径而言，新技术对旧技术的代替则通过两种不同的机制实现：一种是使用高生产率技术的经济组织得到成长。另一种是具有高能力的技术被其他经济组织竞相模仿和采用。

二、金融发展的结构观理论

金融发展理论所研究的核心问题，乃是金融发展与经济增长之间的关系。即研究金融体系结构（主要包含金融中介和金融市场）及其制度安排、变迁对经济增长究竟能起到什么样的作用。研究如何建立有效的金融体系结构和金融政策组合以最大限度地促进经济增长及如何合理利用金融资源以实现金融的可持续发展并最终实现经济的可持续发展。

金融发展的结构观理论的早期文献可以追溯到金融体系尚处于幼稚阶段的 17 世纪和 18 世纪，以英国为代表的欧洲资本主义经济初步发展和产业资本繁荣对金融资本的发展提出了崭新的要求，而金融体系的发展对资本经济的生产也发挥了巨大的推动作用，在洛克、斯密和边沁的早期著作中都提到了有关健康运行的资金借贷体系对于产业部门成长的重要性，强调了货币体系和金融中介的功能。20 世纪早期熊彼特从企业家才能和创新的角度论述了银行体系在经济发展中的重要性。熊彼特认为企业家新技术创新活动的成功得益于信贷和金融市场的经济支持，正如他所说的"纯粹的企业家在成为企业家之前必须首先使得自身成为债务人"[①]。在《经济发

---

① 创新活动往往伴随着高风险，需要大量的资金投入，金融市场和金融机构为这样的资金需求提供了保证。

展理论：对利润、资本、信贷、利息和商业周期的研究》一书中，熊彼特对金融家在经济发展中的作用给予了高度的评价。他认为，企业家的创新是经济发展的动力源泉，金融家在企业家的创新活动中发挥着资金配置的核心功能，从而实现了生产要素的优化配置。

20世纪60年代，随着战后经济的恢复，金融体系的不断演进和金融工具的多样创新，金融结构也在快速地变迁和细化，这使得在理论上界定金融结构的变迁对于经济增长的影响非常有必要。1969年，戈德斯密斯（Goldsmith）在金融机构和金融发展方面的开创性研究成果《金融结构与金融发展》一书中指出，金融理论的职责是找出决定一国金融结构、金融工具存量和金融交易流量的主要经济因素，这些因素通过相互作用，形成和促进金融发展。世界各国在金融结构上有显著差别，也就是说，各国在金融机构设立、相对规模、金融中介分支机构的密集度、金融工具种类和数量等方面都存在着差别。这些差别造成了各个国家或地区的金融发展和经济发展的不同特点。而且各国的金融机构在不同的历史时期也表现出不同的特点，在各国不同时间序列上，不同类型的金融机构会出现和演化，向不同的经济部门渗透的方式也不尽相同，其适用经济结构的变迁的速度和特征也不同，这些不同构成了各国特有的金融结构及金融发展模式。

戈德斯密斯（Goldsmith）认为，对金融机构和金融发展的比较研究，其目的是解释和揭示不同的国家在金融发展的不同阶段上金融结构所表现出来的差异，探讨"金融发展与经济增长的相互关系"。20世纪60年代，格利和爱德华·肖的《金融理论中的货币》是金融发展理论中的又一个重要研究成果。这部著作对金融体系中的货币功能、货币政策和货币控制、金融与经济增长的关系作出了不同于传统观点的新考察。

此后，美国经济学家罗纳德·麦金农与爱德华·肖在1973年分别发表了《经济发展中的货币与资本》和《经济发展中的金融深化》这两部著作。在这两部著作中，麦金农和肖提出了关于"金融抑制"和"金融深化"的理论，其理论以发展中国家为主要分析对象。他们长期关注和参与了发展中国家的金融改革实践，积累了丰富的金融改革经验数据和政策设计方案，提出了与传统货币理论大不一样，甚至截然相反的观点，在经济学界引起了强烈反响，引发了一场研究金融发展理论的新浪潮。

中国学者提出的新结构经济学的金融发展理论，代表了金融结构观理论的最新前沿。新结构经济学以历史唯物主义和辩证唯物主义为指导，采用新古典经济学的方法。新结构经济学的金融发展理论认为，经济体的金融结构要与产业结构相互适配，而产业结构由其生产性资源禀赋及其生产能力决定。各个地方的产业发展阶段、资源禀赋等方面存在差异，现实中并不存在放之四海而皆准的"最优"金融结构，因此，立足各个地方及产业发展阶段探讨"最适宜"的金融结构的研究价值更高。"最适宜"金融结构主要结合金融功能观开展，并对政府和市场机制在资源配置中的作用进行了探讨。

三、金融发展与经济增长理论

对一国而言，金融中介和金融市场形成之后，其发展水平会随该国内外条件的变化而变化。这也是金融中介和金融市场的发展水平在不同国家或同一国家不同时期之所以不同的原因。既然金融中介和金融市场有个动态的发展过程，就有必要从理论上对这一过程加以解释。

格林伍德与约万诺维奇、格林伍德与史密斯和Levine在各自的模型中引入了固定的进入费或固定的交易成本，借以说明金融中介和金融市场是如何随着人均收入和人均财富的增加而发展的。在经济发展的早期阶段，人均收入和人均财富很低，人们无力支付固定的进入费，或者即使有能力支付也因为交易量太小、每单位交易量所负担的成本过高而得不偿失，从而没有激励去利用金融中介和金融市场，除非在他们的收入和财富达到一定的水平之后。由于缺乏对金融服务的需求，金融服务的供给无从产生，金融中介和金融市场也就不存在。

但是，当经济发展到一定阶段以后，一部分先富裕起来的人由于其收入和财富达到上述的临界值，所以有激励去利用金融中介和金融市场，亦即有激励去支付固定的进入费。这样，金融中介和金融市场就得以建立起来。随着时间的推移和经济的进一步发展，由于收入和财富达到临界值的人越来越多，利用金融中介和金融市场的人也就越来越多，这意味着金融中介和金融市场不断发展。最终，当所有人都比较富裕，都能从金融服务中获益时，金融部门的增长速度就不再快于经济中的其他部门了。

Levine（1993）扩展了上述观点，在其模型中，固定的进入费或固定的交易成本随着金融服务复杂程度的提高而提高。在这种框架下，简单金融体系会随着人均收入和人均财富的增加而演变为复杂的金融体系。最后，Levine指出，诸如投资银行之类的复杂金融中介之所以形成，是因为它们具有以下的功能："对生产过程进行调查并把资源调动起来以充分利用有利的生产机会。"但这类金融中介的形成只能在人均收入达到一定水平之后，"如果人均收入很高，当事人就会选购包括调查厂商、论证项目和调动资源等在内的金融服务以充分利用投资机会。如果人均收入不高，当事人就会发现这些金融服务所带来的额外收益不足以抵偿成本"，从而不去购买这些金融服务，相反，他们满足于现有的简单金融中介（其功能仅限于降低交易成本），在这种情况下，金融中介当然得不到发展。

根据马尔科帕加诺的简易模型，金融体系可以通过影响储蓄转化为投资的比例（ϕ）、资本的边际社会生产率（A）或私人储蓄率（S）来影响增长率 g，下面依次介绍这三种机制。

第一种：金融中介和金融市场的发展→更高比例的储蓄被转化为投资→经济增长。金融体系的第一种重要功能是把储蓄转化为投资。在把储蓄转化为投资的过程中，金融体系需要吸收一部分资源 $1-\phi$。$1-\phi$ 以存贷利差的形式流向银行，以佣金、手续费等形式流向证券经纪人和交易商。金融体系对资源的吸收，一方面反映了金融体系因提供各种服务而获取的报酬；另一方面也反映了金融机构的垄断力量和市场结构。此外，金融机构在税收方面存在歧视和政府管制，导致单位毛利高。金融发展使金融部门所吸收的资源减少——使得 ϕ 提高，从而使增长率 g 提高。

第二种：金融中介和金融市场的发展→资本配置效率提高→经济增

长。金融体系的第二种重要功能是把资金配置到资本边际产出最高的项目中去。一般情况下，金融体系通过三种方式来提高资本产出率 A，从而促进经济增长。一是收集信息以便对各种可供选择的投资项目进行评估；二是通过提供风险分担来促使个人投资于风险更高但更具生产性的技术；三是促进创新活动。在不存在银行的情况下，家庭只能通过投资于可随时变现的生产性资产来防范异常的流动性冲击，从而常常放弃更具生产性但流动性更差的投资项目。这种无效可以由银行来克服，它把存款人的流动性风险汇集在一起，并把大部分资金投资于流动性更差但更具生产性的项目。银行所持有的流动资产的数量不必超过那些遭到流动性冲击的家庭的预期取款。

除了银行，消费者也可以通过金融市场来分担流动性风险。在 Levine 的分析中，个人通过在股票市场上出售股份而不是从银行取款来缓解流动性冲击，同时，股票市场也允许当事人通过证券组合来降低收益率不确定带来的风险（简称收益率风险）。股票市场的这种双重保险功能促使人们更加愿意投资于流动性更差但具生产性的项目，也避免了不必要的投资终止。所以，股票市场的建立和发展有助于投资生产率和增长率的提高。

Levine 在其建立的内生增长模型中，以企业家精神（或创新活动）为纽带把金融和增长联系起来。他们认为，金融和创新的联系是经济增长中的关键因素。在他们的理论模型中，金融体系可以提供以下四种服务：第一，对投资项目进行评估以甄别出最有前途的项目，特别是评估潜在企业家的项目需要支付相当大的固定成本，金融体系既能胜任这项工作，又能承担这种成本；第二，项目所需的资金数量很大，这要求把许多小储蓄者的资金聚集在一起，金融体系能够有效地做到这一点；第三，尝试创新的结果是不确定的，金融体系能够为个人和企业家提供分散风险的便利；第四，生产率提高要求个人从事有风险的创新活动而不是因循守旧（用现有的方法来生产现有的产品），创新的预期报酬是创新者作为行业中的佼佼者（生产率领先者）而占有的利润，金融体系能够准确地披露这些预期利润的现值。凡此种种，都有助于创新活动，即有助于生产率的提高，从而有助于增长率的提高。

第三种：金融中介和金融市场的发展→改变储蓄率→经济增长。金融发展影响经济增长的第三种方式是通过改变储蓄率 S。在这种情况下，金融发展和经济增长关系的符号是不明确的，因为金融发展也可以降低储蓄率，从而降低增长率。随着金融市场的发展，家庭能更好地对禀赋冲击进行保险和对收益率风险进行分散，同时更易于获得消费信贷。金融发展也使厂商所支付的利率和家庭所收取的利率之间的差距缩小。这些因素都对储蓄行为产生影响，但在每一种情况下，效应都是不明确的。

第二节　科创金融支撑经济创新驱动发展的内在逻辑阐释

结合前述文献回顾和理论基础，本部分围绕四川省高科技集中度高的工业产融体系的"促产业发展"和"防金融风险"两大主题，主要结合新制度经济学，从宏观视角逐层次分析了四川省科创金融体系发展特征、科创金融主体及资本业态、科创金融服务体系均衡性和科创金融制度环境优化等内容。从科创金融"宏观政策制度—中观区域产业发展—微观市场机制"不同维度阐释科创金融支持四川省创新驱动发展的内在制度逻辑。"十三五"期间①，四川省工业年均增速达到 8.6%、领先于全国 10 个经济大省。四川省高科技集中度高的工业体系快速发展，首先得益于宏观产业政策科学导向下产业结构的持续优化，较早明确了创建"先进制造强省"的目标，推进产业升级，发展战略性新兴产业和高端成长型产业，完善了相关制度安排，促进了产业集群和龙头企业形成；其次是产业布局比较科

---

① 出于四川省投融资制度的比较分析所需，本部分内容所指的"十三五"期间的主要统计数据系 2017 年年末数据，"十四五"期间主要统计数据系 2022 年年末数据。选取 2017 年年末数据的原因是，我国在 2017 年 7 月召开了第五次全国金融工作会议，对金融支持实体经济的科创金融顶层设计有了新的制度安排。

学,树立了创新驱动发展战略,充分利用四川省属于8个"全面创新改革试验区①"之一的制度优势,完善以科技企业为主体、市场为导向、产学研融合的创新体系,在相关领域走在全国前列。从科创金融服务高科技集中度高的工业制造业发展看,四川省科创金融在产融协同发展、市场竞争等方面还有提升空间,尤其要深化科创金融制度供给侧结构性改革。

一、科创金融服务制造业投资的结构分析及金融资源需求

四川省"5+1"产业体系中的工业占据支配地位,工业也是四川省长期以来科技创新最集中的产业。四川省规模以上制造业起步较早,门类齐全,体系完善,拥有国家标准全部41个大类行业。在41个大类行业中,前18个行业累计总量占全省工业比重超80%。四川省相关优势产业的基本情况如表2-1、表2-2和表2-3所示。

表2-1 "十三五"期间四川省七大高科技优势产业总量规模情况

产业	规模总量(亿元)	占全省工业比重(%)
电子信息产业(含软件)	8 113	19.1
装备制造业	5 528	13.0
饮料食品业	7 257	17.1
油气化工业	4 887	11.5
汽车制造业	2 923	6.9
能源电力业	2 957	7.0
钒钛钢铁及稀土	2 413	5.7
总　计	34 078	80.3

资料来源:根据统计数据整理

---

① 科创金融是主要的试验课题。这是因为,自2015年第一批科创金融试点开始,国务院分三批推出56项试验成果,科创金融成果占15项。全国8个试验区的科创金融试点主要围绕银行如何支持企业创新展开。

表 2-2 "十三五"期间四川省七大战略性新兴产业总量规模情况

产业	规模总量（亿元）	占全省工业比重（%）
新一代信息技术产业	3 201	7.0
高端装备制造业	444	1.0
新材料产业	1 028	2.3
生物产业	907	2.0
新能源汽车产业	145	0.3
新能源产业	217	0.5
节能环保产业	939	2.1
总计	6 881	15.2

资料来源：根据统计数据整理

表 2-3 "十三五"期间四川省五大高端产业总量规模情况

产业	规模总量（亿元）	占全省工业比重（%）
信息安全	360	0.8
航空与燃机	460	1.0
节能环保装备	939	2.1
新能源汽车	145	0.3
页岩气	120	0.3
总计	2 024	4.5

资料来源：根据统计数据整理

"十三五"期间，四川省政府主管部门提供的数据显示，全省工业主营业务收入达 42 423 亿元，其中，七大高科技优势产业规模达 34 078 亿元，占全省工业比重的 80.3%；七大战略性新兴产业规模达 6 881 亿元，占比 15.2%；五大高端产业规模 2 024 亿元，占比 4.5%。四川省工业制造业投资由量的扩张向质的提升转变，2016 年、2017 年连跨 8 000 亿元、9 000 亿元两个千亿台阶，2017 年达到 9 181 亿元，同比增长 12.5%，增幅比全国高 8.9 个百分点，七大优势产业投资同比增长 13.1%，占工业投资的 76.1%。

四川省在高科技企业集中度较高的制造业投资方面，比较典型的发展特征包括五个方面。第一，在产业结构调整中，始终坚持国有资本占主导、发展主业，实现存量调整与增量优化相互结合，通过"项目年"等一系列活动、实施技术改造，培育新的增长点，为科技企业转型升级创造条件。第二，实现产业结构升级，把建设先进制造强省作为目标，构建现代化经济体系，优化相关投资制度供给。第三，把全面创新改革作为引领高科技产业发展的"一号工程"，落实创新驱动发展战略，完善以科技企业为主体、市场为导向、产学研融合的科学技术创新体系，在"5+1"等产业行业形成了较多的先进制造业基地、高科技产业园区，孵化出大量高端科技企业。第四，推进供给侧结构性改革，抓好"三去一降一补"，主动淘汰落后产能，开拓市场，改善市场供求关系，促进科技企业效益。第五，推进制造业与信息业的融合发展，推广工业化与信息化融合管理体系，深化产业数字化和数字产业化转型升级。

2017年四川省科创金融全面创新改革试验深入推进。专门服务于科创金融的银行分支机构设立，金融产品和服务模式不断创新，科技企业和小微企业信贷风险补偿办法持续完善。多层次资本市场持续培育，对科技创新的支持不断强化，"双创债"等多种创新债务融资工具落地推广。金融生态环境建设不断深化，金融基础设施持续完善，社会信用体系建设和支付结算体系更加健全。金融科技快速发展，人民银行成都分行自主建设货币信贷大数据监测分析系统，覆盖信贷所有业务条线。2017年以来，四川省通过完善科创金融政策体系、打造科创金融样板、探索成渝协同发展等举措，推动科创企业融资获得感、满意度不断提升。

1. 优化科创金融政策体系，整合资源实现联动

（1）完善支持政策体系

出台系列文件，深入实施四川省科技创新金融服务"星辰计划"，明确科创金融目标任务、细化工作举措。

（2）用活财政金融资源

运用2 000亿元科技创新再贷款以及支小再贷款、再贴现等央行资金，深入实施财政金融互动政策，首次明确对全省高新技术企业、科技型中小企业新增贷款额前5家的银行机构给予最高500万元奖励,并对发行"科创"等创新债券品种的企业、成功上市企业给予额外奖励。

(3) 加强部门协同联动

有针对性地梳理高新技术企业、科技型中小企业、专精特新企业、制造业单项冠军企业、四川省瞪羚企业五张清单,推送名单至金融机构。

2. 依托金融机构主体开发科创金融产品及服务

(1) 深耕专营机构"试验田"

截至2022年末,四川省已设立14家科技支行。科技支行从专属产品、专业队伍、专用额度、专门风控、专项激励的"五专机制"角度,为科技型企业提供特色化金融服务。

(2) 丰富科技信贷产品库

金融支持高质量发展取得积极成效,开展制造业"制惠贷"试点,持续推进科创企业金融服务"星辰计划",制造业中长期贷款、科技贷款同比分别增长41.6%、20.8%,增速均高于全国平均水平。2022年末全省科技型中小企业贷款余额同比增长18.1%、瞪羚企业贷款余额同比增长24.8%。结合高科技企业轻资产、重智产的特点,34家银行机构推出基于股权、知识产权、订单、仓单、应收账款抵质押的创新信贷产品63款,其中绵阳市探索的"科研仪器设备共享贷"被纳入国务院第三批全面创新改革经验进行推广。建成基于区块链技术的知识产权融资服务平台。全国首批科创票据落地四川省。

(3) 拓宽直接融资"高速路"

连续4年联合上交所、深交所西部基地、交易商协会举办四川省债券融资和IPO培训会,做好科创企业培育、培训工作。强化创投基金引导,推动四川省"双创"基金、科技成果转化基金、院士基金等6只基金加快募集和投资进程。

3. 探索科创金融制度协同创新,夯实基础设施建设

(1) 统筹推进区域协同发展

成渝两地科技部门签订共建具有全国影响力的科技创新中心合作协

议，起草成渝地区双城经济圈科创基金设想，探索四川省、重庆市共同出资设立成渝地区双城经济圈科技创新基金方案。

（2）大力推进数字科技赋能

完善四川省"天府信用通"、成都"盈创动力"、绵阳"科金云"等平台功能，提供以债权融资、股权融资及增值服务为核心的一站式金融服务。

（3）推进多层次资本市场融资

多层次资本市场对新兴产业融资支持力度加大，战略性新兴产业通过资本市场实现直接融资同比增长 36.5%。全国首批高成长企业债券、科技票据相继落地四川省，推广"园区平台发债、投贷结合"的"双创"债务融资模式，通过委托贷款、股权投资等方式，助力企业获得资金支持。

（4）金融生态环境及基础设施建设

社会信用体系建设深入推进。地方征信平台实现 22 项公共信用信息共享，覆盖全省 690 余万户工商注册企业信息，开放共享 25 万户新型农业经营主体名单。将 1 家消费金融公司、2 家保险公司接入金融信用信息基础数据库。支付结算环境持续优化。

二、科创金融服务体系的融资结构及主体结构分析[①]

科创金融为地方生产力发展提供了核心生产要素支撑。我国的"十三五""十四五"规划纲要也对优化金融支持科技创新提出了要求——健全现代金融体系，提高金融服务实体经济效率和支持经济转型的能力。金融更好地服务实体经济等，成为决策层对金融工作的基本要求。四川省 2017 年至 2022 年贯彻落实全国金融工作会议"服务实体经济、防控金融风险、深化金融改革"三项任务，争创西部金融中心，探索产融融合发展，社会融资规模平稳增长，金融支持实体经济取得明显成效。

四川省 2017 年的社会融资规模新增 7 390.8 亿元。从融资结构分析，

---

① 本研究第四部分将对四川省 21 个市（州）科创金融资源配置效率进行评价，主要包含三类科创金融资源：政府财政科技投入、银行科技信贷和企业研发投资。本部分立足于中国人民银行定期披露的社会融资规模探讨科创金融服务体系的融资结构。

本外币各项贷款占社会融资规模比重达到75.1%，贷款占比持续回升。直接融资中的债券融资和股票融资规模有所收缩，2017年直接融资新增590.3亿元，同比少增约180亿元。委托贷款、信托贷款和未贴现银行承兑汇票等表外间接融资新增704.4亿元，占比约10%。信贷间接性、债权融资占据主导这一特征持续至2022年末。四川省2022年社会融资规模较年初增加1.8万亿元。从融资结构看，本外币各项贷款增量为1.2万亿元，占社会融资增量的70%，相比于2017年略有下降。表外业务融资由负转正，全年委托贷款、信托贷款和未贴现银行承兑汇票融资新增约600亿元；直接融资新增1 845亿元，其中企业债券融资1 598亿元，占直接融资比重的86.6%。政府债券净融资大幅上升，政府获取金融资源的能力持续上升，"有为政府"的作用更为凸显。

科创金融融资结构性特征在市场主体结构中得到进一步的印证，以下将结合银行业金融机构、证券业机构分别作介绍。"十三五"至"十四五"期间四川省各类金融机构2 000余家，银行业、证券业、保险业金融机构约800家，数量居中西部第一。相比而言，四川省社会融资规模中仍以银行信贷为主导，因此科技信贷也是科创金融的主流，辅之以多层次的资本市场，科技保险尚处于发展之中。"十三五"至"十四五"期间四川省银行业金融机构情况如表2-4A和表2-4B所示。

表2-4A "十三五"四川省银行业金融机构发展情况

机构类型	营业网点			法人机构（个）
	机构个数（个）	从业人数（人）	资产总额（亿元）	
大型商业银行	3 347	92 122	34 193.3	0
国家开发银行和政策性银行	114	4 164	7 760.5	0
股份制商业银行	587	12 129	8 662.2	0
城市商业银行	912	20 464	15 679.5	14
城市信用社	0	0	0.0	0
小型农村金融机构	5 896	67 701	18 870.2	104

续表

机构类型	营业网点			法人机构（个）
	机构个数（个）	从业人数（人）	资产总额（亿元）	
财务公司	8	351	792.5	4
信托公司	2	1 317	217.3	2
邮政储蓄	3 085	27 603	5 310.0	0
外资银行	26	826	366.8	0
新型农村机构	268	4 125	723.4	56
其他	4	256	53.8	2
合计	14 249	231 058	92 629.5	182

表2-4B "十四五"四川省银行业金融机构发展情况

机构类型	营业网点			法人机构（个）
	机构个数（个）	从业人数（人）	资产总额（亿元）	
大型商业银行	3 428	95 606	50 797.9	0
国家开发银行和政策性银行	113	4 714	12 438.0	0
股份制商业银行	546	18 382	102 662.6	0
城市商业银行	1 019	27 312	25 717.3	12
城市信用社	0	0	0.0	0
小型农村金融机构	5 667	69 677	26 696.6	84
财务公司	6	268	1 418.2	4
信托公司	2	974	204.7	2
邮政储蓄	3 003	30 065	8 427.8	0
外资银行	23	692	356.9	0
新型农村机构	306	4 545	852.5	56
其他	8	2 455	1 098.6	4
合计	14 121	254 690	230 671.1	162

数据来源：中国人民银行成都分行

如表2-4A和表2-4B所示,"十三五"至"十四五"期间四川省银行业金融机构中商业银行处于主导地位,总体机构数量减少,但是从业人数和资产规模均稳步上升①。其中,大型商业银行的机构数量和人数保持了相对平稳的上升趋势,但是资产规模上升幅度超过45%。国家开发银行和政策性银行也呈现了同样的趋势。股份制商业银行虽然机构数量减少41家,但是从业人数和资产规模均有上升。城市商业银行的法人机构数量,虽然减少了2家,但是分支机构数量、从业人数、资产规模均存在较大幅度上升。小型农村金融机构的法人数量和分支机构数量均有所减少,说明四川省银行金融机构的重组持续深化。此外,其他类银行业金融机构的数量、人数和资产规模变化相对较小。

证券业金融机构是为四川省科创金融提供资本市场服务的重要主体。如表2-5A和表2-5B所示,"十三五"至"十四五"时期,四川省证券业金融机构变化较小②。2017年末四川省有A股上市企业116家,全年新增5家。其中主板63家、中小板27家、创业板26家,总市值1.54万亿元;总股本1171.7亿元,增长10.2%,保持在中西部前列。"新三板"挂牌企业332家、新增38家;天府股权交易中心挂牌展示企业合计6359家,多层次资本市场建设基础夯实。2022年四川省股权融资395亿元,比2021年增长近50%;债券融资4714.6亿元,其中交易所发行债券融资1649.3亿元。注册制试点以来,四川省新增A股首发上市公司46家,三年新增数量超过去八年总和,上市公司总市值达3.0万亿元,占A股总市值的3.5%。战略性新兴产业实现直接融资179亿元,同比增长36.5%。四川省证券业金融机构"十三五"至"十四五"时期的情况如表2-5A和表2-5B所示。

---

① 主要是农信机构改革加快推进,芦山联社、资中联社、汉源联社改制为农商行,德阳农商行吸收合并罗江农商行,巴中、乐山两地完成市级统一法人农商行改革,四川省经营性法人农合机构数量整合至84家,其中农村商业银行75家。

② 总部设在四川省内的证券公司和期货公司分别为4家、3家保持不变,基金公司新增1家。上市公司从116家增加到169家,年均上市9家,上市当年国内A股筹资超过300亿元。证券公司作为市场化属性明显的金融机构,机构数量与市场景气度高度相关。相比于2017年末,2022年末证券公司分公司数量上升至77家,基金公司分公司18家,证券投资咨询公司3家,但是证券公司的营业部数量减少到407家,期货公司营业部数量减少幅度较大,降到29家。

表 2-5A "十三五"四川省证券业金融机构发展情况

项目	数量
总部设在辖内的证券公司数（家）	4
总部设在辖内的基金公司数（家）	0
总部设在辖内的期货公司数（家）	3
年末国内上市公司数（家）	116
当年国内股票（A 股）筹资（亿元）	337.3
当年发行 H 股筹资（亿元）	—
当年国内债券筹资（亿元）	1 248.4

表 2-5B "十四五"四川省证券业金融机构发展情况

项目	数量
总部设在辖内的证券公司数（家）	4
总部设在辖内的基金公司数（家）	1
总部设在辖内的期货公司数（家）	3
年末国内上市公司数（家）	169
当年国内股票（A 股）筹资（亿元）	385.1
当年发行 H 股筹资（亿元）	136.0
当年国内债券筹资（亿元）	4 714.6

数据来源：中国人民银行成都分行

四川省证券业金融机构数量变化，一方面说明四川省内数以万计的企业登陆 A 股的确道阻且长；另一方面说明相比于商业银行在社会融资规模中约 70% 的占比，四川省企业从 A 股募集资金的比率为 5%，可以将登陆 A 股作为远期目标，但是缓释近期的流动性约束，还是应回归现实融资体系，寻求信贷融资、委托贷款、信托贷款或票据融资。四川省金融机构主体除银行业、证券业金融机构之外，保险业金融机构也是重要的组成部分。

相比而言，四川省的保险业保持了相对平稳的小幅增长趋势。相比于银行和担保公司持久的深度合作，银行和保险公司的合作还处于初步阶段。2017 年末四川省共有保险公司 93 家，按业务性质分，有产险公司 40 家、寿险公司44家、养老险公司5家、健康险公司4家；按资本国别属性分，有中资公司69家，外资公司24家。全年原保险保费收入1 939.4亿元，比上年增长13.3%。2022年末四川省共有保险公司104家。按业务性质分，有产险公司46家、寿险公司48家、养老险公司5家、健康险公司5家；按资本国别属性分，有中资公司75家、外资公司29家。全年原保险保费收入2 297.8亿元。总体上讲，科技保险如何服务企业创新在全国范围内也还处于探索阶段。表2-6较为全面地呈现了"十三五"期间四川省金融主体发展情况。

表2-6 "十三五"四川省金融主体情况

类型	数量（家）
城市商业银行	13
农村合作金融机构	104
新型农村金融机构	56
财务公司	4
信托公司	2
消费金融公司	1
证券公司	4
证券投资咨询公司	3
期货公司	3
私募基金数量（在中国证券业协会登记）	235
保险公司	4
保险专业代理	71
保险经纪公司	10
保险公估公司	8
第三方支付公司	5
融资租赁公司	33
典当公司	343
小额贷款公司	349
融资担保公司	390
金融租赁公司	1

续表

类型	数量（家）
民营银行	1
地方资产管理公司	1

数据来源：Wind 数据库

基于以上分析，可以发现四川省科创金融市场的金融主体构成丰富，全面涵盖了银行、证券、保险等各大金融板块，且金融机构数量、从业人数和资产规模均呈增长趋势。银行业、证券业和保险业金融机构也是四川省科创金融服务体系的重要主体。此外，表2-6中也包含大量的"7+4"类地方金融组织，例如，四川省的小额贷款公司、融资担保公司、典当公司均超过300家。这些公司提供的科技小贷服务、科技担保服务正成为地方科创金融服务体系的重要构成。

总体上就四川省科创金融主体而言，商业银行仍在金融支持四川省创新驱动发展中占据主导地位。四川省金融市场化发展程度在西部处于领先，但是与京津冀、长三角、粤港澳大湾区相比仍存在较大差距。近年来，随着成渝共建西部金融中心战略的实施，四川省加大了国内外金融资源的引入，政府性债券市场融资规模排在全国前列，尤其是专项债融资规模具有明显领先优势，因此四川省可以对各类金融资本业态进行科学整合，将专项债适度引入科创金融服务体系，实现"高科技产业+金融业"等新的产融结合合作模式，促进四川省科创金融服务体系高质量发展。

三、四川省与可比省市科创金融投融资政策比较分析

科创金融宏观制度环境的比较分析，将政府、金融机构、科技企业等多方主体纳入统一分析框架，科创金融支持地方创新发展最终会落实到制度路径的优化。为了反映科创金融服务体系在四川省产业和金融体系"促科技发展"和"防金融风险"中的基础性作用。基于中国分省份市场化指数[①]，本

---

① 图2-1至图2-4的数据来源：文献信息"王小鲁，樊纲，余静文. 中国分省份市场化指数报告（2016）[M]. 北京：社会科学文献出版社，2017"。后文不再赘述。

书比较了四川省发展科创金融的可比省市的科创金融环境①。分别从地区的市场化程度、市场中介组织的发育和法律制度环境、知识产权保护四个维度进行比较分析。进一步为四川省高质量发展科创金融的"有为政府"如何优化制度供给侧结构性改革、如何发挥"有效市场"作用、如何提升科创金融主体的治理能力、如何优化科创金融制度环境提供理论参考。

（一）四川省与可比省市"市场化程度"制度比较分析

总体市场化指数可以提供人力、资金、土地等要素市场化配置方面的信息。一些研究认为，在科技资源配置中，市场比政府更有效率；在一定制度环境下，政府与市场之间存在互补关系，而非替代关系。市场化程度越高的地方，市场在资源配置中的作用往往也越大，成渝地区双城经济圈建设也遵循了市场在资源配置中发挥决定性作用的宏观政策方向。本书选取2008—2014年数据，该时期内四川省与可比省市的市场化总体发展趋势如图2-1所示。

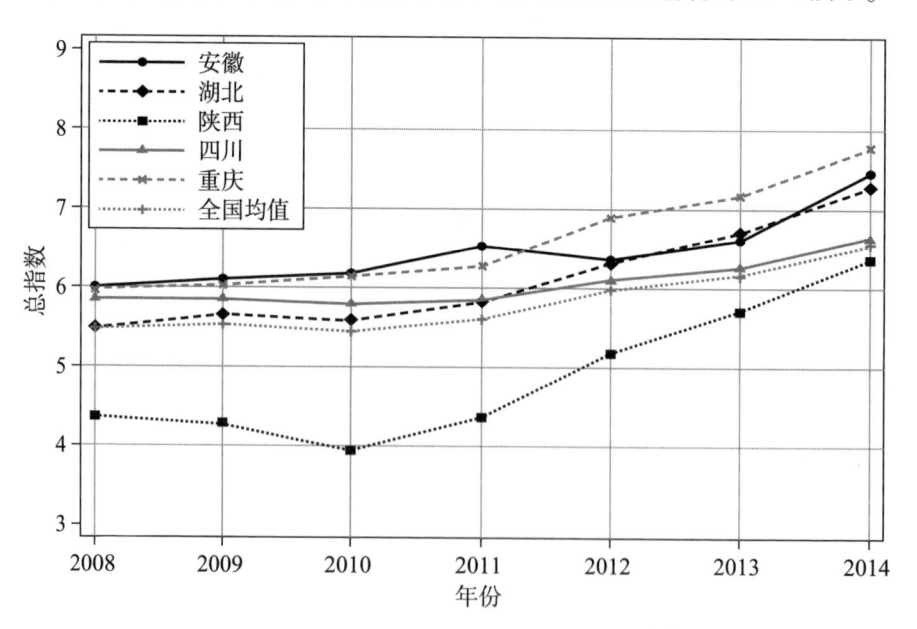

图2-1　四川省与可比省市的市场化总体发展趋势

---

① 重庆市于2021年第二批入围全面创新改革试验区、陕西省西安市为第一批市级试验区之一、湖北省武汉市为第一批市级试验区之一、安徽省为第一批中省级试验区之一。

中国分省份市场化指数显示，四川省的市场化指数在2008—2011年趋势较平稳，在2011年之后，市场化的程度逐年稳步提高，略高于全国平均水平。在可比省市中，四川省在2011年前高于湖北省和陕西省，在之后仅高于陕西省，这表明四川省市场化程度还有待继续提升。2023年中央金融工作会议明确了我国金融强国建设的战略，其中表明要在市场化、法治化的轨道上推进金融创新发展，市场化的金融发展方向再次被明确。同时，也需要正视市场化可能存在的负面影响，即自由竞争可能会诱发无序竞争，金融市场进程中也伴随着金融乱创新、伪创新等问题。

(二) 四川省与可比省市"市场中介组织的发育和法律制度环境"制度比较分析

市场中介组织的发育程度和法律制度环境的改善，可以为"市场—政府"的关系添加"润滑剂"，从而共同促进科创金融发展。因为科技成果转化中介、知识产权服务中介、会计师事务所、律师事务所、资信评估机构等在科创金融市场中不可或缺。无论在信贷市场还是在股票市场，科技中介组织提供的信息披露等专业服务的质量直接与投资者的利益相关，中介组织在降低信息不对称性、交易成本等方面作用尤为突出；而法律制度更是为维系市场机制运行提供了最"硬"性的保障，科创金融生产要素配置的背后是各要素拥有主体之间凭借"契约之网"链接而成的金融权利责任关系，法律制度赋予政府作为第三人参与交易当事人的契约治理，使双方契约治理的秩序才可能得以恢复。而寻求政府的帮助，要素所有者也需要面临较高的制度性交易成本。鉴于此，维系科创金融中介组织发育的信用环境就显得更重要了，诚实守信的信用"软"环境，可以使资源市场化配置的效率变得更高。四川省与可比省市的市场中介组织的发育和法律制度环境发展趋势如图2-2所示。

对于资金要素的配置而言，2008—2014年，四川省市场中介组织的发育和法律制度环境总体上处于全国平均水平趋势线附近，呈递增趋势。从观测期来看，仅次于安徽省和重庆市，比其他可比省份领先。尤其是在2011年之后，中介组织的发育和法律制度环境发育速度得到明显加快。这表明，四川省要素市场的发展基础处于全国中间水平，这在西部省份中表现突出。科创金融中介组织体系的发育具有"双刃剑"效应，中介组织在为科技企业和金融组织提供服务的同时也会产生交易成本，甚至可能为非合规的科创金融交易活动提供便利，例如在 2015 年左右，投资理财咨询中介机构在四川省民间借贷违约问题中发挥了关键推手的作用。因此，四川省科创金融中介服务需要在规范的轨道内适度发展，重数量更应重质量。

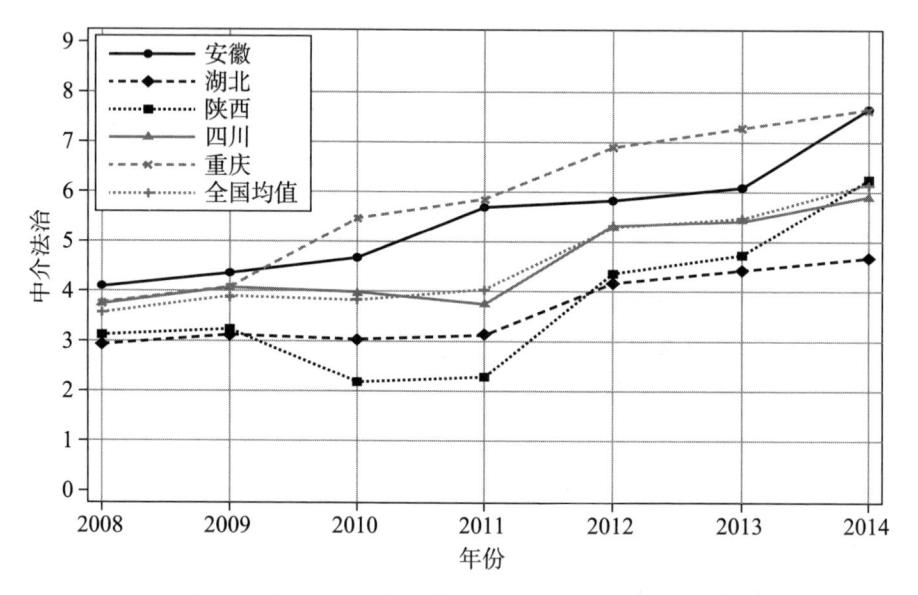

图 2-2　市场中介组织的发育和法律制度环境发展趋势

（三）四川省与可比省市"知识产权保护"制度比较分析

知识产权保护指数可以反映出地区创新活跃程度、法治环境的优劣等信息。在"防金融风险"中，债权的有效保护是影响资金要素供给的重要因素。四川省科创金融体系中银行信贷占主导，知识产权担保是科创金融服务长期面临的瓶颈。作为上述法律制度环境的补充指标，可以认为，一个重视知识产权保护的地区，也有足够的意愿和能力为人力要素、资金要素等提供较好的产权保护。四川省与可比省市的知识产权保护发展趋势如图 2-3 所示。

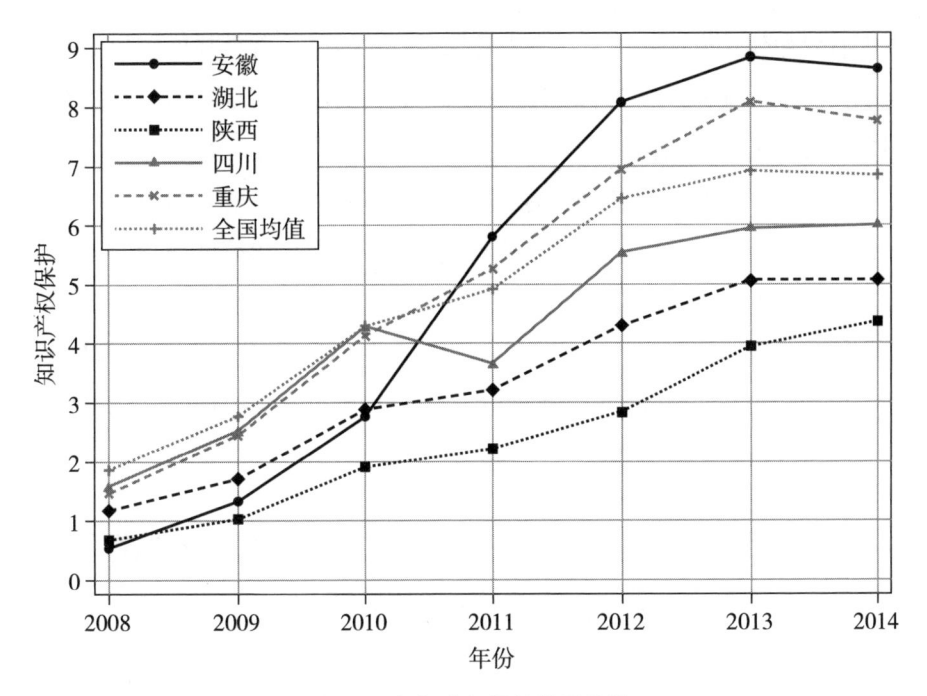

图 2-3 知识产权保护发展趋势

2010—2014年，四川省知识产权保护的程度总体上低于全国平均水平，但呈持续改善的趋势。整体状况要好于邻近的湖北省和陕西省。在2010年之前，全国各省市对知识产权保护的重视程度还不够强，但是可比省份中，部分省份提升势头较快，例如安徽省在2008年排名最靠后（指数为0.54），2014年就跃升至首位（指数为8.64）。四川省与安徽省同属全面深化改革试验区，安徽省科技创新在近年发展势头迅猛，科技创新的"合肥模式"成为全国各省市效仿的标杆。四川省在全面创新改革试点中培育的创新试验成果、知识产权保护成果较为丰硕，占总成果的比重明显领先。如何把"全创改"探索出来的试验成果，尽早落地开花，是四川省科创金融试验深化进程中值得继续深入研究的领域。

上述维度所呈现的科创金融制度环境发展趋势表明，四川省在可比省市中长期居于中间水平，各项指标稳步提升。四川省制度环境的持续改善，在科创金融制度环境方面的表现是：第一，近年地方政府的金融监管力度有所加强，清理整顿了各类交易场所，加强了民营科技融资担保等金融机构的风险排查，建立了以省再担保为龙头的国有资本主导的科技融资担保体系；第二，四川省与民营科创金融相关的非法集资得到了有效遏制，"十三五"末全省新增非法集资案件数量、涉案金额、涉及人数，较2016年降幅均超过40%；第三，在科创金融的社会信用体系"软"主导基础设施建设方面，四川省"营造诚实守信金融生态环境、维护良好金融秩序工作成效较好"，成为全国5个受到国务院嘉奖的省市之一。成都市连续入选全国营商环境示范城市和标杆城市，为省内社会信用体系全面健康发展提供指引和经验借鉴。

第三节 科创金融支撑四川省创新驱动发展的投融资结构性制度问题

一、科创金融支持四川省创新驱动发展的投资制度结构问题

"十三五"至"十四五"期间，四川省在"制造强省"战略牵引下，制造业发展取得了明显进步，但是与环渤海经济圈、长三角经济圈和粤港澳大湾区相比，四川省制造业投资总量不大，投资占比长期持续偏低。四川省制造业转型升级面临不少挑战。科创金融在支持四川省创新驱动发展的高科技产业投资体系、"五区共兴"协同发展、投资体系市场机制健全方面仍有诸多短板有待弥补。

一是高科技产业投资结构方面。首先，工业化水平仍然滞后。虽然近年来四川省工业年均增速达到8.6%，领先于全国10个经济大省，但从绝对量来看，四川省2017年以来工业增加值总量与四川省经济总量在全国的排位仍有差距。其次，产业结构层次不高。四川省制造业产业门类较为齐全，但产业层次低端化特征明显，传统资源型和原材料工业、重化工业占比近70%，资金、技术密集型制造业比重低于发达省市20个百分点左右。最后，发展后劲有待增强。工业投资占全社会固定资产投资比重为29.3%，

比全国平均水平低 7.5 个百分点。

二是"五区共兴"协同发展方面。首先，区域发展存在结构性问题。成都平原经济区总量优势明显，"十三五"末占四川省规上工业的比重从 55.8% 上升到 60.8%；其他主要经济区，如川南、川东北、攀西经济区处于下降趋势。其次，制造业产业结构同质化较为突出，如发展新能源汽车产业，就有 16 个市（州）提出申请。最后，重化工业结构布局影响环境治理。四川省江河密集，发展水资源依赖型重化工业具有资源优势，结合重要产业转移等战略，有必要做好前期的科学规划，要避免将重化工业布局在成都平原人口密集和环境承载能力薄弱的区域，为可持续发展夯实生态环境基础。

三是投资体系的市场机制健全方面。首先，市场主体实力存在结构性问题。近年来，四川省大企业培育成效显著，百亿企业已超过 50 家；但横向比较来看，四川省缺乏具有世界级水准的大企业，尤其是高科技大型企业更是凤毛麟角，大企业总体实力有待提升。其次，创新驱动发展"自生能力"不够强。在全面创新改革的推动下，"十三五"时期，四川省企业 R&D 活动覆盖率虽有提高，但总体水平有待提高。高新技术产业领军科技企业数量少。

二、科创金融支持四川省创新驱动发展的融资政策

以上主要从科技创新投资端视角分析了四川省创新驱动发展的金融制度需求问题。以下将从科创金融融资端视角探讨四川省创新驱动发展的金融制度供给侧结构性改革问题。对这一问题的考察从社会融资规模、科创金融服务体系、专业人才引育、产融深度融合等不同视角逐一展开。

一是从社会融资结构分析四川省科创金融的融资制度供给。四川省 2017—2022 年社会融资规模统计数据显示，现阶段四川省科创金融结构存在失衡，金融规模在西部长期居于首位，但是总体上大而不强。银行信贷融资占比约 70%，处于绝对主导地位，在"贷款新规"制度背景下，银行信贷融资规模高，意味着更有可能面临不良贷款、高杠杆等金融风险挑

战。"十四五"期间,支持四川省的直接融资体系虽有一定程度的发展,但也以债务融资为主导。例如,直接融资体系中的股权融资占比长期低于5%,直接融资的增量主要是政府债券融资。因此,通过对社会融资规模的结构分析,可以发现科创金融支持四川省创新驱动发展的金融供给结构有待优化。

二是从四川省金融主体结构分析科创金融服务及产品体系的优化。最为明显的问题是缺少有实力的地方法人金融机构,缺乏有核心竞争力的金融牌照。四川省有着典型银行主导型金融服务体系,银行业机构数量众多但有市场竞争力的本土银行业金融机构缺乏。在"十四五"期间终于诞生了一家国有控股的省级法人银行。本土法人信托机构2家,其中四川信托面临较大的金融风险压力。地方法人保险公司、法人证券机构不但数量偏少,行业影响力也普遍较低。虽然四川省2009年1月在全国范围首批开展科创金融专业机构试点,但试点十余年以来,能有效提供科创金融服务的专营金融机构仍发育不良。

地方多层次的科创金融资本市场体系建设进展较为缓慢,当前注册地位于四川省的13家地方要素市场中仅有西南产权联合交易所开辟了科创金融服务,其他12家交易场所支持科技创新的能力相对有限。这些地方性交易场所普遍面临金融监管部门"清整联办"的严格规制。综合这些方面,可以发现四川省多层次资本市场体系的培育,对改善地方科创金融服务体系的有效性仍有待进一步观察。

三是科创金融"财政金融"互动发展面临的结构性卡点堵点有待突破。例如,省级产业引导基金是转变财政科技支持方式、发挥科技政策引领作用和助力科技创新的主要手段,四川省就科创金融"财政金融"互动发展作出了积极探索并取得一定成绩。截至2021年6月底,四川省22支产业银行基金计划募集1 092.05亿元,其中财政计划出资131.20亿元,累计投资项目212个,省内投资177个。但是结合资金募集协议的执行情况看,科创金融的"财政金融"互动政策的制度执行还需要改进。如,部分GP履职不充分;部分基金未完成不低于财政出资额4倍的规模募集社会资本设立基金的目标；财政资金实缴到位比例高于社会资本；个别基金投资期结束仍未完成合伙协议有关实缴到位资金的要求；部分基金投资进度滞后，造成募集资金大量闲置；个别基金未按合伙协议约定及时分配收益等。

四川省已设立的约 20 支省级高科技产业引导基金，分散于各个实体经济主管部门，如何激发政府各方主管部门管理效能、激发市场主体创新活力，健全"政府—市场"互利共生的资源配置机制，集聚科创金融发展合力有待进一步探索。前述部分 GP 履职不充分所暴露的问题，与未形成有效的激励约束机制相关。政府产业引导基金"募、投、管、退"全生命周期如何健全市场激励机制、如何健全政府考核约束机制等问题在我国 PPP 投融资、混合所有制改革进程中广泛存在。本书认为，如果科创金融领域传统的政府型财政金融互动试点效果欠佳，是否可以尝试市场主导型财政金融互动模式？政府产业引导基金的合伙制组织治理模式，除了具有资金资源合伙的优势之外，还具有人力资源合伙的优势。无论是政府主导型财政金融互动模式，还是市场主导型财政金融互动模式都需要高端科创金融人才参与其中。四川省科创金融营商环境是否有足够的吸引力延揽专业人才需要引起政府重视。目前四川省还没有专门针对高端科创金融人才的服务平台和机制①，配套科创金融人才的政策软实力有待提升。相比而言，上海市、深圳市等地相继采取了成立国际金融研究交流中心、国际金融人才培训基地、科创金融人才专项等系列引才举措。

四是四川省"高科技产业发展+现代金融服务"产融结合有待深化。党的十九大报告从科技创新要素投入视角提出促进现代产业体系发展，党的二十大报告明确提出"促进创新链产业链资金链人才链深度融合"。四川省金融业作为地方现代科技服务业的核心构成，仅就科技信贷而言，四川省内国有金融资本主导的地方银行业尚未形成合力，难以为高新技术产业发展提供有效的资金支持。一方面是各地金融机构自身财力有限，导致

---

① 四川省地方金融监管局虽然在 2023 年出台了《四川省加强高层次人才创新创业金融支持十二条措施》，但是金融支持的对象是科技人才，而非科创金融人才。

金融服务科技创新有心无力；另一方面是科创金融的"五区共兴"，除成都平原经济区和川南经济区，其他地方缺乏高端制造业基础，即便地方有金融实力但是没有服务对象。因此，四川省的高科技产业亟待深化产融发展，优先支持地方高新技术产业发展。

三、科创金融支持四川省创新驱动发展的投融资制度保障问题

科创金融支持四川省创新驱动发展需要有良好的投融资制度保障，新制度经济学认为，制度环境是重要的软性基础设施（卢现祥，2021；林毅夫，2019）。政府主导的金融营商环境优化的目的是节约制度性交易成本。

基于本章第二节内容可以发现，四川省整体的科创金融制度环境建设任重道远。四川省虽然在2015年入选首批8个全面深化改革试验区，较早开展科创金融制度创新的试点，科创金融体系发展程度在西部较高，科创金融制度环境在西部也相对较为完善，但是通过与可比省市——徽、鄂、陕、渝的横向比较发现，四川省的"市场化程度、中介组织发育、知识产权保护"等制度环境指标相比于同期GDP总量在全国的排名有待同步优化[1]，这说明，四川省科创金融制度环境建设可能与地方"促科技发展"和"防金融风险"的需求还有较大差距。在政府主导型科创金融制度变迁中，四川省地方政府在科创金融产融体系优化和金融监管方面可以发挥更积极的作用，本书认为，可以以共建西部科技创新中心和西部金融中心为抓手，持续优化四川省的科创金融投融资制度环境。

具体讲，四川省科创金融服务体系是银行主导型，多层次资本市场发育和科创金融创新存在滞后性。鉴于四川省金融资产主要集中在银行业，科创金融支持四川省创新驱动发展的工作重点是"稳银行"及相关的政策制度配套。"十三五"期间，四川省地方性法人城市商业银行有13家[2]、民营银行1家，其他非银行金融机构对制造业等主导产业的科创金融支持能力相对有限，力量亟待整合。因此，金融体系对高科技集中度高的四川

---

[1] 2023年已排名全国第5，成为中西部经济规模最大的省份。
[2] 四川银行吸收合并两家城市商业银行，截至2023年末总数为12家。

省"5+1"产业体系的"促科技发展",仍需要稳定间接融资体系,争取把科技信贷作为科创金融的压舱石。科技银行支持四川省创新驱动发展,有赖于良好的法治环境和社会信用体系。因为科技信贷是典型的风险债权投资,美国硅谷科技银行2023年破产已有前车之鉴。科技信贷债权质量的微观保障,需要科技企业质量可靠,而科技企业的资质又主要取决于自身的财务实力等。也就是说,四川省要实现科创金融健康可持续发展,需要遵循科创金融发展的市场规律,政府之手可以大力优化科创金融的法治环境和社会信用体系。

第三章 促进四川省科创金融资源集聚的制度环境建设与优化问题研究

——以政府政策为主要视域

第二章基于科创金融理论对科创金融支撑四川省创新驱动发展的投融资体系结构做出了制度比较分析。本章主要聚焦于四川省科创金融发展制度环境建设现状,进一步探讨促进四川省科创金融制度环境建设存在的问题与原因,提出建设优化四川省科创金融发展制度环境的对策建议。无论理论分析还是实践证据都表明金融创新的动力来源于技术革命的推动,而金融创新产生的动能又反推技术革命不断发展。尤其是在技术开发和产业化发展阶段,更需要金融行业来做创新的"领头雁"。康波周期理论认为,科技创新将带来长期经济增长,人们已普遍认识到科学技术在经济发展过程中的重要作用,在经济长期增长过程中,科技与金融的结合程度,是影响经济长期增长的主要因素和关键动力。

为促进地方经济社会发展,四川省逐步完善科创金融政策体系顶层设计,优化科创金融试点模式和工作机制,拓宽渠道提高财政资金投入,探索提升科创金融服务能力、适应发展阶段的完整体系和日趋成熟的工作机制。2009年,四川省在全国范围内率先展开科创金融投融资对接活动,积累了较为丰富的科创金融服务体系建设理论和实践经验。

第三章 促进四川省科创金融资源集聚的制度环境建设与优化问题研究
——以政府政策为主要视域

第一节 四川省科创金融发展制度环境建设现状

在经济社会的发展过程中，科技创新逐渐成为新的引擎，金融则是现代经济的新鲜血液。培育战略性新兴产业、促进科技成果转化需要加快科技和金融的结合，这也是深化科技体制改革的内在要求。近年来，四川省积极贯彻落实国家法律法规和出台地方性法规、规章，加大创新政策的整体规划，较为完善的科创金融政策体系逐步构建成形，有力地保障了科技型企业的融资和创新能力的提升。

一、重视科创金融发展制度建设

良好的制度建设需要高质量的组织来推动。四川省多个部门联合行动，进一步加强统筹协调，为保障科创金融发展壮大的制度建设作出了很大努力。从2015年开始，四川省科技厅等多个部门联合制定科技金融工作联席会议制度，实现整体部署与协同推进同步进行，不断优化环境，做强做优做大科创金融。2016年以来，四川省积极响应国家对科创金融的战略部署，高度重视科创金融制度建设，充分发挥了顶层规划的引领与推动作用。

2013年，四川省出台《关于加强科技和金融结合加快科技成果转化促进战略性新兴产业发展的意见》，明确提出要整合分配省内各类资源，构建省市县一体化的科技金融服务体系，促进新兴产业链的共同发展。自此，四川省出台多个促进科技金融发展的顶层设计，对未来科技金融行业的发展方向和路径作出了引领作用；2019年，在四川省科创金融顶层制度文件发布三年之后，成都市发布具体的政策措施，以促进全市金融科技产业的创造创新，指导全市科创金融工作的开展，也为其他市（州）起到了良好的带头和模范作用；2020年5月，在央行的指导下，成都市出台了未来三年的科创金融行业发展计划，旨在为本地科创金融的发展提供前进的指南针，为科创金融的发展创造良好的环境，让成都科创金融的发展在国内外都具有巨大的影响力和示范引领作用。

2023年5月,四川省打出科创金融政策"组合拳",出台《四川省"十四五"金融业发展和改革规划》①,从完成科技成果评价改革试点目标、将四川省打造成国内科创金融的榜样典型、围绕川渝科创金融一体化发展等方面切入,为解决四川省科创金融发展存在的困境列出具体举措,为推动全省科创金融更好发展明确了前进方向、重要战略、重大举措,开创科创金融工作新局面。与此同时,出台多个奖补政策,帮助科技型中小企业发行债券,支持科技型企业的融资贷款、上市挂牌,同时也鼓励为科技型企业提供信贷服务的中介机构加大投资力度,支持开发类型多样的科技型保险产品,通过奖补政策提振投资机构的投资热情和信心,不断提高科技和金融的融合发展力量,进而推动全省科创金融的健康稳定发展。

二、强化科创金融发展政策支持

(一)建立完善科技型中小企业投融资补助机制

风险高、抵押物少、缺少现金流等是科技型中小企业共同面临的困境,也常常因为这些问题在向银行等金融机构和担保机构申请贷款或融资时遭到拒绝。为了有效解决中小型科技企业融资难、融资慢和融资成本过高的问题,近年来四川省建立完善贷款风险补偿机制,不断加大对科技型中小企业的融资扶持力度。2015年5月,设立科技型中小微企业贷款风险补助资金,其扶持对象主要是省内的科技支行,这些银行的一大主要业务就是为科技型中小微企业提供贷款。该资金自设立以来,通过先发贷款后补助的形式,支持省内多家科技银行对科技型中小企业发放贷款,有力地扶持了四川省科技型中小企业的发展。截至2020年,贷款风险补助资金共支持90余家银行向超过1000户科技型中小微企业发放贷款约120亿元。

---

① 四川省人民政府.关于印发《四川省"十四五"金融业发展和改革规划》的通知[R/OL].(2021-11-26)[2021-12-01].https://www.sc.gov.cn/10462/zfwjts/2021/12/1/23359ed8bf6043aaad0d44236db59aca.shtml.

第三章　促进四川省科创金融资源集聚的制度环境建设与优化问题研究
——以政府政策为主要视域

2018年9月，为帮助科技型中小企业融资，四川省印发帮助其发行债券的相关政策①，文件规定，为支持科技型中小企业发展，每年从科技计划项目专项资金中，安排1 000万元作为债权融资补助资金。该政策实施以来的一年时间内，多家科技型中小企业通过申报项目、专家推荐等形式，共计有近70个项目获得约1 000万元的资金补助，极大地缓解了科技型中小企业的融资压力，也降低了它们的融资成本。

为激发科技型中小企业创新创业热情、提振投资机构信心，四川省于2008年9月创立科技型中小企业创业投资补助资金，每年计划拨付2 000万元用于补助科创金融领域的投融资双方，在基金项目成立的十余年时间里，引导近200家担保中介机构和投资机构，吸纳超过100亿民间资本，帮助四川省1 000余家科技型中小企业获得融资。其中，该项资金在2018年、2019年连续两年分别补助了40余个创业投资项目，补助资金超过2 000万元，为四川省200多家科技型中小企业带来20多亿元的融资。2022年，部分科技型小企业入选国家级专精特新"小巨人"，2023年11月，这部分企业获得一次性奖励50万元；2023年12月，四川省有两家企业在第八届"创客中国"中小企业创新创业大赛全国总决赛中获奖②，这些企业分别获得了由创业投资补助资金给予的50万—100万元奖励。

科技型企业具有"轻资产、重智产"的特点，在资本市场进行融资活动时该特点也是弱点，更是被银行等金融机构拒绝发放贷款的主要理由之一。针对这个情况，四川省科技厅和财政厅于2020年10月联合推出"天府科创贷"，为科技型企业创建更多的融资渠道，引导金融机构助力科技型企业发展。为加大对科创贷的扶持力度，四川省将其纳入省级科技计划，拨付专项资金超2亿元，充分整合国有商业银行、地方城市商业银行等13家银行的力量，将它们确定为合作银行，同时引进近10家担保和保

---

① 四川省科技厅.关于印发《四川省科技型中小企业债权融资补助实施细则》的通知［R/OL］.（2018-09-14）［2018-09-18］.https：//kjt.sc.gov.cn/kjt/gstz/2018/9/18/f7946d0ae49840fd9c81ecc48952d3e3.shtml.

② 工业和信息化部信息中心.第八届"创客中国"中小企业创新创业大赛全国总决赛成绩名单［EB/OL］.（2023-12-26）.https：//miitxxzx.org.cn/art/2023/12/26/art_34_4211.html.

险机构参与工作，建立风险共担机制，组建了约 1 500 余人的专业运营团队，致力于建设资金池，推出"银证""银证担""银政保"等合作模式，利用政府财政资金给银行吃下定心丸，为企业增加信心，为科技型企业的发展提供高质量、专业化的融资服务。市场上一般企业的贷款利率处于 5.5% 左右，而科创贷的平均贷款利率比一般贷款低了约 2.1 个百分点。此外，若企业能够正常还款，省财政还将发放最高不超过 30% 的财政补助，以帮助企业支付在申请贷款过程中产生的保险费、利息费、信用评级费、担保费等费用，大大降低了企业的融资成本，在为企业提供资金支持的同时提高企业的积极性和发展水平。截至 2023 年年中，有近 3 000 家科技型企业享受到天府科创贷的金融服务，共发放贷款超过 60 亿元，帮助近 10 家企业登陆科创板。

（二）推广知识产权融资，促进科技成果转化

科技型企业的发展过程中创新成果起着十分重要且关键的作用，为了保护知识产权，鼓励创新创造，激发科技工作者的研发热情和积极性，四川省发布多个政策性文件，保护发明创造，引导创新成果转化为知识产权。此类政策主要由四川省财政厅和知识产权服务促进中心牵头制定印发，2017 年印发《省级知识产权专项资金管理办法》，2019 年达到政策制定高峰，连续出台多个与知识产权保护、融资、管理相关的政策文件，四川省对知识产权的保护力度可见一斑，多个政策文件的发布，有力地促进了中小型科技企业进行知识产权融资，推动科技创新成果的知识产权化。此类文件对科技成果转化的奖励、对技术人员的分成等都作了明确规定，如规定科研工作者享有职务科技成果所有权，若其研发的科技创新成果产生收益，那将对其进行一定的奖励，通过赋予科研人员产权的形式，激发他们的创新创业热情和研发积极性。又如，明确规定要利用财政资金资助知识产权质押融资，对过程中产生的利息、专利保险、评估、担保等费用进行一定比例的资助，以财政资金为支点撬动整个科创金融行业的发展，充分发挥其杠杆作用，创造性地解决科技型企业的融资难题。

（三）制定落实财税直接奖补政策，鼓励企业进行科技创新

为激励企业进行科技创新，近年来四川省科技厅、地方金融监管局、经济和信息化厅等多个政府单位联合制定多项财政奖补政策，以激发科技型企业的创新积极性。这些政策的主要功能体现在以下两个方面：一是加强公共服务体系建设，为科技型企业的发展壮大提供更好的市场环境和更优的服务能力，支持和鼓励科技型中小企业不断进行技术创新，激发自身的发展潜力，提高发展能力；二是鼓励支持科技型中小企业积极上市，通过发布一系列的奖补政策，提供高效的上市孵化培育，为科创板企业搭建上市的平台和畅通融资渠道，新增"100家科创板重点"企业库[①]。

大量政策措施的出台，以及相关具体举措的落实，体现出四川省对科创金融发展的重视，在政府的大力推动下，支撑四川省科创金融发展的政策体系逐步完善，为省内的科技型企业提供了良好的政策环境和巨大的发展良机，科创金融的迅猛发展也将带动全省经济社会不断前行。

三、提升政府引导基金投资实效

（一）稳步推进基金募集

政府引导基金旨在改变较为单一的政府投资方式，能够引导和推动多元化的社会资本聚集一处办大事，是一种实现产业政策的高效途径。2011年，四川省首次设立政府引导基金，近些年来为推动基金做大做强，以更好地服务科创金融的发展，四川省不断强化落实措施。一是以现有协议规模的总框架为基础，采取推进项目投资速度、放宽返投比例等举措，加大基金合伙人的投资力度，实现资金实缴到位，引导基金不断扩大募集规模。二是建立健全引导基金募集、管理机制，以投资需要为根本出发点，分年使基金募集到位，以提高基金募集的速度和效率。三是完善引导基金退出机制，增强投资者的投资信心。

[①] 陈岩. 我省出台中小企业发展专项资金管理暂行办法[N/OL]. [2014-06-27]. https://www.sc.gov.cn/10462/10464/10797/2014/6/27/10305908.shtml.

2015年，四川省财政厅联合省内多个市级财政局，与知识产权领域的多个权威机构和大型优质企业一起创建知识产权运营基金，基金规模超过7亿元①。为加强引领示范作用，强化财政资金对科创金融发展的引导，2016年10月，四川省设立科技成果转化投资引导基金，该基金金额为20亿元，计划在5年内实现2 000项科技成果转化，建立相关服务机构1 000余家②。2023年，四川省共有23支省级产业发展投资引导基金，共募集资金约900亿元，引导民间资本投资将近2 000亿元，共计投资项目350余个，其中有30个项目、一家科技型中小企业在获得帮扶后成功上市③。

（二）基金出资结构朝向多元化发展

为丰富和完善基金结构，四川省秉承着"政府引导、市场化运作"的原则，充分发挥政府引导基金的独特优势和杠杆作用，大力吸纳社会资金，与银行等金融机构、地方各级政府、民间资本等社会资本开展广泛而紧密的合作，出台一系列政策吸引上市公司、国企央企、证券公司、信托机构等有实力、有资本的机构强强联合。

近年来，四川省政府引导基金喜获丰收，吸引了成都、德阳、绵阳等地的多家资本汇集，如成都高新区、德阳产投、绵投控股等，形成了巨大的募资"虹吸效应"，不断优化出资结构，逐渐形成多元化、多层次、多渠道的资金投入鲜明特征，为科技型企业的发展提供了强有力的支撑，同时为四川省的产业转型升级、科学技术研发、科技成果转化和创新创业提供了坚实基础，激发了市场主体活力，促进了全省实体经济的发展。

---

① 张岚. 四川在全国率先成立知识产权运营基金［N/OL］. ［2016-01-09］. https://www.gov.cn/xinwen/2016-01/09/content_ 5031661.htm.

② 张岚. 四川省设立20亿元科技成果转化投资引导基金促进科技成果转移转化"施工图"发布［N/OL］. 四川日报，［2016-10-03］. https://www.gov.cn/xinwen/2016-10/03/content_ 5114881.htm.

③ 四川省财政厅. 四川省省级产业投资引导基金2023年运营情况［R/OL］.（2024-03-22）. https://czt.sc.gov.cn/scczt/c102406/2024/3/22/e3c3dbeb0db741c598611d40fea54576.shtml.

(三）发挥基金推动产业转型升级提速作用

为推动四川省产业转型升级提速，2015 年四川省设立了科创金融引导基金。以创新驱动发展战略为指引，以建设"5+1"现代产业体系为目标，积极投资省内科技创新活动和重大产业化项目；同时强化省级引导基金的投资力度，吸引其他资本共同投资在初创期、孵化期具有重大发展潜力的重点高新技术实体企业；在全省产业中的智能制造、新能源、新材料、电子科技、生物医药等领域，针对其中具有突破、引领、带动作用的创新创业项目，将其纳入重点关注对象和重点支持帮扶对象，实现优质资源的有效覆盖和高效利用。

以四川发展（控股）有限责任公司为例，该公司近年来在培育新经济、新动能方面持续发力，设立科技成果转化、产业振兴等引领型产业投资基金，对中电熊猫面板、新橙北斗、成飞民机等众多企业进行了大力投资，接受投资的这一批科技创新引领性项目，对全省的创新创业具有强大的示范带动作用，激发了各类社会资本在四川省投资科技创新产业的热情和动力。

（四）基金有效推动区域创新发展

截至 2023 年 7 月，四川省省级产业投资引导基金共计 20 余支，绵阳、眉山、泸州、南充、广安等多个市（州）受益，其中科技创新类基金 5 支，引导社会资本投资在种子期、初创期具有巨大发展潜力的科技企业，推动旧动能转化升级、新动能持续向好发展，地区经济社会发展成效显著。为进一步发挥基金作用，省级政府引导基金联手银行等金融机构达成合作协议，共同开展投贷联动，充分利用好省级政府引导基金，发挥其引领市（州）开展活动的重要作用，联合地方政府共同推进地方重点项目、创新项目的发展壮大。借助成都国际生物产业城、中国（绵阳）科技城、宜宾临港经济区等经济发展功能区作为省级产业引导基金的投资基地，实现省市齐步前进、共同发展，建构省市联动、携手投资的格局。多个区、市、县从中获利甚多，引导基金投资参与的 10 多个招商引资项目得到快速发展，例如，宜宾汽车产业依托新能源汽车投资项目，实现了从无到有的巨大突破；达州市致力于打造全国范围内规模庞大、环保最佳、品种丰富、质量上乘的百亿级研发生产基地，炬原玄武岩投资项目在其中发挥了巨大的助力；自贡市推动建设"生物科技+大健康"产业生态体系，其柑橘投资项目获得了资金帮助。总体而言，科创金融引导基金在四川省实现了大面积覆盖，有力推动了各地区的经济科技创新发展。

第二节 四川省科创金融发展制度环境建设存在的问题与原因

四川省科创金融发展已取得显著成就，但在具体实践中仍有许多问题有待解决，如体制设计、生态系统构建等方面。

一、科创金融发展面临的障碍

（一）科创金融发展激励政策还不完善

政府制定的政策对我国科创金融产业投资的影响主要表现在以下几个方面。一是四川省现行的政策大大激励了科创金融产业领域的投资力度，但还不能完全跟上天使投资的发展速度。天使投资作为创业企业早期融资的一个主要渠道，成都市对其进行了很好的扶持，但在如何指导天使投资健康有序发展、保障投资者的合法利益等方面仍需进行持续有效的探索。二是科创金融的发展目标是创造优质的发明专利，这是一场需要投入大量人力、物力、财力的持久战，四川省的科创金融正处在发展初期，为了能够在短期内迅速推动科创金融产业的发展，部分地方政府制定了一系列的激励政策，旨在通过"看得见的手"来促进科创金融的繁荣发展。但由于专利市场的自发性与盲目性，部分企业为了获取补贴，或者为了抢占市场，出现了专利申请形式化的现象，导致专利申请人降低了对专利本身的重视程度，对专利发明速度的重视程度高于对专利质量的重视，从而转向靠大量专利来获得补贴，不利于科创金融长足健康发展。

（二）政府与市场的合作机制尚未建立

科技进入市场需要政府、企业、金融机构等各利益主体的协同参与，并在多方主体间进行流转。在起步阶段，中小型科技企业发展前景不明、融资渠道受限，此时政府就有必要对其进行干预。

在四川省科学技术厅的带领下，多个有关部门一起出台了从金融角度出发，支持科技创新的系列法律和法规，为四川省的科技创新提供政策保证，并进一步引导商业性金融资本对四川地区的科技创新进行扶持。近几年，四川省政府设立了多个扶持科技型中小企业发展的专项资金，由此可见，随着人工智能、大数据、区块链等先进技术的飞速发展，四川省对科技创新也越来越重视，支持力度也越来越大，更多的科技型中小企业由此受益颇多，此外，政府引导基金吸引了大批民间社会资本加大对科技型中小企业的投资，在诸多政策的鼓励和财政资金的扶持下，科技型中小企业未来可期。然而，我们也应该清醒地认识到，四川省科创金融的发展与其他地区尤其是东部发达地区相比仍有较大的差距，我们应该对此引起高度重视。在政策问题层面，当前金融支持科技创新的政策系统还没有形成一个完整的体系，整个系统的衔接也不够紧密，财政和科技的各个部门都是分开行事，难以进行有效的协调与协作，如此便会造成交流不畅，信息不能共享，很有可能会导致科技项目上的重复投入、科技资源浪费等。此外，在对财政资金的监管上，存在着多头监管和监管缺位等问题，从而容易造成监管不力，影响四川省地区科技创新的发展。

（三）金融监管制度限制科创金融发展

根据国家层面有关部门颁布的科创金融政策，四川省也制定了系列地方性政策，以期解决科技型中小企业的融资问题。比如，设立科技型中小企业信贷风险补偿专项基金等科创金融专项项目，其补偿对象是合作银行，主要内容是当银行等金融机构为科技型中小企业的科技项目提供的贷款出现一定的信用损失后，专项基金项目就会对其进行补偿。在现实的投融资过程中，一些企业出于各种原因难以获得贷款，由于政府只承担一部分损失，因此银行出于投资安全考虑，将会严格设置放贷程序，以保证将自身的风险降到最低。我国约有80%以上的金融资产掌握在银行手中，是一种典型的以"银行为主导"的金融结构。此外，当前的金融监管制度同样制约了科技产品向金融产品的转化创新。目前行业的主要监管模式是分业管理、分业经营，这将直接限制科创金融的创新，其主要体现为成本与回报的严重错位，科创金融行业的风险性变得更高。特别是在科技成果向市场转移的过程中，其最显著的特点就是不确定性，这就导致银行承担了更高的成本与风险，降低了银行在科创金融行业中放贷的积极性，只愿意为科技型中小企业提供短期贷款，拒绝承担中长期贷款的风险，从而限制科创金融产业的创新发展。

（四）科创金融综合服务平台建设机制还不够完善

当前，四川省缺少专业的科技投资和融资服务中介组织，知识产权登记、转让等制度建设相对落后，科技公司向金融机构传递的有关信息也较为落后，导致金融机构无法准确地对科技型企业研发的科技成果进行评估、定价，这将导致金融系统不能准确、轻易地对其进行抵（质）押融资。

省、市、区的业务平台都有各自的核心点，很难实现信息的共享。此外，尽管省、市、区的科创金融服务平台拥有大同小异的职能，但是，一些地方的地方保护主义导致各平台间的信息不能进行有效的交流和分享，从而制约了跨地区项目的高质量发展。与此同时，平台等服务型组织的打造，还需要税务、工商、银行等相关部门的通力配合，如果各个部门出于保护各自利益的考虑，就难以提供较为完整有效的数据信息，导致平台不能及时更新数据，从而难以达到预期的效果。

全省范围内的科技融资平台主要是由四川省科技厅联合国家开发银行共同组建的，自2008年以来，国家开发银行开始全面改革，诸多科创金融项目、重点产业项目因此受影响。通过分析可知，科技融资平台在发展过程中会逐渐暴露出其自身的风险，也存在难以突破的现实困境，给其自身

第三章 促进四川省科创金融资源集聚的制度环境建设与优化问题研究
——以政府政策为主要视域

发展带来了不确定性。

另外，当前四川省对科技资源共享的认识还需进一步提高，不断加强对科技资源实现共享所能带来的社会影响和价值的认识，逐步建立起多元化的科技资源共享机制。近些年来，四川省迎来了巨大的经济社会发展期，四川省内各市（州）在科技资源建设上的投入也越来越多，但是，实现科技资源共享是一个漫长而艰巨的任务，若不进行合理的规划和统筹，盲目投入，势必会造成新的资源浪费，从而在一定程度上制约各市（州）的协同创新发展。

究其原因，一是信用信息系统还不够完善。全省范围内目前还没有建立起一个互联互通的信息网络和相对比较成熟完善的社会信用系统，也还没有实现信用信息的真正共享。因此，各大商业银行不能通过相应的信用交互平台来筛选、评级和授信，导致出现高成本和低效率的科技企业贷款特点。二是我国技术型中小企业的信息披露水平不高。由于信息的非对称性，使得投资者很难测度科技公司的成长潜能，从而影响科技公司的信贷规模和信贷总量。

在川藏地区科创金融领域颇负盛名的天府（四川）证券交易中心，是一家服务型机构，发挥着帮助科技企业解决融资成本高、融资速度慢、融资难度大等难题的作用。但是，该股交中心的发展模式还比较传统，需要在证券交易方面进行创新，可学习借鉴其他地区证券交易中心的运作经验。例如浙江和山东等省份的证券交易所都已经参与了众筹项目，贵阳证券交易所更是获得了国家有关部门的高度认可。但是，四川省的科技企业信贷中介组织还没有建立起一个有效的联系机制，相对落后的发展现状使科技企业难以得到专业权威的担保、评估和交易机构的支持和保证，这就使得科技企业的贷款变得更加困难。另外，在产品创新上，科技财务专家评价体系作为度量基准，尚未有效构建，没有统一和行之有效的操作流程和标准，加大了对专利等的认证和评价难度，也间接增加了科技型企业的融资难度。

四川省内只有很少的几个市、州搭建了科技企业的服务平台，这些平台主要由科技部门和园区管委会搭建，分布于各个部门，无法将银行、证券、信托、担保和投资公司等组织的信息资源进行有效的整合，造成了不同地区之间的产业差异，这就是科创金融数据资源无法实现共享的主要原因。促进跨区域转移科技成果是推动四川省科创金融资源共享的重要举措之一，然而，目前四川省其他市（州）从成都引进的科技资源所占比重较小。同时，由于创新平台数目不多、机制不完善等原因，阻碍了各个地区科技信息的有效流动，造成了科创金融发展滞后的局面。

为了深入推进全面创新改革试验，四川省提出了创建成德绵区域经济合作示范区的目标。因此，要加快建设成德绵人才集聚地、高等院校科研资源共享机制、科创金融资源共享机制等，促进高科技和科创金融产业的优势互补、融合发展。

然而，一些还处在创业阶段的平台企业，在各个环节都存在或多或少的问题。还处在创业阶段的平台公司，其财务资料通常没有经过审核，所以不能确认信息的真伪。银行等金融机构获得这些资料后，通常还要对其提交主体进行详细和复杂的调查，以确定信息的真伪，然后再对有效资料进行筛选，这样一方面会让调查的费用变得更高，另一方面也会让企业申请贷款的时间成本变得更高，造成企业更新缓慢，不能在最短的时间内使资金与需求得到最佳匹配。因此，企业的信息报告要准确及时，金融机构的业务流程也需要改进。

成都市是当前在四川省实施科技和金融改革创新项目比较多的一个地区，它是国家重点高新技术产业基地、成渝地区双城经济圈的中心、重要电子信息产业基地，更是西南地区科技、商贸、金融等的枢纽中心。截至2022年底，成都市共建成150余家国家级创新平台，超过60家国家企业技术中心，共有近400家世界500强企业落户，成都有5个全国双创示范基地，而四川省只有7个。为了充分发挥成都的"领头雁"作用，还需制定推动作用更强、更能突出地域特色的政策，同时对现有政策进行整合，形成强大合力，推动四川省科创金融的发展。

二、建设金融创新环境的体制机制还有待完善

(一)缺乏良好的科创金融创新环境

1. 科创金融的风险分散机制不完善

当前,四川省科创金融发展仍由政府制定的相关政策和财政资金为主导,一方面,财政资金与社会资本相比,在资金规模上要小很多,整体而言发挥的作用也没有那么大。另一方面,主要依靠财政资金的又一大弊端是风险比较集中,目前又缺乏较为完善的内部风险防控管理制度,因此导致很多投资机构对投资科技型中小企业仍持观望态度,不敢轻易下手。

学习借鉴各地科创金融发展的经验,要充分利用科技发展基金、投融资奖补、贷款贴息、财政补贴等措施,积极引导和鼓励社会资本投入科技创新中。然而,当前四川省部分市(州)还没有建立起专门的科创金融风险分担机制,也没有形成针对科技企业的信贷补贴体系。

2. 科创金融监管与改革创新不相适应

当前正在推进的投贷联动工作,需要进一步细化监管标准,对投贷联动授信业务体系、投资管理、奖惩机制进行明确。

3. 缺乏优越的人才创业生态

作为一个科教资源大省,四川省拥有雄厚的人才资源,但在科创金融领域,对人才的利用还不够充分,与科创金融发展的实际需求还不能完全匹配。同时在创新意识和服务意识方面还有待提升,还没有充分考虑到不同的科技型企业的实际情况和融资需求,从而为其量身定做合适的金融产品,提供创新和主动的服务,以促进科技型企业的创新创业积极性和发展壮大,给质优且量大的人才队伍提供广阔的平台以施展拳脚。四川省不缺乏科技和金融方面的"高、精、尖、专"人才,但科创金融是一个复合型领域,对知识和技能的深度和广度都有较高的要求。复合型人才的缺乏,一方面不利于有效地识别科技型企业的金融服务需求,制约着科创金融的发展,另一方面也不利于我们更好地理解和防范科创金融的运营风险。所以,有必要制定更多的政策和措施来培养、吸引并留住更多复合型人才。

（二）跨区域科创金融合作发展进展缓慢

首先，省内各方面对金融科技改革的视角和重视程度还不够一致，认知水平整体而言还有待提高。省内出台的绝大部分科创金融政策文件都是成都市制定的，一些地方对科创金融领域相关的政策、业务还不够熟悉。同时，四川省科创金融改革与创新力度最大的地区是成都高新区，而其他地区都还在发展初期。各市（州）的金融机构也大都沿用传统的产品与服务对科技型企业和科技创新发展进行扶持。

其次，成都都市圈区域的金融一体化发展速度较慢，面临着许多阻碍。2016年，为加快区域一体化发展，四川省人民政府出台相关政策，规定了成都等城市的创新发展任务，明确要求成都要加快创建国家创新型城市，积累丰富的经验，做好榜样和示范作用，德阳要大力实行创新驱动发展战略，促进高端产业的发展壮大。绵阳则要打破体制机制障碍，重点推动科技创新，实现创新驱动发展的目标。要加快建成成德眉资一体化"协同创新共同体"，加强建设成都都市圈，三城要在机制、市场、人才、业务等领域开展全方位的合作①。四川省委、省政府于2020年联合印发文件，提出要从制度创新切入，围绕打造现代产业一体化发展、公共服务资源共建共享、对外开放协同共进等方面，以成都为中心，联合德阳等周边城市构建联系紧密的区域经济共同体。但是，从实践层面来看，跨地区科创金融的发展受到地域的限制，导致跨地区的科创金融互通难度大，资金的跨地区流动更加困难。

三、财政政策支持科创金融发展的力度较小

（一）财政投入规模较小

近年来，四川省的科技经费总体上呈现增长态势，并且在财政支出中所占的比例也在不断增加，四川省科技厅、财政厅已经制定了一系列的财

---

① 张明海. 成德绵全面创新改革目标体系［N/OL］.［2016-07-25］. https：//www.sc.gov.cn/10462/10778/13814/2016/7/25/10389322.shtml?cid=303.

政投入机制，例如，前期支持基金等财政专项资金，如免费补助、贷款贴息等。此外，政府还建立了支持科技中小企业的创业投资补助基金，补贴途径有投资保证、贷款担保、风险补偿、贷款贴息等。但是，四川省财力相对薄弱，区域发展不均衡，部分市（州）对科技的投资心有余而力不足。尽管近年来四川省已大幅增加了科技领域的投资，但为了促进地区的全面发展，对如城市建设、交通运输等"硬件"设施的投资要高于对科技的投资，资金投入不足、资金投入渠道不够丰富等问题还需要进一步解决，对科技的投入仍需加大。一些私人资本还不习惯将科技型企业作为其投资的首选和必选，这也在一定程度上削弱了对科技的投资力量。

国家财政科研经费的增长速度不断加快，四川省科技经费投入于2020年首次迈入超千亿新台阶，2022年科技经费投入约为1 215亿元，基本与上一年度持平。这表明，随着经济社会的发展，四川省对科技创新的关注也越来越多。但2022年全国科技支出为11 128.4亿元，四川省在R&D方面投入的经费仅为1 215亿元，虽然已处在全国范围内较为靠前的水平，但与广东、北京、上海、江苏、浙江、山东等省市的投入水平相比，还有较大的差距。另外，在科研经费中，人员经费和公用经费都是用来维持机构运行的，为了保证全省科研机构的正常运转，还需投入一部分的运转经费，使得科研经费受到了一定程度的压减。

目前，全国范围内的科技支出在财政总支出中所占比例的平均水平约为2%，西部地区各省市的财政科技支出占比与全国平均水平相比还有一定的差距。在四川省，科技支出占总支出的比例接近1%，对科创金融的政策性支持还需加强。政府的支持，是推动地区创新驱动发展非常重要的指引和助力，四川省应该重视对科技的支持，通过制定相应政策加大对科技的投入。

（二）投入科创金融的方式较为单一

四川省对科技型企业的投资主要来源于政府、企业、国内外投资机构以及投资者个人等，其中政府和企业是最重要的出资主体，但财政资金的主要作用是引导和吸引民间资本投资科技型企业，起到的是辅助作用，通常来说规模不会太大，而且作用有限。因此，四川省对科技型企业的投资方式相对比较单一，民间资本在科创金融领域的缺位，不能很好地适应四川省进行科技创新的需要。在东部发达地区，如浙江、江苏、广东、山东等省份，社保基金、非银行金融机构都已积极参与到对科技型企业的投资中，形式多样的融资渠道能够不断扩大科技型企业的融资规模。

四川省关于科技投入的规定主要有以下几条：一是要加快提升财政科技支出年均增速，科技三项支出要争取提高1%；二是在规定的年限内，四川省用于研发的费用不能低于GDP总值的2%；三是科技信贷的年均增长幅度要超过30%。四川省委、省政府出台的多个文件都对以上三条政策要求作了不同层次的论述。从四川省当前的科技投入情况来看，成都、德阳和绵阳三个经济技术比较先进的城市起到了很好的引领示范作用，其他市（州）还需发力。但在全省范围内，对科研费用的投入力度还需加大，以更好地支持全省的科技创新。

四川省的科技资金投资模式仍以传统模式为主，即以科研项目为对象进行科研资金的分配。虽然各市（州）政府已经建立了多种类型的产业投资基金，在促进资金和科技资源的合理配置方面起到了很大的促进作用，但是，这些资金投入模式的创新并不明显。同时，这一传统的融资模式也未能有效地发挥金融机构对科技创新的支撑作用，目前的财政投入更多地体现为对企业创业的支持与对银行贷款风险的补偿与担保。所以，如何在地方层面上进行资金投入模式的创新，加强与基层政府之间的协作，是一个值得深思的问题。

因此，以上情况就导致了四川省金融科技的发展缺乏有效的资金支撑，从而使其在直接融资方面的潜能没有得到有效的发挥。目前，四川省的科技型企业融资仍主要依赖商业银行，这与四川省高科技企业的发展水平极不相符。截至2023年，四川省有171家A股上市公司，在全国排名第七，其中科创板企业仅有18家[1]，与沿海地区，如浙江和江苏相比相差甚远；四川省内新三板上市公司所占比例不足3%；此外，四川省的上市公

---

① 彭玛珩. 四川上市公司总数达171家全国排名第七位［N/OL］. ［2023-02-12］. https：//www.sc.gov.cn/10462/10464/10797/2023/2/12/ae455b560b7243649a85ef4c3364aab0.shtml.

司在发行债券方面经验较少，与其他省市的上市公司相比还稍显稚嫩，仍有许多需要学习的地方，不断地扩大自己发行债券的规模，实现有效的融资，从而促进自身的发展，形成吸引更多投资公司加入的良性循环。

（三）私募股权基金投资规模小，缺乏健全的科创金融风险退出机制

从投资领域来看，由于新兴产业具有较高的风险和较高的投入，为加强对投资风险的防范，四川省股权投资基金的投入以传统产业为主。当前四川省私募基金比较青睐房地产、制造业和能源矿业等传统产业，对新兴产业的投入还处于观望状态，这不利于全省产业结构的调整，也将限制自身业务的创新发展。

由于资本市场还不够完善、风险退出机制还不够健全，从而造成创业资本的资金不能及时变现，也就影响了"投入—盈利—收回—再投资"的有效循环，部分投资资金陷于投资项目里不能及时流转，资金的流动性就会变低，这使创业资本公司的收入和投资都受到一定的影响，也会降低市场上的参与者对创业投资的积极性。因此，科创企业的融资主体——创业资本应该建立起多样化的退出途径，创业资本的退出渠道还需丰富和完善，以更大程度地激发创业资本对科技融资的热情，更好地促进四川省创业投资的发展。

保险和担保行业是风险退出的重要渠道，目前在四川省还处于发展阶段，正在逐步发挥作用，还需帮助其持续成长和发展。成都高投融资担保股份有限公司作为四川省内唯一一家科技型企业担保机构，已为近800家科技型企业进行担保，总担保金额约50亿元，应采取行之有效的措施来带动保险和担保行业的发展壮大，丰富风险退出渠道。另外，目前四川省内只有少量保险公司涉足科技投融资，所能提供的产品和服务还不能很好地适应科技型企业的发展需要，对相关产品和服务的开发也不容忽视。

（四）政策性金融机构对科技创新的支持力度不够大

关于政策性担保，担保机构的运作机制日趋健全，已初步建立起以法

律形式为主，以商业、私人担保为补充的政策性担保制度。三大政策性银行也在科技创新融资领域开展了诸多实践和探索，取得了良好的成效。目前，我国已开发出多项高新技术企业贷款，主要有"软贷款""统借统还""知识产权质押"等。同时，国家开发银行也加大了与小额信贷公司的合作，大力推进"国家开发银行—小额信贷公司—科技企业"的连锁经营模式。

中国农业发展银行是一家以推动农业科技成果转化与产业化为目的的非营利性金融机构。2008年以来，中国农业发展银行在全国和四川地区支持农业科技信贷规模整体上呈上升态势，反映出国家对农业产业结构转型升级的高度重视。中国农业发展银行于2012年在四川省放贷13亿元支持农业科技发展，虽然同比有所下降，但数额仅低于山东支持农业科技贷款的20亿元，反映出四川省农业科技创新的发展相对较快。2023年，中国农业发展银行四川省分行大力发挥政策性金融工具的作用，依托其"债贷结合""投贷结合"优势，发放约250亿元贷款，扶持50余个项目，推动全省包括科技型企业在内的重点项目建设。同时，政府对四川省农业科技创新的扶持力度也很大，这表明，在我国政策性银行对高新技术企业的信贷支持程度在不断提高。然而，从目前我国的科研投入来看，其投入的资金总量还很少，与科技创新活动的需求还有很大的差距。

国内的科技型中小企业长期面临着融资难度大、融资成本高的问题，这也与政策性金融机构没有发挥很好的引导作用有关。一般来说，对科技型企业的投资通常都存在高风险，其对资金的需求也比较大。在科创金融行业的发展中，大企业的科技创新能力不足、中小企业的科研经费不足，因此在融资方面，银行非常注重风险的控制，因此，银行对贷款责任人实行严格的问责制度，但由于缺乏政策性金融机构和政策性基金的引导和担保，国内的中小微科技型企业很难获得贷款和融资。

四、金融机构服务科技发展体制机制不健全

（一）科技信贷机构体制机制不够完善

目前，四川省科技信贷制度不完善，导致融资困难，这主要是因为金

融体制的不完善。目前为省内科技型中小企业提供信贷服务的机构主要有政策性银行和商业银行等金融机构。如前文所述，一些政策性银行出于自身的机构改革等原因，并不能持续地为科技型企业提供长久的放款服务，一旦停止贷款，科技型中小企业将会受到极大的创伤，资金链断裂是任何企业都害怕且不愿发生的事情。与此同时，尽管商业银行整体而言并不缺乏资金，但这并不意味着他们愿意把资金投入到科技型中小企业之中，诚如我们一直提到的问题，科技型企业的发展和投资都具有高风险性，为了保障自身的资金安全和发展安全，许多商业银行并不愿意将资金投入到科创金融领域，因为除了科技型中小企业，他们还有足够丰富的行业以供选择。因此，需要完善相应的科技信贷机构体制机制，为科技型中小企业提供持续足量的融资，保证其平稳健康发展。

（二）科技小额贷款公司面临诸多发展困难

2008年，为促进贷款行业的有序运行，中国银监会和央行联合下发文件，规范小贷公司的建立和发展。此后全国多地，包括四川省也纷纷启动了对小额贷款公司的筹备工作。但是，针对科技中小企业设立的科技型微型贷款公司却不多。截至2023年中期，四川省科技微型贷款公司不足10家，其发展也面临一定的困难。这主要是因为对科创金融的发展还不够重视，应充分认识到科创金融的发展对于促进全省经济社会发展的重要意义，设身处地地为科技型企业的发展前景着想，主动认识和了解科技型企业的发展困境，有针对性地进行帮扶。此外，小贷公司处于起步阶段，自身的发展可能面临一些未知的风险，缺乏承担科技型中小企业发展过程中存在的高风险的实力，为避免"打水漂"的情况存在，部分小贷公司不会将科技型中小企业作为投资的最佳选择，这将在一定程度上限制小贷公司和科技型中小企业的发展。因此，应该改进小贷公司的运营模式，以便为科技型中小企业提供更好的服务，实现双赢。

（三）科技银行支持科技型中小企业的效果欠佳

中小型高科技企业的融资渠道以银行为主。科技银行是重要的科技金融机构,也是支持我国高新技术产业发展的重要组成部分。但是,目前我国科技银行的功能还没有得到充分发挥,主要体现在以下几个方面。

(1) 高科技中小企业融资和贷款皆难的问题仍然普遍存在

虽然很多地方都建立了科技支行,但是因为银行自身的业务考虑和风险控制等方面的原因,科技支行的设立并没有为科技型中小企业的融资问题带来很大的改善。

(2) 科技银行评价指标体系不够健全

与传统的贷款业务不同,很多高科技中小企业的抵押物都是价值较轻的,例如专利权和知识产权等,都是不能被合理评估的,这就造成了大量的科技型中小企业不能获得资金支持。为此,应制定适合高新技术中小企业发展的各种指标体系。

(3) 缺乏专业化的科技支行

部分科技支行虚有其名,实际上仍是普通银行的原班人马,他们无法准确地掌握科技产业的专业市场前景,也没有很好地发挥科技银行的独特功能。科技与金融融合的专业人才匮乏,限制了其业务创新与服务质量的提升。

总的来说,科技银行对科技型中小企业的支持力度不够,主要有以下几个方面。

(1) 科研与创新能力的欠缺

没有对科技型中小企业的实际需要和市场发展态势进行深刻的理解,在金融产品上缺少创新,使得所研发的金融产品无法满足企业发展的需要,同时也因为对科技产业的发展态势不甚清楚,无法对这种贷款投资能否产生预期的回报进行及时有效的判断。

(2) 服务水平低,风险管理水平低

银行的本质是服务业,而科技银行由于起步不久,在服务过程与品质上还存在不足。另外,科技银行缺少专业的科技风险研究者,对于银行业务和科技产业的风险没有一个正确的研判,造成了贷款项目上存在盲目性和粗放性。

五、四川省征信体系建设有待加强

我国大部分地区的信用信息系统都是以央行信用信息中心为基础对本地的信用信息系统进行改进和完善。2005年，四川省建立了个人征信体系，用户可以在网上进行企业信用调查，从而了解有关企业的各种情况。随着个人征信系统的不断发展与完善，大多数时候能够满足用户的查询需求，但是当前四川省信用信息体系的构建还面临着以下几个方面的问题。

首先，四川省目前还没有建立起与征信体系直接联系的征信产品，信贷产品种类不多，分层金融、分层监管也没有真正落实。

其次，对于同一个系统中的科技型中小企业，没有明确、统一的评价标准和信用评级形式以及分类管理模式，而且征信系统也没有给出特定的可操作的评价指标，这对于贷款的查询、发放和监管都是不利的。

最后，信用调查数据的覆盖面仍然较小。当前，企业及个人信用信息数据库只涵盖了四川省20余个市（州），而纳入征信体系的相关数据仍需进一步完善。

战略性新兴产业是四川省经济和社会发展的重要力量，它是促进四川省传统产业实现转型升级、成为工业强省、培育新的增长点的重要机遇。四川省目前处于快速发展时期的战略性新兴产业，其发展中还存在一些问题，因此，必须从健全投融资新平台、建立符合四川省实际情况的科创金融稳定性指数、完善科创金融创新机制等多个方面入手推动战略性新兴产业的发展。

第三节 建设优化四川省科创金融发展制度环境的对策建议

一、政府统筹引领，构建支持科创金融发展的政策体系

我国东部等发达地区的科创金融模式有四个特点：一是在科创金融发

展的起步阶段，一般是政府通过制定政策进行规范和扶持，政府起主导作用；二是科技型中小企业的融资需求特点为规模小、频率高、风险大、速度快、时间紧，但资本市场的融资活动通常来说都不可能在短期内完成，而且以一般科技型中小企业的发展现状来看，很难满足资本市场的投资要求；三是社会资本参与投资的融资模式与证券市场和银行主导的融资相比，会节省很多交易费用，同时灵活易操作，兼容性较强，具有速度快、成本低的特点；四是政府及其制定的相关政策对于推动科技创新具有十分重要的作用，政府能够引导大量的民间资本积极投入科技型中小企业，同时，通过出台税费优惠等激励政策促进科技创新和科技型中小企业的蓬勃发展。

前文已对四川省科创金融发展的现状进行了分析，目前还存在诸多问题，比如科技和金融的结合程度还不够深、金融服务体系所能提供的服务模式还不能完全满足科技创新发展的需求等。尽管在大力促进科创金融发展的10多年时间里四川省已经积累了较为丰富和可行的经验，但与发达国家和发达地区相比还远远不够，因此，四川省应该积极发挥政府的引领作用，学习借鉴先进的科创金融发展模式和经验，推动区域经济社会的发展和科学技术的创新。

（一）进行政府资源整合，主导科创金融创新发展

在发达国家的科创金融发展过程中，政府主导着科创金融的发展方向和发展模式，在科技型中小企业的融资过程中发挥着重要作用，是促进科创金融发展壮大的重要助力，也推动着初创型科技企业不断进行创新创业。借鉴其经验，四川省进行资源的有效整合，让各级政府部门积极建言，融合多方智慧，不断进行体制机制创新，制定符合实际情况和具有可操作性的科创金融发展政策，保障科技型企业的融资活动顺利开展，从而激励投资者加大对科创金融领域的投资力度。

同时，政府应该优化机构，进行资源的汇聚与分配，为科创金融的发展配置指导部门，同时运用财政、税收等宏观调控中的经济手段，激发政府财政的引导作用和杠杆功能，激励各种投资主体主动投入、勇于投入、

第三章　促进四川省科创金融资源集聚的制度环境建设与优化问题研究
——以政府政策为主要视域

善于投入，营造科创金融发展的良好生态。此外，还应开发多元的财政支持模式，针对政府引导资金建立科学的绩效评价体系，以更好地发挥其杠杆作用，建立完善的风险补偿机制，建设能够适应现代市场经济发展的科创金融发展扶持环境。

（二）加强顶层设计，出台相关政策

目前，四川省内关于促进科创金融发展的相关政策文件大多数是由地级、市级其他相关部门制定的，由省级部门发出的政策法规数量较少，无法较好地实现政府在科创金融发展过程中的统筹协调作用，这说明四川省内还缺乏较为权威的科创金融相关政策来统一和规范整个行业的发展。因此，政府权威部门应该加大顶层设计研究，出台有关政策文件，引起四川省内对科创金融的关注，有效地整合社会资源以发展科技创新行业和促进全省的创新发展。权威机关制定的政策措施更容易获得关注，其他也将因此重视科创金融的发展，跟随权威部门的脚步出台配套措施，以更为高效、及时地在科创金融领域进行引导和资源调配。

（三）推动四川省内科创金融政策协同发展

并不是说某一两个城市的发展壮大就能代表四川科创金融的整体发展状况和水平，而是要各个市（州）协同协作、共同发展，首先应该解决的就是城市之间过大的政策水平差异。例如，成都等发达地区在制定科创金融政策方面应该树立典型，做好榜样，带动其他落后地区进行政策的完善和更新，从而提高四川省科创金融政策的整体水平，尽量避免出现两极分化的状况。其次，各个市（州）也应该加强自身的学习能力，与其他城市相互交流，共同进步，将先进城市的科创金融政策作为学习和借鉴的对象，再根据地区的差异和本地的实际情况制定适宜的科创金融政策。

与此同时，制定政策不能急于求成，要允许政策"时滞"的存在和发生，这给我们的启示是，各地方政府在制定政策时，要有足够耐心渡过政策的"时滞"，不要因为没有很快看到成效就在短时间内出台大量相似的或更为激进的政策。同时也要注意，政策之间应该有连续性和协调性，政

策之间能够互相验证和检验，加强对政策的监督和效果评价。

（四）科创金融政策要符合本地实际情况

通过学习国内外先进的科创金融政策可知，政策对于促进本地区的创新创业具有十分重要的作用，其优势体现在促进科技型企业发展的全过程，比如通过减免税费扶持科技型企业发展，通过出台政策解决科技型中小企业的融资难、融资贵等问题。但若制定的政策与本地的实际情况不相匹配，那么政策就不能起到应有的扶持、指导、规范、激励作用。因此，四川省各个市（州）在制定科创金融政策时，要做好调研工作，将本地的实情摸清弄透，充分考虑本地科技创新水平、科技型企业现状、信贷担保等科创金融服务状况，政府财政和社会资本实力等方方面面的因素，再进行政策的制定和颁布，最大程度地发挥政策文件在科创金融发展过程中的支撑作用。

（五）均衡使用科创金融政策工具

通过研究发现，四川省的各个地区存在科创金融政策发挥作用不均衡的情况，即在经济发展相对落后的地市，科创金融政策的扶持作用相对而言比较弱，难以实现"1+1>2"的政策支持效果。因此，要想真正发挥科创金融政策的作用，就要找到自身在科技进步和金融发展方面存在的问题，后续通过发布均衡的政策来支持科创金融的发展。比如，如果自身缺乏高端专业的科创金融复合型人才，就要出台相应的人才激励政策，通过发放科研奖励、落实安家落户等政策留住四川省丰富的科创金融人才资源，同时积极引进国内外的高端行业人才。又如，如果科技型企业发展缓慢，就要根据实际情况加大政府补贴和优惠力度，优化行政审批程序，改善融资环境，实现留住企业、帮扶企业、激励企业的目标，促进科创金融行业不断向好发展。

同时，要根据市场需求和企业需求进行详细和易懂的政策解读，细化规范相关政策内容，提高社会对科创金融的关注，引导科技型企业、商业银行等金融机构、金融中介服务机构等各方主体加大对科创金融的建设力度，引导更多社会资源流向科创金融领域。

二、完善和改进科创金融发展投融资机制

（一）建立四川省内多层次资本市场

近年来，全国多个省市都在加快建立和发展创业板，不断探索建设区域性股权市场，初步构建全国性和区域性的多层次股票市场。为了促进四川省资本要素市场的建设，四川省委、省政府作出多点多极支撑发展的战略，切实推动四川省经济社会的全面发展。要支持四川省内有实力、有潜力的大型科技企业在主板、中小板上市，鼓励有能力、会创新的科技型中小企业在创业板上市、在新三板挂牌。按照相关的政策规定支持科技型中小企业发行债券融资，通过债券市场运营各类票据、融资券、集合票据等，丰富融资渠道，获得发展所需资金。

一是出台政策支持新三板发展，从成都高新区等科创金融比较发达的区域中筛选出能够满足条件的企业在新三板挂牌，倡导以成都为区域边界，积极争取让国家级高新区以外的科技型企业也具有在全国股转系统挂牌的资格，同时为各种投资资金畅通退出渠道，让投资者能够安心、放心投资。二是保障产权交易，搭建相应平台，结合实际情况，不以地域和领域为限，建成管理规范、规则清晰、运行平稳的产权交易市场。在当前经济社会的发展背景下，成渝地区双城经济圈建设是四川省最好的发展契机，应该加强与重庆的合作联动，实现两地信息互通、资源共享，以成都西南联合产权交易中心，促进西南大区域甚至全国范围内的统一要素流动市场建设。

（二）推广科技型中小企业债券

在科创金融市场上，中小企业债券融资的推行一直处在不温不火的状态，没有达到预期效果。造成此种现状的主要原因是科技型中小企业的实力较弱、信用情况披露不完全，投资者对科技型中小企业未来的盈利情况和发展潜力持怀疑态度，不敢轻易尝试投资。

针对以上问题，可以加强对企业信用的建设，规范管理信用评级机构及其日常运行，建立相应的体制机制使信用评级机构能够独立、公正地开展企业信用评定工作，以打消投资者的疑虑，增强他们对信用评级结果的信任和满意度。同时，建立可行的奖惩制度，当评级内容失真时，考虑是否是出于信用评级机构的原因，若因此造成了投资者的损失，要对投资者的损失负责并进行相应的赔偿；建立评级回访制度，及时了解科技型中小企业的回访信息，并对其进行整理后公布，尽最大可能保护债权人利益。

此外，还可为科技型中小企业定向制作发行债券等金融产品，促进小贷公司证券化业务发展，拓宽和顺畅其融资渠道；为科技型中小企业设立创业投资基金，鼓励和支持其发行债券，同时保护为其发行债券融资提供金融服务的科技担保机构，促进科技型中小企业开展融资活动。

（三）集合力量组建科创金融集团

四川省内不乏具有雄厚实力和金融背景的大型国企，比如四川发展集团。可以借助这些金融行业大型国企的力量，组建科创金融集团，为科创金融提供一体化服务，同时指导建设全省科创金融服务体系，更好地融合政府职能与科创金融，在建成科创金融集团之后，可以以省级科创金融集团平台为基础，建立类型多样的科创金融服务机构，如科技担保、创业投资、小贷机构等，同时在平台内实现与科技银行、保险、租赁等金融机构的高效沟通协作。

1. 成立科技型小额贷款公司

四川省内有大量的优质小贷公司，投资机构可以通过收购等方式对其进行投资，从而开展资金运营业务，进一步提高资金使用效率。在管理模式上，可采取保持控股小贷公司前台不动，小贷投资公司在市场化理念的指引下运行管理控股小贷公司。在风险管理控制上，对财务进行统一的管理，建立和规范风险控制体系，使控股小贷公司的发展得到约束和规范，最终实现快速发展。针对信用较好而且能够实现盈利的科技小贷公司，政府应该出台可行的政策，给予其利率贴息、风险补偿等。

2. 成立科技担保机构

建立健全再担保信用机制，在此机制的指导下成立再担保公司，提振担保公司信心，解决科技型中小企业难以获得合适、满意融资的问题。政府在酝酿建立再担保信用机制、成立科技担保机构的顶层设计时，应该在政策的指引下，以满足市场需求为目标，按照公司化管理的原则，由省级财政部门牵头，国有平台投资，民间机构和资本参与，既能实现国有资本的引领性，又能让科创金融投融资的各方主体在市场化机制的作用下保持活力，促进市场的稳定快速发展。

（1）设立再担保专项风险补偿资金池

以再担保额的一定比例为参照，针对再担保机构的再担保活动，进行定向补偿，当代偿发生后，按比例给再担保机构发放代偿补偿金，提高其抗风险能力。

（2）制定有效可行的准入制度

严格规范再担保准入条件，邀请行业内的权威人士筛选甄别有资格的再担保机构后再进行分级，并据此设置合理的再担保费率、授信总额等。

（3）建立动态的信用评级机制

对已经进入再担保体系的担保机构，开展定期或者不定期的考核，对已经严重超出预期风险的担保机构，按照其产生风险的程度，采取降低等级、剔除出列等方式进行处理。

（四）促进地方科技支行的发展壮大

2009 年，四川省成立国内首家科技支行，经过十多年的发展，已经在建设科技支行方面取得了令人瞩目的成果和积累了较为丰富的经验，但为了满足科创金融迅猛发展的需求，跟上科技创新日新月异的脚步，四川省还应该加大对省内科技支行的培育力度，以更好地为科创金融的发展提供服务。

首先，依托商业银行，设立科技银行专营机构和专门处室，支持科技型企业的发展。四川省银监局作为牵头单位，应该联合其他省级政府部门，如科技厅、财政局等，同时积极吸引商业银行等民间金融机构，在四川省范围内大力培育和发展科技银行支行，为四川省科技型中小企业的发展壮大提供综合性融资服务，解决其融资难、融资慢的问题。

其次，创新和丰富科创金融产品。科技型中小企业"轻资产"的特征十分明显，为更好地支持科技型中小企业的发展，应该不断地扩大其抵押物范围，同时开发弱担保、弱抵押的信贷产品，比如绵阳开发的"设备仪器贷"等支持科技型企业发展的信贷产品。针对科技型中小企业"高成长"的特点，不能只看到其在初创期规模小、盈利少，更应该关注其高成长性和高附加值，在进行授信时不能仅以财务报表为依据，而是应该看重企业自身的信用情况，不断地创新信贷产品，比如政府和担保机构联合，可对其知识产权进行质押，为科技型中小企业提供融资的信用担保。

开发科创金融产品，应该遵循市场规律和尊重现实情况，一是根据科技型企业的融资需求，同时考虑到投资机构的现实情况，尽可能加大对科技企业的投资，同时根据市场需求，鼓励开发复合型金融产品，支持金融机构和创投机构联合开展投贷联动。二是培育创业投资基金，支持新兴的天使投资、政府引导基金发展壮大，支持民间资本大力投入到科技创新企业、项目中来，设立科技成果转化引导基金，支持地方在政策法规的指导下设立创业投资引导基金。三是参考国内外先进经验，再结合本省的现实情况，在条件允许的情况下成立政策性科技银行。

最后，巩固和提升科技支行的作用和地位。科技支行固然可以为科创金融的快速发展提供巨大助力，但其在银行内部的地位却相对较低，这是因为大多数科技支行在成立初期，凭借自身的盈利状况无法很好地平衡收支现金流，最糟糕的情况下甚至会出现暂时没有盈利。因此，不能仅仅将收益指标作为衡量科技支行贷款业务能力和水平的标准，而应该建立中长期的评价机制，给科技支行充足的发展动力，在有条件的情况下在银行内部提升科技支行的层级，同时开放科技支行的单独审批权限，完善其金融服务功能，为科技型中小企业提供高效优质的金融服务。

三、营造促进科创金融发展的良好投融资环境

(一) 提高财政科技投入力度

财政资金对于支持科创金融发展的重要性不言而喻,因此,四川省应该逐渐加大财政拨款力度,争取赶超全国平均水平,以东部地区为标杆,以政府资金为引领、促进科技创新和金融领域的发展。优化财政投入结构,在减少无偿补贴的同时,适当强化有偿使用和担保、再贷款等市场化支持,大力吸引社会资金增加对科技型企业的投资。加强四川省信用体系的建设,促进企业信用制度的建设和完善,促使企业在制度的约束下主动提升个体信用,以便更多地获得政府的财政支持。

通过设立基金池,全面提升财政资金对科创金融发展的服务功能。财政资金可在科技型企业的融资过程中为担保机构提供担保和风险补偿,发挥杠杆作用,撬动商业银行等金融机构为科技型中小企业提供高质量、高水平、低成本的投融资服务。同时,政府部门拨付款项,引导银行等机构成立风险拨备资金,完善信贷风险补偿机制,用于科创金融领域的科技信贷、担保、创业投资等的风险补偿。可学习和借鉴其他省市的先进经验,适当分配各类投融资过程中易发生的信贷、担保、创业投资的风险补偿比例。

(二) 完善地方基金运营机制

政府引导基金是一种政府财政资金,在四川省的地方投资中是主要投资人,在投资过程中引领着四川省经济社会的发展方向,近年来为支持科创金融企业的发展作出了巨大贡献,在支持和鼓励全省创新创业中起到了十分独特的作用,是一种新型的投资和扶持方式,其主要涉足的领域有高科技产业、节能环保产业、省内重点特色和优势产业。

为规范对各类投资基金的管理,目前成都市相关部门在上级单位的指导下,印发了《成都市科技金融资助管理办法》《成都高新区创业天使投资基金管理办法》等规章制度,规范了各类引导基金的参股、投资行为,政府可以成立专门的引导基金,有重点、有针对性地扶持中小企业、科技

型企业等的发展壮大,根据不同业务银行的特点设立不同的引导基金,联合商业银行等金融机构,携手推进科创金融行业的成熟发展。

在建设多层次的股权投资基金体系过程中,政府要起到引领作用,做好顶层设计与规划,明确各类资金的设立主体和使用途径。比如,政府应该组织社会资本力量建设产业投资基金,将回报具有持续性、投资具有连续性、投资规模较大的重大项目作为主要投资对象,培育全省范围内的支柱性产业。有资本、有实力的行业"领头羊"应该设立成长型股权投资基金,将具有发展潜力、成长颇具规模的待上市企业作为重点投资对象。政府和金融机构、民间资本等共同发力,设立具有政策性和引导性特点的基金,以财政资金为支点撬动投资市场投融资行为,扶持初创科技型企业的发展。行业内专业性较强的天使基金投资者、投资管理机构等可以联合设立创业投资基金,支持处于成长初期的创新创业型科技企业的发展。

政府引导基金作为产业扶持资金,与社会基金强强联合,相对于各自的单打独斗,具有无可比拟的优势,一是增强对社会资本的吸引力,吸引它们积极参与股权投资,二是二者的结合能够提高对投资失败的容忍度,提高社会资本投资高科技产业的积极性,促进全省的创新驱动发展。

(三) 出台有吸引力的激励政策

为促进地方经济社会的发展,全国多个省市出台激励政策,吸引各地的股权投资基金落地落户,北京、上海、天津、重庆、深圳等城市主动作为,为奖励 VC/PE 落户,制定了诸多具有吸引力的政策,如为其提供审核、注册等服务,以及提供办公场所让私募股权投资基金可以快速落户,在给予企业大力度的税收等优惠后,还给予一次性落户奖励。与之相对比,四川省在这方面就稍显滞后。近年来随着科创金融的发展,四川省也积累了可供参考的经验,比如针对投融资过程中投资者的进入和退出都做了明确而清晰的规定,出台了一系列的文件,但是却缺乏针对股权投资和管理企业的奖励政策,一定程度上打击了企业的落户积极性。

建议政府以上述城市制定的落户奖励政策为参考依据,结合四川省实际情况为创投落户提供政策上的支持。一是针对新设、新来的股权投资企业，可以注册资本作为奖励基数，对企业实行一次性落户奖励、给予租金补贴等。二是可以通过风险投资补偿补助、补贴项目活动，设立基金帮扶企业的经营管理活动等，给予创新创业的科技型企业财政和政策方面的支持。三是出台人才激励政策，促进科创金融领域专业、高端人才的培养与引进。人才的质量决定科创金融发展的方方面面，强大的人才队伍可以在科创金融领域组建一支所向披靡的人才队伍，四川省拥有丰富的高校资源和人才基础，不仅应该出台政策培养和留住高级人才，更应该通过政策增强城市的吸引力从而引进外来人才。

（四）完善和发展全省征信体系

1. 在全省范围内构建统一的信用评级体系

政府可以邀请独立的第三方评级机构来指导建设具有统一标准的信用评级体系，建成独立、权威、可信的信用评级指标体系，使信用评级信息更加规范，让信用评级更易操作，使企业提供的征信报告更为简洁清晰和易于理解。

2. 完善的信息服务平台

各企业的信用信息，包括基本数据、信用评级数据、企业融资情况等相关的资料和融资需求等，都能够在信息服务平台上进行公开透明的公示，方便金融机构等投资方通过这个平台查询企业的相关信息，再决定是否进行下一步的合作。此外，聘请专职人员专门负责信息平台的建设和维护，保证征信信息能够得到及时的更新，实现企业与金融、信用、担保等中介机构之间的信息交流和数据共享。

3. 完备的征信体系监督政策

建立科技型中小企业信用报告制度，为重点企业开辟信用融资绿色通道。此外，协同工商、税务、银行、公安等部门共同构建一个完善、专业的信用体系，开展信用监督。对科技型企业提供科创金融专家咨询服务、融资咨询服务等各项监督和管理服务，对科技型企业实施信用激励，可有效地将企业信用信息和金融机构的信贷资金等资源进行整合，使科技型企业能够更加及时有效地获得银行等金融机构的资金支持和政府的扶持。

4. 建立奖惩联动机制

信用监管机构在科创金融的发展过程中起着十分重要的作用，除了众所周知的监管职责，其也是打分评级制度的实施者，还可以为进行融资的企业提供一定程度的支持和鼓励。比如针对首次信用融资的企业，可以为其增加授信、提供优惠力度更大的信贷支持，同时下调其贷款利率。在对融资企业进行奖励激励的同时，如果企业在融资过程中发生违约行为，追偿是必要手段，此外还会实行资金方面的处罚、降低银行贷款评级、上调贷款利率，对于情节严重的企业，还会在对违约行为进行评估后，决定是否向全社会公布其失信行为。通过奖惩结合的方式促进企业的诚信、规范、健康发展。

5. 建立省内信用保障制度

为保障四川省内信用担保体系的正常运行，近年来，四川省出台多个信用体系相关规章制度，在官方文件的指导下开展信用工作的指导和监督活动，在严格有序的制度框架约束下促使信用体系的高效健康运转。此外，四川省还大力推进风险补偿机制的建立，广泛实施风险分担机制，规定商业银行、担保机构等为中小型企业提供担保、信贷、知识产权质押等金融服务后，以具体发生的贷款额的一定比例为基数，获得来自政府的风险补偿。

四、优化科创金融投融资机制的外部环境

（一）建立健全风险控制机制

1. 构建风险补偿资金池

为鼓励支持担保机构提高对科技型企业融资活动的担保，政府应该建立风险补偿专项资金池，以担保额的一定比例为基准，对担保机构实行定向补偿，提高其对风险的抵御能力，激发其担保的积极性。在代偿产生之后，再按照一定的比例对担保机构补贴代偿补偿金，减少其担保风险、降低担保成本。

2. 成立省级再担保公司

再担保机构是构成信用担保体系的重要部分，是对担保的担保，一方面可以分散融资担保机构风险，发挥增信功能，维护担保市场秩序，保障担保行业的健康平稳发展；另一方面可以让担保机构充分激活信息收集整合能力，为中小型科技企业构建信息交流共享的综合性平台，解决投融资过程中的信息不对称问题，以及因信息不对称造成的融资难和担保难问题。

（二）打造科创金融良好生态环境

1. 推动建立企业信用档案

一是建成科技型中小企业信用体系，在此基础上完善科技型中小企业担保体系，顺畅科技型中小企业融资渠道、提升其融资速度和金额。二是要优化社会信用环境。充分发挥再担保公司的引导作用，增强担保机构之间的联系，加强行业内的资源流通与共享、业务交流与合作，通过抱团的形式提升各自的信用能力与担保规模，据此促进整个担保行业的发展壮大、茁壮成长。三是统筹规划和合理设计担保体系内的各种机制，如担保机构准入资格、信用评价评级、项目审核评估、监控监督监管、淘汰退出等，规范和激励担保机构加强风险防范和管理，强化内部约束和控制，引导更多担保机构合法、诚信、规范经营，促进省内担保业的健康稳定发展，实现企业与银行、担保公司等的成功对接。

2. 完善知识产权保护制度

知识产权保护制度的发达与高度完善，是保障投资者权益、激发其投资热情的一大制度基础，可以有效保护技术创新和技术成果转化，激发科研机构和企业的创新创业热情，使他们以更为积极的态度和更加饱满的精神状态投入到科技产品的研发当中。政府应该提高技术创新的奖励标准和力度，对获得国家级和省市级科技进步奖的技术创新个人和成果给予适当的财政奖励。同时，要同步规范投资领域的不合理、无依据的收费、罚款乱象，保障投资者的合法利益。此外，还应该不断更新和修订知识产权保护方面的法律法规，根据现实需要修改专利法、著作权法等法律法规的具体内容，针对仿冒、窃取、盗版等市场上常见的侵害他人知识产权的行为，加大惩治力度，加强对知识产权的保护，对知识、技术和创新主体的尊重。现行《中华人民共和国公司法》中，明确规定在注册资本的比例构成中，技术入股占比不得超过20%，在号召创新驱动引领高质量发展的智能化社会，在科学技术日益成为促进经济社会高速发展的大数据时代，这样的规定显然与时代的发展格格不入，甚至会阻碍技术的进步与社会的发展，应该修改类似的规定，以重点突出知识资本的重要性，体现对科技、对人才、对创新的尊重与重视。

3. 完善金融后台服务

以平安集团的后台管控模式为例，可以在后台进行精细化分工操作，该模式可以面向科技型企业，直接为其提供信息技术、商务和知识流程等服务，同时统一共通的管控模式，利用远程操作的方式，快速完成前台提交的业务需求，完成科技型企业所需的产品测评、风险预估等服务，促进一线部门集中精力提高工作业务能力，能够在提高工作效率的同时加强对风险的有效管理与控制，推动科技型企业跨业态、规模化发展。同时，还可以为行业内从业人员提供专业精准的业务培训，提高风险管控、人力资源分配的科学性和准确性。

（三）开拓新兴金融市场

随着科创金融的发展脚步不断加快，传统金融机构很显然不能与中小型企业的发展相适应。互联网金融迅速崛起，并在多个领域广泛应用，这已证明了新兴金融市场拥有巨大的发展潜力，也表明了四川省的中小型科技企业迎来了难得且及时的发展机遇。

1. 推动金融产品创新改革

小贷控股公司与中小微企业的发展不谋而合，可以加快设立和发展省级小贷控股公司，如可将小贷投资公司作为发行主体，同时联动省内的中小微企业，与商业银行、证券信托等金融机构大力开展合作，为中小微企业提供创新的金融产品，定向设计集合信托和资管计划、集合债。通过四川省内的各类小贷公司，筛选出一部分较为优质的中长期信贷资产，并将其打包起来形成资产包,以西南联交所、四川金交所等交易所为平台,与投资者达成协议,转让部分收益权,把未来现金流作为本金和利息支付给投资者,促使信贷资产证券化,从而拓展中小微企业的融资渠道,提高资本市场的资金使用效率。

2. 积极开拓 P2P/C2C 业务

以西南联交所为依托,开展线上 P2P 业务,同时发行理财产品,为投贷双方,即投资者和中小型企业提供金融中介服务,帮助他们进行投融资活动,完成投资和借贷。在四川省范围内设立和发展多个小贷公司,以审核中小微企业的贷款资格,一旦借款方通过审核,就可以直接向投资方进行借贷,其中不可或缺的担保服务,可交由担保公司来完成。

以商业银行、证券信托公司、小贷公司等为依托,进行 P2P/C2C 业务,为中小微型科技企业、个体工商户等市场主体按照现实情况提供它们所需要的中介咨询服务,同时联合担保公司,为其提供担保服务。

五、完善和优化法律制度为金融科技发展提供支撑

政府在科创金融的发展过程中扮演着重要角色,起着十分重要和关键的作用,是推动科技创新、科技型中小企业发展,从而促使科创金融行业发展的一股不可忽视的强大力量。与此同时,市场作为看不见的手,也在无形之中推动着科创金融的前进和发展,是一支重要的隐形力量。但政府的力量很难独自支撑起快速发展的科创金融行业,市场的自发性更有可能导致市场乱象,从而阻碍科创金融的发展。因此,为了规范科创金融的发展,需要借助法律制度的力量,规范和指引科创金融平稳发展,同时通过法律的激励与奖励促进科创金融的健康快速发展,因此,法律制度在科创金融的发展过程中也是不可忽视的力量。

构建怎样的法律制度才能保证法律制度对于科创金融的健康发展起到正向激励作用,首先应该发挥政府的顶层设计作用,再充分构建行业自律机制,即使在市场化的竞争中,科技型企业也能通过自身道德约束和法律强制规范,保证自己始终走在正确的道路上。

(一) 完善风险投资法律制度

科创金融的发展具有高风险性，而风险投资则是一种高风险与高收益兼具的投资方式，风险投资是科技型企业融资的重要来源。

30多年前，政府就已经很重视法律制度对高科技企业发展的约束。20世纪90年代，国务院发布相关规定，允许在高新技术开发区范围内进行风险投资活动，以保障科技研发等风险性较高的项目及活动得以顺利开展。在此基础上，同时允许风险投资公司的存在和正常运行，以促进科技企业的发展壮大。2001年，四川省设立创新风投公司，科技企业就在其重点投资名单之内，在风投公司的帮扶之下，四川省的科技行业获得了快速的发展，为全省的创业创新奠定了良好的基础，积累了丰富的经验。

目前的金融相关法，花了很大的篇幅考虑安全问题，但显然风险投资是"不安全"的，其极高的风险性本身就与安全存在矛盾，这对矛盾的存在必将限制科创金融的发展，基于此，立法部门应该在风险投资法上花大功夫、下大力气，不断健全体制机制，让风险投资的立法和监管能够适应科创金融的发展节奏和现状。

(二) 大力建设科技投融资担保法律体系

我国金融制度的创新，得益于担保法和保险法的保驾护航。近年来，金融市场在相关法律制度的框架体系规范下，出现了一些新兴投融资担保方式，比如，科技保险、科技担保、知识产权质押等。要想新兴投融资担保方式顺利运转，从而为科创金融的发展提供更好的金融服务，就离不开法律制度的规范。以科技担保为例，其主要分为三类，政策、商业、企业互助担保，在为科技型企业提供担保服务时，应该通过立法来规范担保机构的运行体系。

2010年3月，银监会、中国人民银行等七部门联合出台《融资性担保公司管理暂行办法》，关于融资性担保公司的管理规范初见雏形，这是国务院为了加强对融资性担保公司的管理、维护金融市场秩序而制定的。该办法的施行，对防范融资担保风险、促进行业健康发展具有十分积极和长远的影响，银行等金融机构对融资性担保行业的认可程度大大提高，对支持和帮扶中小企业的发展起到了重要作用。但仍有必要继续完善现有科技担保法律法规，对科技保险和科技担保的方方面面作出更为详细而清晰的界定。此外，还应进一步完善知识产权质押制度，针对知识产权评估、登记、交易、转让等活动，提供具有参考价值的法律依据，促进知识产权的保护和科技成果的转化，畅通科技型企业融资渠道。

（三）建立完善科创金融信息披露制度

在经济全球化的大背景下，金融危机对全世界范围内的经济和产业发展所造成的破坏影响之大，程度之深，让全球社会心有余悸。躲避风险、趋利避害是人类的本能，在科创金融领域的发展中亦是如此。诚然，科创金融的发展能够促进经济社会的发展，但与此同时，其自身存在的技术不确定性、市场和信用风险依然让很多投资者只敢远观。因此，应该建立和完善科创金融风险提示制度，告知行业内各相关主体他们将直接面临的风险或者会对他们产生影响的间接风险，如经营、支付、信用等方面存在的风险，以及其他不确定的风险因素。任何领域的信息公开和信息共享互通，都能够有效解决信息不对称问题，只有在信息平等自由的情况下才能做出正确决定。

（四）以法律制度为保障促进科创金融体制构建

科创金融领域存在的问题，不能单纯地将其判断为是科技或者金融领域的问题，而是应该把它们联系起来，进行充分的考虑和判断，据此寻求最佳的解决方案，对症下药，具体问题具体分析。

为了激励科创金融的体制创新，就不能仅局限于某一领域、某一行业、某一方面，而是要将二者结合起来。目前，我们进行了有益和有效的探索，积累了成功的经验，为促进科创金融的投融资、激励科创金融行业和科技型企业的创新创业发挥了重要的作用。

关于科创金融的法律制度在进行创新之后，应该更稳固，以更好地指导科创金融持续发展。

(五) 完善法律法规以确保财政科技投入

向科创金融领域投入的政府财政资金可以作为一个有力的杠杆，撬动整个行业的投融资活动，政府财政资金可以在很大程度上促进科技的创新和发展。包括四川省在内的很多地方都印发了相应的规章制度，明确政府专项科技经费的投资与使用，但多数停留在较为宏观的层面，至于谁来使用、怎么使用、如何评估使用效果等问题，都还十分模糊，缺乏具体可行的实施细则和与科创金融发展相适应的配套措施。因此，应该在立法上对政府的科技经费作出详细而明确的规定，建立行之有效的使用标准和具体要求，让每一笔钱都花在刀刃上，同时应该建立严格的责任考评和监督机制，落实主体责任，明确各部门、各单位的权责关系，对科技经费进行合理规划和统筹安排，提高财政资金的使用效率。

第四章 提升四川省科创金融资源配置效率及其评价问题研究

第三章以政府政策为主要视域，较为系统地论证了促进四川省科创金融资源集聚的制度环境建设与优化问题。需要深入分析的是，四川省各市（州）科创金融资源配置效率究竟如何？如何优化四川省科创金融资源配置效率？本部分内容首先探讨了科创金融资源配置效率评价方法，进一步选择适宜的评价方法对四川省 21 个市（州）的科创金融资源配置效率进行了评价，为后文深入探讨科创金融支持四川省创新驱动发展机制创新和政策优化路径提供经验依据。

第一节 科创金融资源配置效率评价研究回顾

一、科创金融资源配置效率评价方法及改进

非参数统计法和参数统计法是学术界用来构建科创金融效率评价体系的主流方法。非参数方法主要包括数据包络分析（DEA）及其衍生方法，如超效率 DEA、三阶段 DEA 和 DEA-Malmquist 模型。与此对应的是参数方法，主要采用随机前沿分析（SFA）及其相关扩展方法，例如 PP-SFA 等。在此框架下，相关学者探讨了科创金融效率在不同地区和时间段的差异，以及政策对其的影响。目前，创新效率和科技资源配置效率研究中常用经典的数据包络分析（DEA），经典的 DEA 模型在实证研究中应用广泛（陶立祥，2020；贺宝成等，2021）。甘星（2017）使用 DEA 方法分析发

现部分省份的效率不高，并提出改进建议。

经典的 CCR 和 BBC 模型被广泛应用于衡量决策单元在特定时间点的生产技术水平，但在处理面板数据时存在一些局限，例如在提供效率变动趋势信息方面能力较弱，难以全面评估决策单元的效率演变情况。基于此，Fare 等（1994）在 DEA 的基础上建立了 Malmquist 生产率指数，弥补了静态 DEA 模型在连续时间序列数据分析上的不足。张清叶等（2022）利用 DEA-Malmquist 法构建科创金融效率评价体系，国内较多学者也使用了该方法（李苍舒，2014；刘淑花等，2020；张远为，2021）。但是经典 DEA 方法未能完全解决投入产出变量的松弛问题，导致其评估效率时未能全面反映决策主体的真实状况。为弥补这一不足，Fried 等（2002）将传统 DEA 与随机前沿理论（SFA）相结合，以消除外部环境和随机扰动的影响，从而更准确地分析效率。杜金岷等（2016）通过 SFA 回归研究中国区域科创金融效率，实证得出仅有 7 个省区市的效率较高，其他地区尚需进一步改进。另外，黄瑞芬等（2016）采用 SFA 模型，深入研究了我国各地区科创金融效率的差异情况。学者们主要运用 Tobit 回归分析的方法研究科创金融效率的影响因素（梅姝娥等，2015；王聪等，2017；李林汉等，2018；李俊霞等，2019）。在指标体系构建方面，国内学者如赵昌文等（2009）和曹颢等（2011）提出了科创金融的多维指标体系，涵盖科创金融环境、资本市场、研发等方面。这些指标为后续的科创金融效率评价提供了理论基础。

二、科创金融资源配置效率评价研究的述评

金融资源配置的理论研究从金融资源的概念提出开始，经过学者们的深入研究，逐渐形成了关于金融资源配置模式和效率的系统理论体系。在指标选取方面，文献中虽然涉及众多的评价指标，但其多样性和绝对数值的使用可能导致评估体系的不一致性和缺乏客观性。较少采用定量科学分析构建评价指标的做法可能制约了对科创金融资源配置效率的准确度和全面性的评估。后续研究可以探索更科学、客观的指标选取方法，借助数据

科学和统计分析工具，更好地反映科创金融的复杂性和多维性。

目前，对科创金融发展效率的评价主要聚焦在理论方面，而缺乏对实证方面的深入研究。此外，现有研究往往局限于某一特定年份或者使用省份截面数据进行分析，这可能无法全面展示科创金融资源配置效率的时空动态变化。基于第一部分的文献回顾发现，科创金融具有生命周期属性，如何在资源配置中引入生命周期分析值得深入研究。从海尔（Haire，1959）提出的企业生命周期理论开始，到爱迪思（Adizes）将企业发展过程细分为不同阶段，这些研究都强调了企业在不同生命周期阶段应适配相应的金融支持策略。这种因阶段而异的金融支持策略，在成长期依赖商业银行，在成熟期引入资本市场，为企业提供了更灵活、有针对性的资金支持。这对科技创新企业的可持续发展至关重要。未来研究可以采用理论和实证相结合的方法，借助长时间序列和更翔实的微观数据，深入挖掘科创金融资源配置效率的周期演化规律，从而更全面地理解科技创新与金融资源配置的关系，为实践提供更有针对性的指导。

此外，对于地区差异和不同发展阶段企业在科创金融资源配置效率上的具体情况的研究尚需进一步加强。当前的研究主要关注金融资源配置效率在地区层面的整体影响和空间差异，但对其在不同时空条件下的异质性影响缺乏深入探究。由于各地区的环境、经济和社会条件不同，相同的影响因素可能产生不同的效果。因此，研究结论需要结合空间异质性才能更具针对性。综述中提到的地区差异研究是重要的一步，但要全面了解不同地区和不同发展阶段企业的情况，需要更深入的综合研究。这方面的研究有助于识别各地区和企业在科创金融资源配置效率上的优势和劣势，为制定更具差异化的政策和战略提供支持。本部分的后续研究将对四川省21个市（州）科创金融资源配置效率进行评价，揭示其存在的问题并给出可行的应对之策。

第二节　四川省科创金融资源配置现状分析

一、四川省科创金融资源配置相关政策

四川省近年来在科技创新领域展现出坚定的政策扶持决心，致力于为科技企业打造优良的金融生态环境。四川省政府、科技厅、财政厅以及税务局等多个政府机构密集出台了一系列政策文件，从信贷、财政、产业和科技等多个维度入手，旨在优化科技创新金融资源的配置效率，为科技企业提供更加便捷和有效的金融支持。

（一）信贷政策

在信贷政策领域，四川省精准发力，通过设立专项贷款、深化知识产权融资的探索及创新信贷支持模式等多项政策，为科技创新注入了强劲动力（见表4-1）。

表4-1　四川省相关信贷政策

发文时间	发文机构	文件内容
2023-07-31	四川省科学技术厅	《关于申请"天府科创贷"融资成本补助的通知》
2022-12-01	四川省政府	《四川省"十四五"金融业发展和改革规划》
2023-04-21	四川省知识产权服务促进中心	《支持专精特新中小企业提升知识产权能力的政策措施》
2022-08-25		《支持知识产权质押融资发展的六条措施》
2021-11-26		《四川省知识产权质押融资入园惠企三年行动实施方案（2021—2023年）》
2021-04-16		《四川省实施专利转化专项计划 助力中小企业创新发展行动方案（2021—2023年）》
2020-07-27	四川省财政厅等	《关于实施四川省"天府科创贷"试点工作的通知》

资料来源：作者根据政府网站公开信息整理。

1. 设立专项贷款以支持科创企业

2020 年 7 月，四川省财政厅与科技厅联合发布《关于实施四川省"天府科创贷"试点工作的通知》，针对科创型中小微企业，特别是初创企业面临的"高科技、高风险、轻资产、无抵押物"的挑战，推出了"天府科创贷"这一创新举措。通过构建包含两级政府、保险公司、担保公司与银行在内共同参与的风险补偿资金池，实现多元化的信贷融资模式，形成了"银+政""银+政+保""银+政+担"等多种风险分担机制，为高风险初创企业提供了更为灵活和适应性强的融资支持。2023 年 7 月，进一步发布了《关于申请"天府科创贷"融资成本补助的通知》，明确了对通过"天府科创贷"获得融资的企业在贷款利息、担保费、知识产权质押融资评估费等方面的补贴政策，显著提升了企业的融资成本补贴力度。

2. 深化知识产权融资的探索

2022 年 8 月，四川省知识产权服务促进中心在《支持知识产权质押融资发展的六条措施》中，对知识产权质押融资政策进行了重要调整。该文件提出，各市（州）将设立知识产权质押融资风险补偿基金，并建立市县两级的资金奖补政策体系，为知识产权质押融资提供更为全面和系统的政策支持。2023 年 4 月，四川省知识产权服务促进中心又发布了《支持专精特新中小企业提升知识产权能力的政策措施》，旨在进一步强化企业知识产权的全链条能力，鼓励中小企业通过知识产权创造价值。这一政策的实施不仅延续和完善了知识产权质押融资政策，还鼓励和引导企业在知识产权领域的持续投入。

3. 创新信贷支持模式

2021 年 12 月，四川省政府发布的《四川省"十四五"金融业发展和改革规划》中，提出了多项创新性的信贷支持措施，包括鼓励商业银行设立科技支行等专营机构、推广"天府科创贷"、开展专利权质押贷款和商标权质押贷款等多样化的金融服务。同时，还鼓励银行类金融机构开展并购贷款业务，提升对科创企业兼并重组的金融服务能力。这些创新的信贷支持模式将有助于提高科技企业融资的便捷性和多样性，进一步推动四川省科技创新的全面发展。

（二）财政政策

在财政政策领域，四川省通过构建多维度的支持体系，不仅强化了研发投入的激励机制，确保科研资金的持续投入，还积极落实科技成果转化资金，使科技成果更快转化为现实生产力。同时，加快中试平台的建设步伐，为科研创新提供了更加坚实的试验场地；广泛推广科技创新券，进一步激发了全社会的创新活力。此外，四川省还深化了财政与金融的互动合作，以财政为杠杆撬动金融资本，为科技创新和产业升级提供了更加广阔的资金来源（见表4-2）。

表4-2　四川省相关财政政策

发文时间	发文机构	文件内容
2023-07-13	成都市政府	《成都市进一步有力有效推动科技成果转化的若干政策措施》
2023-02-06	四川省政府	《聚焦高质量发展推动经济运行整体好转的若干政策措施》
2022-07-14	四川省财政厅	《四川省财政金融互动奖补资金管理办法》
2021-10-19	四川省政府	《关于深入实施财政金融互动政策的通知》
2021-06-22	四川省政府	《关于进一步支持科技创新的若干政策》
2020-08-12	四川省科学技术厅	《关于深化赋予科研人员职务科技成果所有权或长期使用权改革的实施意见》
2020-01-02	四川省财政厅	《四川省关于进一步加强推广应用科技创新券实施意见》
2018-09-18	四川省科学技术厅	《四川省科技型中小企业债权融资补助实施细则》
2018-09-07	四川省政府	《关于继续实施财政金融互动政策的通知》
2018-06-18	四川省科学技术厅	《2018年科技成果转化"十大行动"工作方案》
2016-09-22	四川省政府	《四川省促进科技成果转移转化行动方案（2016—2020年）》

资料来源：作者根据政府网站公开信息整理。

1. 强化研发投入激励机制

2021年,四川省通过了《关于进一步支持科技创新的若干政策》,明确对从事基础研究和应用基础研究的企业,按不超过研发支出40%、最高200万元给予后补助支持。科技厅随后制定了详细的管理办法,明确认定标准和程序,确保资金精准投放,有效激发企业增加创新投入的积极性。2022年,四川省进一步加大激励力度,出台了《四川省激励企业加大研发投入后补助实施办法》,对企业研发投入的增量部分给予补助并扩大政策受益面,有力推动了科技创新和产业升级。2022年,企业研发投入后补助共补助106家企业4 346.2万元,撬动企业研发投入增量29.2亿元;企业基础研究投入后补助共补助59家企业7 510万元。

2. 落实科创成果转化资金、加快中试平台建设

自2016年起,《四川省促进科技成果转移转化行动方案(2016—2020年)》在推动科技成果转化方面取得积极成效。该方案逐步演化为《2018年科技成果转化"十大行动"工作方案》,通过实施创新成果供给、示范引领、知识产权运用、产业升级、服务能力提升、成果展示发布、技术交易倍增、金融助推、生态优化等行动,提升了科技成果转化水平。为进一步破解科技成果转化面临的难题,四川省政府通过《聚焦高质量发展推动经济运行整体好转的若干政策措施》安排1亿元资金实施大院大所成果转化"聚源兴川"行动,以促进中央在川大院大所的重大科技成果加速落地转化。成都市政府发布的《成都市进一步有力有效推动科技成果转化的若干政策措施》,也明确对中试平台建设给予最高3 000万元支持,进一步促进科技成果的产业化应用。

3. 推广科技创新券、奖补科技购买服务

2020年,四川省科技厅与省财政厅共同出台了《四川省关于进一步加强推广应用科技创新券实施意见》。通过全面推广科技创新券的应用,为科技型中小微企业、创新团队及创业者购买科技服务时提供直接的券额抵扣优惠。此外,省级财政对各市(州)科技创新券兑付总额的60%进行财政补贴,激励各地积极推广和应用科技创新券。这一政策不仅有助于降低科技型中小微企业、创新团队和创业者在科技服务购买上的成本，也鼓励更多科技服务机构投身科技创新服务领域，推动科技成果的广泛推广和深入应用。

4. 加强财金互动和政策协调、发挥科创金融市场属性

四川省政府办公厅发布的《关于深入实施财政金融互动政策的通知》强调财政、金融政策的协同联动。通过财政奖励、费用补贴等方式，鼓励银行、保险、证券、信托、公募基金等在四川省设立机构，以加快西部金融中心建设。此举提升了金融服务水平，更好地满足当地科技创新企业的融资需求。通过实施保费补贴、业务奖补和风险补偿等多重支持政策，强化融资担保体系建设，同时激励融资担保增量并降低其运营成本。这有助于提高中小企业的融资可获得性，进而推动科技创新和产业蓬勃发展。通过财政奖补等手段，积极鼓励企业采用股权融资、债券融资等多元化融资方式，以支持区域性交易市场的规范健康发展。这不仅拓展了企业的融资渠道，还提高了金融服务的灵活性和适应性，更好地满足了科技创新型企业日益增长的资金需求。2022年7月出台的《四川省财政金融互动奖补资金管理办法》进一步推动了财政金融互动政策的落实，通过推动金融机构将财金互动政策嵌入内部成本核算和绩效考核，消除金融机构"不敢贷"的担忧，增强其"愿意贷"的动力，更好地支持科技创新企业的发展。

此外，四川省还通过研发费用加计扣除、固定资产加速折旧、企业所得税减免、技术转让所得减免、科技创业投资和成果转让税收优惠等方式，进一步优化了科技创新和产业升级的税收政策环境。

（三）产业政策

在产业政策领域，四川省通过制定高新技术产业发展规划、构建产业区域创新体系和完善科技孵化育成体系等政策，全面推动科技创新和产业升级（见表4-3）。

表 4-3 四川省相关产业政策

发文时间	发文机构	文件内容
2023-08-15	四川省科学技术厅	《四川省众创空间管理办法》
2023-07-31		《四川省科技企业孵化器管理办法》
2022-10-17		《四川省"十四五"高新技术产业发展规划（2021—2025年）》
2022-09-05	成都高新区	《成都高新技术产业开发区关于加快创建世界领先科技园区的若干政策》
2021-11-04	四川省政府	《关于促进高新技术产业开发（园）区高质量发展的实施意见》
2021-02-27	四川省政府	《四川省"5+1"重点特色园区培育发展三年行动计划（2021—2023年）》
2019-01-03	四川省政府	《关于推进"5+1"产业金融体系建设的意见》

资料来源：作者根据政府网站公开信息整理。

1. 制定高新技术产业发展规划

在"十四五"期间，四川省以《四川省"十四五"高新技术产业发展规划（2021—2025年）》为指导，全面布局高新技术产业的发展。该规划聚焦于十大关键领域，明确了提升创新能力、培育创新主体、发展科技服务业、优化创新生态以及扩大产业规模等多重目标。借助西部（成都）科学城、中国（绵阳）科技城及国家级、省级高新区等平台，积极构建产业区域创新体系，旨在实现区域间功能互补和高质量发展。

2. 构建产业区域创新体系和完善科技孵化育成体系

产业园区作为产业发展的关键载体，以资本、人才、技术和信息为纽带，深化产学研融合，推动科技成果的转化和应用，从而催生科技创新和产业升级。通过吸引优质企业和相关资源集聚，产业园区形成了产业生态圈和产业链的协同发展，为产业政策的实施和优化调整提供了强有力的支撑。为进一步提升园区发展水平，四川省政府及成都高新区管委会相继出台了系列政策措施，如《关于促进高新技术产业开发（园）区高质量发展的实施意见》《成都高新技术产业开发区关于加快创建世界领先科技园区的若干政策》,旨在吸引更多优质企业和资源集聚。此外,2023年,科技厅发布的众创空间和科技企业孵化器管理办法,进一步完善了科技孵化育成体系。这些政策举措将有助于提高科技园区的创新能级,培育更多优秀科技企业,进而推动全省科技创新和产业升级的跨越式发展。

(四)科技政策

在科技政策领域,四川省通过实施科创企业培育"三强计划"和科技计划揭榜挂帅项目、科技奖补政策和人才引育工作工程等多项举措,旨在加强创新型企业的培育、促进科研活动的组织化、奖励科技贡献并吸引高层次科技人才,从而推动科技创新和产业升级(见表4-4)。

表4-4 四川省相关科技政策

发文时间	发文机构	文件内容
2023-07-05	四川省科学技术厅、四川省财政厅	《实施创新型企业培育"三强计划"打造科技创新体集群行动方案(2023—2024年)》
2023-06-09	四川省科学技术厅	《四川省中试研发平台建设运行管理办法》
2023-06-08	四川省科学技术厅	《四川省科技计划揭榜挂帅项目实施方案》
2022-11-17	四川省科学技术厅	《四川省引才引智基地管理办法》
2022-03-31	四川省科学技术厅	《四川省"十四五"科技人才发展规划》
2019-06-18	四川省科学技术厅	《"天府高端引智计划"实施办法》
2017-03-07	四川省科学技术厅	《"天府英才"工程专项资金管理办法(试行)》

资料来源:作者根据政府网站公开信息整理。

1. 实施科创企业培育"三强计划"和科技计划揭榜挂帅项目

2023年7月,四川省科技厅与财政厅联合发布《实施创新型企业培育"三强计划"打造科技创新体集群行动方案(2023—2024年)》。该方案明确了支持创新型企业培育的多个目标,包括财政奖补、引导企业研发投入、提升技术创新能力、完善科技创新服务体系以及促进科技人才向企业集聚五个方面。通过强化创新型企业的财政奖补、引导企业增加研发投入、提高技术创新水平和建设完善的科技创新服务系统,推动创新型企业的培育和壮大。同年6月,四川省科技厅推出了《四川省科技计划揭榜挂帅项目实施方案》，创新采用揭榜制模式，以目标导向和结果导向为核心，有效调动和整合各方优势资源，集中攻克影响四川省重点产业发展和社会发展的重大科学问题、关键共性技术瓶颈和重大科技成果转化难题。

2. 落实科技奖补政策和人才引育工作工程

为了激励科技创新并促进人才的引进与培养，四川省在科技创新和人才政策方面采取了多项有力举措。2020年10月，四川省出台了《四川省科学技术奖励办法》，设立了包括科学技术杰出贡献奖、杰出青年科学技术创新奖在内的六大奖项，旨在支持基础研究、应用基础研究和创新活动，并鼓励和表彰在科技创新领域作出杰出贡献的科学家和科技人员。在人才引育方面，四川省于2022年3月发布了《四川省"十四五"科技人才发展规划》。该规划提出统筹实施各类科技人才计划，包括天府峨眉计划、天府青城计划、四川科技英才培养计划、四川高端引智计划，旨在引进和培养高层次科技人才及团队，为基础研究、前沿科技和关键产业领域的发展注入新的活力。此外，为进一步加强省级引才引智基地建设，四川省科技厅在2022年11月修订了《四川省引才引智基地管理办法》。修订后的管理办法旨在充分发挥引才引智基地在吸引和集聚国（境）外高端人才、推广创新成果以及营造良好创新环境等方面的作用，从而加速构建具有全国影响力的创新人才聚集地和科技创新中心。

（五）其他部分省份的科创金融资源配置政策

本书对广东、江苏、浙江等地"十四五"规划以来的科创金融资源配置政策进行了深入梳理。这些地区在科技创新领域取得的经验做法为四川省重塑和构建科创金融政策提供了重要的借鉴和参考价值。

1. "十四五"规划以来广东省科创金融资源配置政策实践

广东省自2021年10月颁布《广东省科技创新"十四五"规划》以来，不断优化科技创新政策，旨在建设更为卓越的科技创新强省。该省积极推动专项行动方案，包括构建战略性产业集群创新体系、推行技术要素市场化配置改革、促进科技孵化育成体系高质量发展等。科创政策覆盖基础研究、技术攻关、成果转化、科创金融和人才支持五大环节（见表4-5）。

表 4-5　广东省科创金融相关政策

发文时间	发文机构	文件内容
2024-02-21	广东省政府	《关于加快推进科技金融深度融合助力科技型企业创新发展的实施意见》
2023-09-26	广东省政府	《广东省推动专精特新企业高质量发展的指导意见》
2023-07-06	广东省科学技术厅	《广东省基础与应用基础研究基金联合基金管理实施细则》
2023-02-28	广东省政府	《2023年广东金融支持经济高质量发展行动方案》
2023-02-28	广东省政府	《广东省激发企业活力推动高质量发展的若干政策措施》
2022-11-19	广东省科学技术厅	《广东省技术要素市场化配置改革行动方案》
2022-07-20	广东省科学技术厅	《科技创新助力经济社会稳定发展的若干措施》
2022-06-28	广东省科学技术厅	《关于加快构建广东省战略性产业集群创新体系支撑产业集群高质量发展的通知》
2022-04-23	广东省科学技术厅、广东省财政厅	《关于深入推进省基础与应用基础研究基金项目经费使用"负面清单+包干制"改革试点工作的通知》
2021-12-13	广东省科学技术厅	《广东省科技孵化育成体系高质量发展专项行动计划（2021—2025年）》
2021-10-13	广东省政府	《广东省科技创新"十四五"规划》

资料来源：作者根据政府网站公开信息整理。

在基础与应用基础研究体系方面，广东省注重提升源头创新能力。首先，大力支持省属高校、科研机构、省实验室和高水平创新研究院等多元创新主体和平台，建设专业化的孵化载体，激发技术孵化的源头创新活力。其次，广东省高度重视企业的技术创新主体地位，通过建立优质企业梯度培育体系和构建创新联合体，引导龙头企业发挥引领作用，推动创新成果的融合与应用，实现产业链上下游的协同创新。最后，广东省确保基础研究的持续发展，优化基础研究经费的投入结构，构建多元化的基础研究投入体系，充分发挥省基础与应用基础研究基金的辐射带动作用。

广东省充分利用地理和资源优势，特别是依托港澳台的地理位置和国际化科技企业孵化载体，积极推动国际科技成果的双向孵化。该省将大学科技园纳入孵化育成体系，促进科技成果的转移和转化，并快速培养创新创业人才。同时，广东省迅速布局了一系列与产业深度融合的产业孵化器和加速器，包括支持专业孵化载体建设和鼓励龙头企业自建产业孵化载体，旨在推动孵化载体的专业化和链条化发展，构建具有强大集聚效应的产业孵化集群，培育新兴产业和塑造未来产业的发展方向。

2. "十四五"规划以来江苏省科创资源配置政策实践

自江苏省发布《江苏省"十四五"科技创新规划》以来，该省在科创金融资源配置方面采取了一系列独特的政策实践（见表4-6），具体体现在以下几个方面。

表4-6 江苏省科创金融相关政策

发文时间	发文机构	文件内容
2023-06-26	江苏省政府	《关于支持江苏省产业技术研究院改革发展若干政策措施》
2023-06-29	江苏省政府	《关于高标准推进知识产权强省建设的若干政策措施》
2023-06-09	江苏省政府	《关于支持民营企业参与重大科技创新的若干措施》
2023-05-30	江苏省政府	《关于加强和优化科创金融供给服务科技自立自强的意见》
2023-04-06	江苏省政府	《长三角科技创新共同体联合攻关计划实施办法（试行）》
2023-01-20	江苏省政府	《江苏省专精特新企业培育三年行动计划（2023—2025年）》
2023-01-30	江苏省科学技术厅、财政厅	《江苏省企业技术创新能力提升行动实施方案》
2022-01-11	江苏省科技部办公厅	《关于营造更好环境支持科技型中小企业研发的通知》
2021-09-06	江苏省政府	《江苏省"十四五"科技创新规划》
2021-08-27	江苏省政府	《江苏省"十四五"知识产权发展规划》

资料来源：作者根据政府网站公开信息整理。

首先，江苏省通过实施"特色金融助力工程"，积极促进银行业金融机构与专精特新企业的深度融合。江苏省财政厅发布了《江苏省专精特新企业培育三年行动计划（2023—2025年）》，鼓励金融机构为这些企业量身定制金融服务方案，如创新知识产权质押贷款等金融产品，并加大对中长期贷款和信用贷款的支持力度。同时，江苏省充分利用国家开发银行的"科创专项贷款"，进一步加大对科技创新的金融支持力度。此外，江苏省还致力于完善区域性股权市场平台的功能，打造专精特新服务专板，为专精特新企业提供精准的上市挂牌服务，从而构建从创新型中小企业到专精特新"小巨人"企业，再到制造业单项冠军的完整培育体系。

其次，为推进知识产权强省建设，江苏省政府相继出台了《江苏省知识产权强省建设纲要（2021—2035年）》《江苏省"十四五"知识产权发展规划》和《关于高标准推进知识产权强省建设的若干政策措施》等一系列文件。这些文件提出了多项具体措施，包括加强高价值专利的培育、实施产业专利导航工程、加速创新技术专利的获权过程、完善知识产权转化运营机制、促进创新产品的推广应用、强化知识产权的金融支撑、创新知识产权的运用方式以及壮大知识产权密集型产业等。这些措施的实施，旨在全面提升江苏省的知识产权创造、保护、运用和管理水平，为科技创新提供强有力的支撑和保障。

3. "十四五"规划以来浙江省科创金融资源配置政策实践

自"十四五"规划以来，浙江省科创金融资源配置方面的政策实践呈现出积极而全面的特点（见表4-7）。首先，浙江省以"315"科技创新体系建设工程为依托，不仅着眼于争创国家重大科创平台，而且通过锻造创新的"大载体"，成功吸引了社会资本和金融资本等多方面力量的积极参与。这种综合性的参与机制有助于形成科技创新生态系统，推动创新资源在整个体系中的充分流动。其次，浙江省在政府科技创新基金方面表现出色，通过做大做强这一基金，成功发挥了财政资金的杠杆效应和导向作用。政府科技创新基金在引领和撬动科技创新方面发挥着关键作用，为科技创新提供了资金支持和政策引导。尤其值得注意的是，浙江省不仅注重基金的规模发展，更加注重其运作质量，通过高质量推进政府科技创新基金运作，确保资金的有效利用和科技创新项目的实际效果。浙江省还通过积极探索"投拨结合"的联动机制，巧妙地将政府资金和社会资本相结合，形成了更为灵活和多样化的投资模式。这种联动机制不仅加大了对重大创新项目的金融支持力度，更提升了整体创新效能。通过这一机制，浙江省成功打破了传统的财政支持模式，为科技创新提供了更为多元的融资途径。

表4-7　浙江省科创金融相关政策

发文时间	发文机构	文件内容
2024-01-09	浙江省政府	《关于加快构建市场导向的科技成果转化机制的意见》
2023-11-14	浙江省科学技术厅	《关于强化企业科技创新主体地位加快科技企业高质量发展的实施意见（2023—2027年）》
2023-03-24	浙江省科学技术厅	《浙江省支持重大科创平台建设实施细则》
2023-02-12	浙江省政府	《浙江省"315"科技创新体系建设工程实施方案（2023—2027年）》
2022-06-19	浙江省科学技术厅	《关于推动创新链产业链融合发展的若干意见》
2022-04-05	浙江省政府	《关于大力培育促进"专精特新"中小企业高质量发展的若干意见》
2022-01-15	浙江省政府	《关于加快构建科技创新基金体系的若干意见》
2021-06-11	浙江省政府	《浙江省科技创新发展"十四五"规划》

资料来源：作者根据政府网站公开信息整理。

广东、江苏、浙江等省份在科创金融资源政策方面的实践为四川省提供了有益的借鉴和启示。这些省份通过建设全链条的政策体系、强调基础研究和创新平台建设、构建多层次的金融支持体系、加强知识产权保护、整合社会资本、鼓励产业孵化等多维度多层次的支持，为科技创新和金融支持提供了坚实基础。四川省可积极借鉴这些经验，特别是在源头创新、国际化合作、金融产品创新、产学研用协同等方面取长补短，以促进科技创新驱动经济发展。通过构建更为完善的科技创新体系，四川省有望实现科技创新与金融支持的有机融合，助力其成为科技创新的重要引擎，推动产业升级和经济全面发展。

二、四川省科创金融资源配置实践成效

在对四川省科创金融的运行效率进行深入评估之前，首先需要全面了解该省在科创金融领域的投入与产出现状。通过对现有文献的梳理，发现大多数研究聚焦于政府、企业和市场三个维度，并选取了具有代表性的指标进行分析。对于科技创新投入现状的研究，本书选取了以下关键指标：（1）财政科技投入，这一指标直接反映了政府对科技创新活动的财政支持；（2）金融机构科技贷款，体现了金融机构对科技创新的融资支持；（3）研发经费投入，这是反映一个地区研发强度和科技创新能力的重要指标。

在科技创新产出现状方面，本书主要选取了以下指标进行分析：（1）专利授权量，这一指标直接反映了科技创新的成果和产出；（2）技术市场成交额，这一指标衡量了科技成果的市场价值和商业化程度；（3）高新技术企业产值，这一指标代表了高新技术产业对经济增长的贡献。相关数据主要来源于《四川统计年鉴》《中国统计年鉴》《中国科技年鉴》等相关统计资料和政府网站披露的统计公报。

（一）科创金融投入总量与结构

1. 财政科技投入

科技创新企业在初创期科技攻关存在不确定性，市场波动风险较大，很难吸引社会风险资本。这就需要政府的财政支持和政策资金引导。财政科技投入指的是政府对科技创新活动提供的直接资金支持。作为公共科创金融投入，财政科技投入具备杠杆作用，有助于引导社会资本投资科技创新。四川省政府一直在持续增加对科学技术领域的投资（见表4-8和图4-1）。根据数据统计，2022年四川省科学技术预算支出达到了229.12亿元，较2013年的69.51亿元增长了159.61亿元，实现了高达230%的增长。科学技术预算支出在一般公共预算支出中的占比为1.92%。尽管相较于2021年有所回落，降低了0.52个百分点，但依然表现出一定的增长趋势。通过近十年的比较分析，我们发现四川省的科学技术预算支出整体呈现上升态势。2021年，科学技术预算支出达到了峰值273.12亿

元，占全国总支出的4.23%，充分显示了四川省政府对科技创新活动的高度关注和持续支持。此外，四川省政府通过"聚源兴川"行动，在科技成果转化方面投入了大量资金，实施了多项重大科技成果转化项目。2022年，四川省共支持27个重大科技成果转化项目，财政支持经费达到1.2亿元。

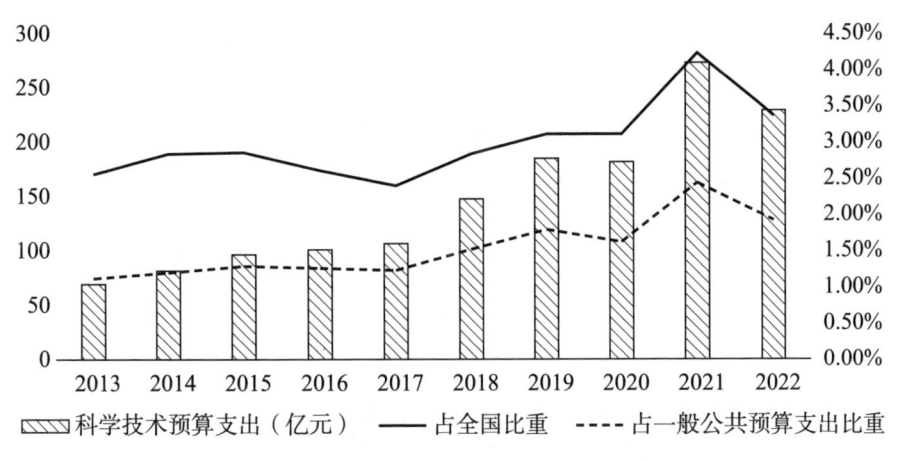

表4-8　四川省2013—2022年科学技术预算支出

年份	科学技术预算支出（亿元）	占全国比重	全国排位	占一般公共预算支出比重	全国排位
2013	69.51	2.56%	12	1.12%	24
2014	81.76	2.84%	11	1.20%	20
2015	96.69	2.86%	10	1.29%	16
2016	101.09	2.61%	10	1.26%	18
2017	106.57	2.40%	12	1.23%	20
2018	147.91	2.84%	10	1.52%	17
2019	184.95	3.11%	10	1.79%	16
2020	181.70	3.13%	12	1.62%	18
2021	273.12	4.23%	10	2.44%	14
2022	229.12	3.36%	11	1.92%	16

资料来源：作者根据统计年鉴和统计公报整理。

图4-1　四川省2013—2022年科学技术预算支出

四川省财政科学技术支出逐年递增，但是从投入的总量和投入的强度上来看，虽然比全国平均水平要高一些，但是同一些省份相比差距还是较大（见表4-9和图4-2）。2022年，四川省在科学技术支出方面达到了229.12亿元，全国排名第11位。然而，与广东（983.78亿元）、浙江（680.89亿元）、江苏（678.32亿元）、安徽（507.56亿元）、北京（488.70亿元）、河南（409.20亿元）、上海（386.25亿元）、湖北（376.55亿元）、山东（313.26亿元）等创新型试点地区相比，四川省的科学技术预算支出总量存在一定差距。四川省科学技术支出占一般公共预算比重为1.92%，低于全国平均水平（3.03%）。同期的广东、江苏、浙江、上海、安徽五个创新型试点地区财政科技支出占比分别达到5.31%、4.55%、5.67%、4.11%、6.06%。四川省的财政科技支出占比明显较低，呈现出政府在整体财政科技支出方面的相对不足。

表4-9 全国各省市2022年地方科学技术预算支出

地区	科学技术预算支出（亿元）	排名	占一般公共预算支出比重	排名	地区	科学技术预算支出（亿元）	排名	占一般公共预算支出比重	排名
广东	983.78	1	5.31%	4	重庆	98.89	17	2.02%	15
浙江	680.89	2	5.67%	3	贵州	88.86	18	1.52%	20
江苏	678.32	3	4.55%	5	辽宁	74.35	19	1.19%	22
安徽	507.56	4	6.06%	2	海南	69.16	20	3.30%	9
北京	488.70	5	6.54%	1	天津	62.16	21	2.28%	14
河南	409.20	6	3.84%	8	山西	61.01	22	1.04%	24
上海	386.25	7	4.11%	7	云南	58.97	23	0.88%	25
湖北	376.55	8	4.37%	6	新疆	53.53	24	0.78%	27
山东	313.26	9	2.58%	13	甘肃	47.69	25	1.12%	23
湖南	279.65	10	3.11%	11	黑龙江	46.47	26	0.85%	26
四川	229.12	11	1.92%	16	内蒙古	42.99	27	0.73%	28
江西	228.43	12	3.13%	10	宁夏	25.56	28	1.61%	19

续表

地区	科学技术预算支出（亿元）	排名	占一般公共预算支出比重	排名	地区	科学技术预算支出（亿元）	排名	占一般公共预算支出比重	排名
福建	153.00	13	2.69%	12	吉林	22.38	29	0.55%	29
河北	118.13	14	1.27%	21	青海	9.45	30	0.48%	30
陕西	109.78	15	1.62%	18	西藏	8.31	31	0.32%	31
广西	104.12	16	1.77%	17	平均值	219.88	17	3.03%	—

资料来源：作者根据统计年鉴和统计公报整理。

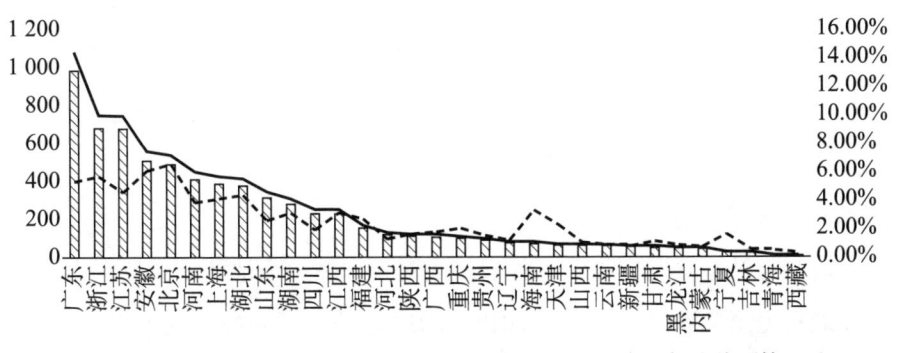

图 4-2　全国各省市 2022 年地方科学技术预算支出

从 2021—2022 年四川省部分地市的财政科技支出情况来看（见表 4-10），仅成都、绵阳两地的科学技术预算支出投入强度超过了全省平均水平。2022 年，成都市在科学技术预算支出方面以卓越的投入强度脱颖而出，达到 151.85 亿元，占一般公共预算支出的 6.24%。绵阳市在科学技术预算支出方面也表现良好，投入强度略高于全省平均水平，达到 12.06 亿元，占一般公共预算支出的 2.41%。相比之下，其他城市存在较大的发展空间，尤其是在提高科学技术预算支出投入强度方面可能需要更多的政策支持。这也凸显了四川省在整体科创金融资源配置上的不平衡性。

表 4-10 四川省部分地市 2021—2022 年财政科技支出

地区	2021 年		地区	2022 年	
	科学技术预算支出（亿元）	占一般公共预算支出比重		科学技术预算支出（亿元）	占一般公共预算支出比重
成都	187.28	8.37%	成都	151.85	6.24%
绵阳	21.23	4.55%	绵阳	12.06	2.41%
雅安	3.06	1.83%	宜宾	9.08	1.49%
宜宾	9.49	1.68%	雅安	2.49	1.34%
自贡	3.01	1.25%	自贡	3.00	1.17%
德阳	4.01	1.23%	德阳	3.80	1.08%
省内平均值	11.90	2.74%	省内平均值	9.67	2.10%

资料来源：作者根据统计年鉴和统计公报整理。

2. 研发经费投入

研究与试验发展（R&D）经费投入对于评估一个地区的科技水平和科技发展潜力至关重要。四川省 2013—2022 年研发经费投入情况如表 4-11 和图 4-3 所示。截至 2022 年，四川省的研究与试验发展（R&D）经费投入已达 1 215 亿元，占全国总投入的 3.95%，在全国排名第 8；其中，高技术制造业和规模以上工业企业的研究与试验发展（R&D）经费分别为 223.4 亿元和 530.1 亿元，充分展示了四川省在科技创新和工业研发方面的强大投入。具体而言，基础研究经费占比为 5.9%，达 71.8 亿元；应用研究经费占比为 16.1%，达 195.3 亿元；试验发展经费占比为 78%，达 947.9 亿元。

表 4-11 四川省 2013—2022 年 R&D 经费投入

年份	2013	2014	2015	2016	2017
R&D 经费（亿元）	399.97	449.33	502.88	561.42	637.85
占全国比重	3.38%	3.45%	3.55%	3.58%	3.62%
全国排位	10	9	9	8	8

第四章　提升四川省科创金融资源配置效率及其评价问题研究

续表

年份	2013	2014	2015	2016	2017
R&D 投入强度	1.51%	1.56%	1.66%	1.69%	1.68%
全国排位	12	11	11	12	13
R&D 人员折合全时当量（万人年）	10.97	11.97	11.68	12.46	14.48
占全国比重	3.11%	3.23%	3.11%	3.21%	3.59%
全国排位	11	11	12	11	8
年份	2018	2019	2020	2021	2022
R&D 经费（亿元）	737.08	870.95	1055.28	1214.52	1215
占全国比重	3.75%	3.93%	4.33%	4.34%	3.95%
全国排位	8	8	7	7	8
R&D 投入强度	1.72%	1.88%	2.17%	2.26%	2.14%
全国排位	14	14	12	11	13
R&D 人员折合全时当量（万人年）	15.88	17.08	18.98	19.71	20.5
占全国比重	3.63%	3.56%	3.63%	3.45%	3.58%
全国排位	9	11	10	12	12

资料来源：作者根据统计年鉴和统计公报整理。

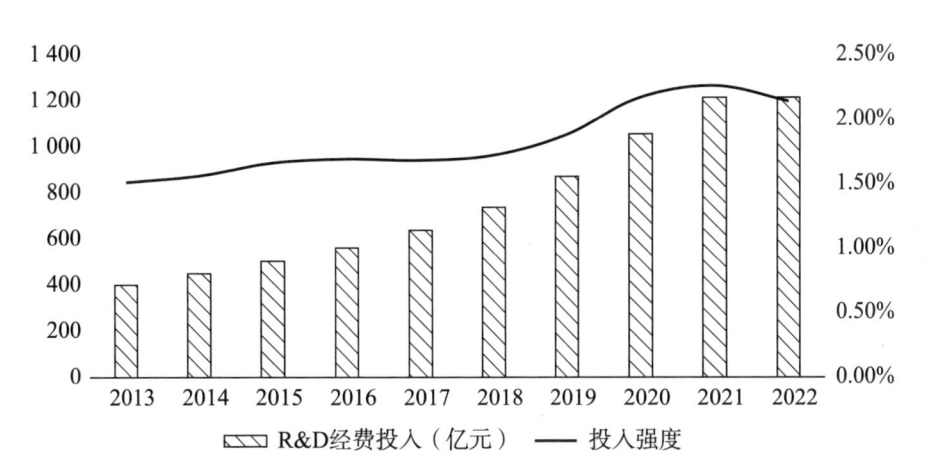

图 4-3　四川省 2013—2022 年 R&D 经费投入

2013年至2022年，四川省研发经费投入总额持续增长，从2013年的399.97亿元增长至2022年的1215亿元，实现了2.04倍的增长。与此同时，研发投入强度也保持了稳健增长的趋势，从2013年的1.51%上升至2022年的2.14%，增长了0.63个百分点。这表明四川省在过去十年中不仅在研发资金总量上取得了显著的增长，而且相对于地区经济规模，研发投入强度也有所提升。这一发展趋势反映了该省对科技创新的不懈支持和对未来科技发展的积极布局。

此外，四川省的R&D人员折合全时当量在2013年至2022年呈现持续增长的良好态势，从10.97万人年逐年攀升至20.5万人年（见图4-4）。在全国排名中，该省在2013年至2018年一直稳居前12位，随后有所提升，于2022年达到第8位。四川省R&D人员的投入和每万名就业人员中R&D人员数量的持续提升，为科技创新提供了坚实的人才保障。截至2022年底，R&D人员折合全时当量为20.5万人年，较2013年增长了86.87%。每万名就业人员中的R&D人力投入达到43人/年，较2013年增长了81.43%。这一数据显示了四川省在培育科技人才和推动科技创新方面取得的显著进展，为未来的科技发展奠定了坚实的人才基础。

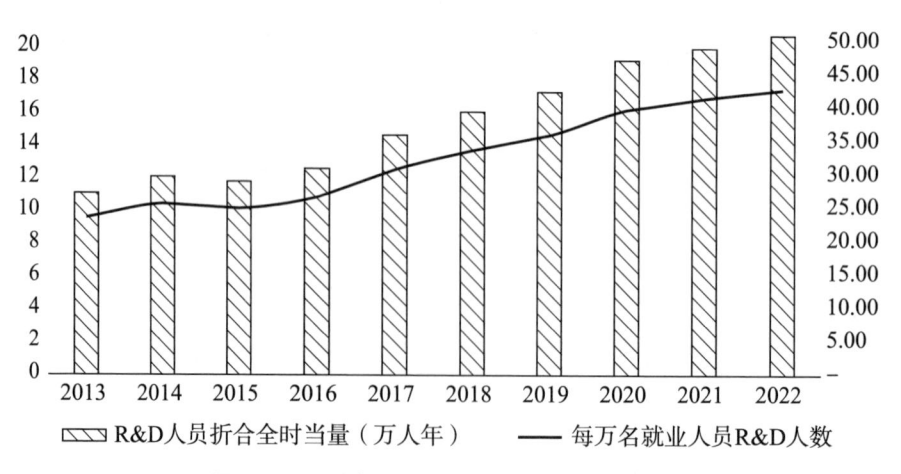

图4-4 四川省2013—2022年R&D人员投入

第四章 提升四川省科创金融资源配置效率及其评价问题研究

与其他省市对比，2022 年研究与试验发展（R&D）经费投入超过千亿元的省（市）有12个（见表4-12和图4-5），分别是广东（4 411.9亿元）、江苏（3 835.4亿元）、北京（2 843.3亿元）、浙江（2 416.8亿元）、山东（2 180.4亿元）、上海（1 981.6亿元）、湖北（1 254.7亿元）、四川（1 215亿元）、湖南（1 175.3亿元）、安徽（1 152.5亿元）、河南（1 143.3亿元）和福建（1 082.1亿元），四川排名第八。然而，在研究与试验发展（R&D）经费投入强度方面，仅北京（6.8%）、上海（4.4%）、天津（3.5%）、广东（3.4%）、江苏（3.1%）、浙江（3.1%）和安徽（2.6%）超过全国平均水平。尽管四川省在近几年对科创金融的投入有所增长，但仍然面临着总量相对较低的挑战。四川省的科学技术支出和研发经费投入在同期的广东、江苏、浙江、上海等省市中相对较为有限，表明四川省在科技创新领域的资源配置仍存在一定差距。

表4-12 全国各省市2022年R&D经费投入

地区	R&D经费（亿元）	排名	R&D经费投入强度	排名	地区	R&D经费（亿元）	排名	R&D经费投入强度	排名
广东	4 411.9	1	3.4	4	天津	568.7	17	3.5	3
江苏	3 835.4	2	3.1	5	江西	558.2	18	1.7	18
北京	2 843.3	3	6.8	1	云南	313.5	19	1.1	23
浙江	2 416.8	4	3.1	6	山西	273.7	20	1.1	24
山东	2 180.4	5	2.5	8	广西	217.9	21	0.8	28
上海	1 981.6	6	4.4	2	黑龙江	217.8	22	1.4	21
湖北	1 254.7	7	2.3	12	内蒙古	209.5	23	0.9	27
四川	1 215.0	8	2.1	13	贵州	199.3	24	1.0	26
湖南	1 175.3	9	2.4	9	吉林	187.3	25	1.4	20
安徽	1 152.5	10	2.6	7	甘肃	144.1	26	1.3	22
河南	1 143.3	11	1.9	17	新疆	91.0	27	0.5	30
福建	1 082.1	12	2.0	15	宁夏	79.4	28	1.6	19
河北	848.9	13	2.0	16	海南	68.4	29	1.0	25

续表

地区	R&D 经费（亿元）	排名	R&D 经费投入强度	排名	地区	R&D 经费（亿元）	排名	R&D 经费投入强度	排名
陕西	769.6	14	2.4	11	青海	28.8	30	0.8	29
重庆	686.6	15	2.4	10	西藏	7.0	31	0.3	31
辽宁	620.9	16	2.1	13	平均	993.0	—	2.5	—

资料来源：作者根据统计年鉴和统计公报整理。

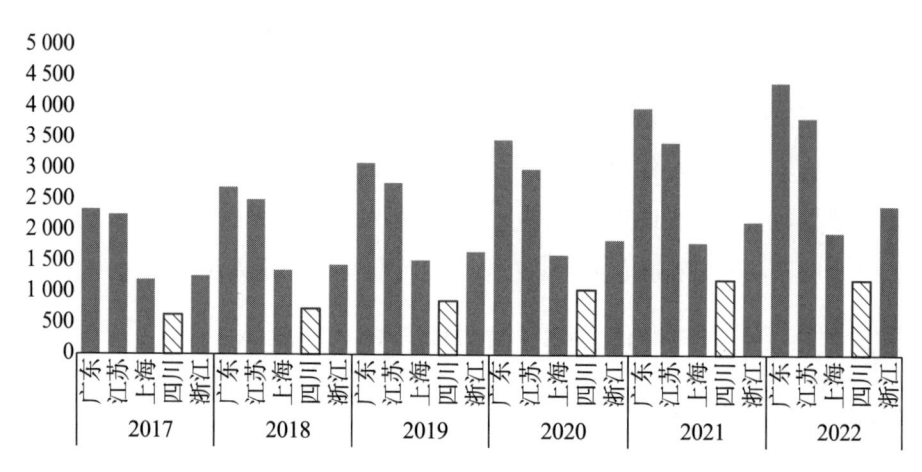

图 4-5 四川省与部分省份 2017—2022 年 R&D 经费投入对比分析

2022 年，四川省各地市的研发经费情况如表 4-13 和图 4-6 所示。成都以 733.26 亿元的研发经费投入居全省首位，占地区生产总值的 3.52%。这不仅彰显了成都在科技创新和研发领域的巨额投资，同时凸显了其在四川省科技实力中的关键引领地位。绵阳则以 204.14 亿元的研发经费投入居全省第二位，占地区生产总值的 5.63%，展现了该地为促进整个省内研发经济所做出的显著努力。这表明绵阳同样积极推动科技创新和研发活动，为四川省整体科技发展作出了重要的贡献。德阳、宜宾的研发经费内部支出分别为 50.91 亿元、42.46 亿元。虽然相对于成都和绵阳较低，但在全省范围内仍属于较高水平，凸显了该地区在科技领域的坚定投入。而泸州、南充、乐山等城市的研发经费投入在 30 亿元以下，处于中等水平。尽管不及成都、绵阳等城市，但依然表明这些城市在科技创新方面有着积极的投入。然而，资阳、凉山、巴中、阿坝、甘孜等城市的研发经费投入相对较低，可能需要更多的支持和引导，以提升其在科技创新方面的竞争力。

表 4-13 四川省各地市 2022 年 R&D 经费投入

地区	R&D 经费（亿元）	占地区生产总值比重	地区	R&D 经费（亿元）	占地区生产总值比重
成都	733.26	3.52%	遂宁	12.41	0.77%
绵阳	204.14	5.63%	达州	10.55	0.42%
德阳	50.91	1.81%	雅安	8.57	0.95%
宜宾	42.46	1.24%	广安	5.57	0.39%
泸州	29.57	1.14%	广元	5.07	0.45%
眉山	22.18	1.36%	资阳	2.80	0.30%
南充	20.00	0.74%	凉山	2.77	0.13%
乐山	16.50	0.71%	巴中	2.65	0.35%
自贡	15.68	0.96%	阿坝	1.14	0.25%
攀枝花	14.73	1.21%	甘孜	0.45	0.10%
内江	13.60	0.82%	平均值	57.86	2.14%

资料来源：作者根据统计年鉴和统计公报整理。

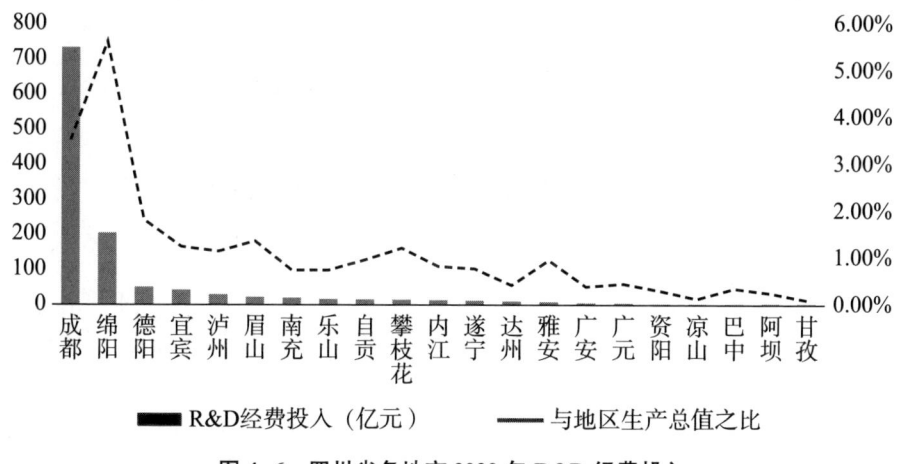

图 4-6 四川省各地市 2022 年 R&D 经费投入

3. 金融机构科技贷款[①]

以下介绍的"天府科创贷"是反映四川省科技贷款更契合实际的科创金融模式。"天府科创贷"模式通过创新的贷款损失风险分担补偿机制和融资成本补助机制，成功构建了政府与金融机构、政府与企业之间的"双分担"模式，有效缓解了科创企业面临的融资难题。2022年，省级财政已累计拨付资金3.4亿元，成功促使13家合作银行为全省1 300多家科技型企业累计发放贷款80.91亿元，实现了财政资金效益超过23倍的显著放大。2023年"天府科创贷"放贷规模稳步增长，服务科技型企业数量同比增长超30%，放贷金额同比增长超60%。截至目前，"天府科创贷"覆盖全省21个市（州），14个市放贷总量突破1亿元。其中，成都、德阳、绵阳累计放贷金额超10亿元，泸州、自贡累计放贷金额超5亿元。对融资成本进行分类补助，平均降低企业融资成本超过30%，助力培育和支持了64家上市及上市后备企业、34家瞪羚企业以及294家"专精特新"企业。

同时，通过设立科技专营机构，在专属产品、专业队伍、专用额度、专门风控、专项激励等多方面提供特色化、专业化、个性化的金融服务，如工商银行的"专精贷"，建设银行的"科技易贷""科技易融"以及民生银行的"星火贷""易创贷""高投专精特新贷"等产品。截至2023年4月末，全省已设立16家科技支行，这些支行基本上为一级支行或直属支行，具备相对独立的管理权限，覆盖范围扩大至成都、绵阳、宜宾、德阳、乐山、南充、广元、攀枝花、泸州、自贡、遂宁11地，提供科创贷款余额达62.5亿元，同比增长10.8%。这一系列措施有力地促进了四川省科技创新和创业发展。

4. 政府引导基金[②]

2022年，四川省级财政出资设立了省双创基金、成果转化基金等六支

[①] 本部分第二段主要基于社会融资规模探讨四川省的科技贷款总量和结构。

[②] 本部分认为，政府高科技产业引导基金亦可纳入广义财政科技范畴。后文有关财政金融互动政策的建议，如何发挥政府产业引导基金的作用是重点内容。

政府投资引导基金，旨在有效引导社会资本加大对科技型中小微企业在初创期、种子期以及成长期的投资力度，从而助推这些企业的发展与壮大。这六支基金由省级财政共出资 8.2 亿元，整体募集规模达 74.98 亿元。其中，省双创基金投资的安特金生物公司研发的 13 价肺炎结合疫苗成功获得国家"重大新药创制"科技重大专项资助，同时，该基金也荣获了"中国创投二十年/最佳省级政府引导基金"等 10 余项国内创投行业的殊荣。这一系列措施为四川省的创新型企业提供了强有力的财政支持，促进了科技成果的转化与产业的升级。

（二）科创金融产出总量与结构

1. 专利授权量

专利授权是评估地区科技创新水平的重要标志之一。2022 年四川省全年专利授权总数达到了 135 507 件，其中发明专利授权数实现了 31.65% 的增长，达到了 25 458 件，占专利授权总数的 18.79%；拥有有效发明专利数也呈现出 24.64% 的增长，达到 108 672 件（见表 4-14 和图 4-7）。过去十年中，四川省专利授权数经历了显著的增长，由 2013 年的 46.171 件增至 2022 年的 135 507 件，实现了近三倍的增长。发明专利授权数在这段时间内从 313 件增加到 25 458 件，拥有有效发明专利数也从 16 677 件增加到 108 672 件。这表明四川省在发明创新和知识产权保护方面取得了显著的进展，为地区科技发展奠定了坚实的基础。专利的持续增加不仅反映了四川省科技实力的不断提升，也显示了对创新活动的持续关注和支持。专利的增加不仅仅是数量上的提升，更代表了科技水平和创新能力的不断提高，对于推动当地经济的可持续增长发挥着积极的作用。

表 4-14 四川省 2013—2022 年专利授权数

年份	专利授权数	发明专利授权数	有效发明专利数
2013	46 171	313	16 677
2014	47 120	5 862	21 209
2015	64 953	9 105	28 723

续表

年份	专利授权数	发明专利授权数	有效发明专利数
2016	62 445	10 350	36 815
2017	64 006	11 367	44 511
2018	87 372	11 697	52 074
2019	82 066	12 053	60 231
2020	108 386	14 187	70 421
2021	146 937	19 337	87 186
2022	135 507	25 458	108 672

资料来源：作者根据统计年鉴和统计公报整理。

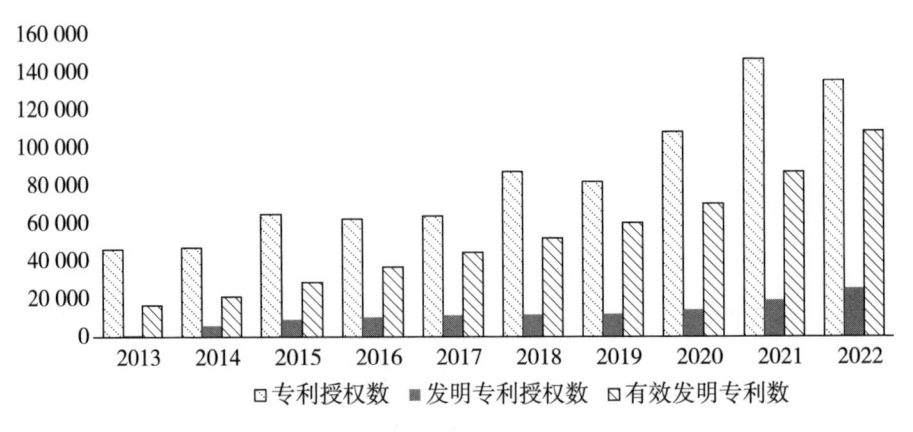

图4-7 四川省2013—2022年专利授权数

2022年，广东省、江苏省、浙江省和上海市的专利授权量较为引人注目，分别达到83.73万件、56万件、44.4万件和17.83万件，与四川省相比分别高出6.18倍、4.13倍、3.28倍和1.32倍。这表明，四川省在专利创新领域仍然与一些先进省市存在显著差距。专利授权数量不足反映出四川省在科技创新效率上相对薄弱，需要更多的支持和投入以提高专利创新水平。科技创新是推动区域发展的核心动力，而专利授权作为创新成果的体现，直接关系到地区科技实力的提升。

从各地市数据看，成都在四川省专利授权方面发挥着主导作用，全年专利授权数占全省总量超60%（见表4-15）。这显示了成都在科技创新和研发领域具备显著的实力和领先地位。成都可能汇聚了大量的科研机构、高校和企业，推动了专利成果的丰富产出。相对而言，绵阳和德阳分别占据次要位置，专利授权数分别占全省的6.96%、4.55%。其他城市的专利授权数量占比相对较低，在科技创新和专利产出方面存在一定的差距。

表4-15 四川省各地市2022年专利授权数

地区	专利授权数	占比	地区	专利授权数	占比
成都	83 536	61.65%	内江	1 895	1.40%
绵阳	9 438	6.96%	攀枝花	1 754	1.29%
德阳	6 165	4.55%	广安	1 532	1.13%
宜宾	4 604	3.40%	雅安	1 357	1.00%
泸州	3 591	2.65%	凉山	1 172	0.86%
南充	3 358	2.48%	广元	1 130	0.83%
眉山	3 005	2.22%	巴中	1 075	0.79%
自贡	2 948	2.18%	资阳	976	0.72%
达州	2 706	2.00%	阿坝	382	0.28%
遂宁	2 613	1.93%	甘孜	279	0.21%
乐山	1 991	1.47%	平均值	6 453	—

数据来源：作者根据统计年鉴和统计公报整理。

2. 技术市场成交额

技术市场成交额是科技创新成果产业化水平的关键指标。截至2022年，四川省技术合同登记数达到了23 620项，而技术市场成交额则为1 649.77亿元，较前一年增长253.03亿元，全国排名第12位。总体来看，四川省的技术市场成交情况呈现出稳步增长的趋势，技术交易活动日益活跃，技术市场的规模和影响力也在不断扩大，处于全国各省中的中等偏上水平。从2016年的11 609项增长到2022年的23 620项，技术合同数增长了约1.9倍。同时，技术市场成交额也从2016年的304.88亿元增长到

2022年的1 649.77亿元，实现了约5.4倍的增长。在全国总成交额中，技术市场成交额的占比由2016年的2.67%上升至2022年的3.45%，提升了0.78个百分点（见表4-16）。这表明四川省的技术市场成交情况不仅在数量上有所增长，而且在比重上也实现了显著的提升，反映了该地区科技创新成果产业化水平的显著提高。

表4-16　四川省2016—2022年技术市场成交额

年份	2016	2017	2018	2019	2020	2021	2022
技术合同数（项）	11 609	12 853	15 192	13 232	20 456	18 497	23 620
技术市场成交额（亿元）	304.88	419.70	1 004.18	1 216.20	1 248.78	1 396.74	1 649.77
全国排名	10	9	7	7	9	10	12
占全国比重	2.67%	3.13%	5.67%	5.43%	4.42%	3.75%	3.45%

数据来源：作者根据统计年鉴和统计公报整理。

相较于广东、江苏、上海等科创试点省市，四川省在技术市场成交额方面存在较大的差距（见表4-17和图4-8）。2022年广东、江苏、上海、浙江技术市场成交额分别为4 525.42亿元、3 888.58亿元、4 003.51亿元、2 546.50亿元，分别是四川省的2.74、2.36、2.43、1.54倍。这表明四川省在技术市场的发展相对较为滞后，需要采取一系列的措施来提升其科技创新和技术市场竞争力。

表4-17　全国各地区2022年技术市场成交额

地区	技术市场成交额（亿元）	占比	地区	技术市场成交额（亿元）	占比
北京	7 947.51	16.63%	重庆	630.49	1.32%
广东	4 525.42	9.47%	黑龙江	463.50	0.97%
上海	4 003.51	8.38%	贵州	390.73	0.82%
江苏	3 888.58	8.14%	甘肃	338.57	0.71%
山东	3 256.04	6.81%	福建	289.52	0.61%
陕西	3 053.50	6.39%	广西	227.39	0.48%

续表

地区	技术市场成交额（亿元）	占比	地区	技术市场成交额（亿元）	占比
湖北	3 040.75	6.36%	云南	219.20	0.46%
安徽	2 912.63	6.09%	山西	162.61	0.34%
浙江	2 546.50	5.33%	吉林	52.63	0.11%
湖南	2 544.64	5.32%	内蒙古	52.49	0.11%
天津	1 676.53	3.51%	海南	36.40	0.08%
四川	1 649.77	3.45%	宁夏	34.37	0.07%
河南	1 025.30	2.15%	新疆	32.08	0.07%
河北	1 009.70	2.11%	青海	16.03	0.03%
辽宁	1 000.18	2.09%	西藏	6.21	0.01%
江西	758.23	1.59%	平均值	1 541.65	—

数据来源：作者根据统计年鉴和统计公报整理。

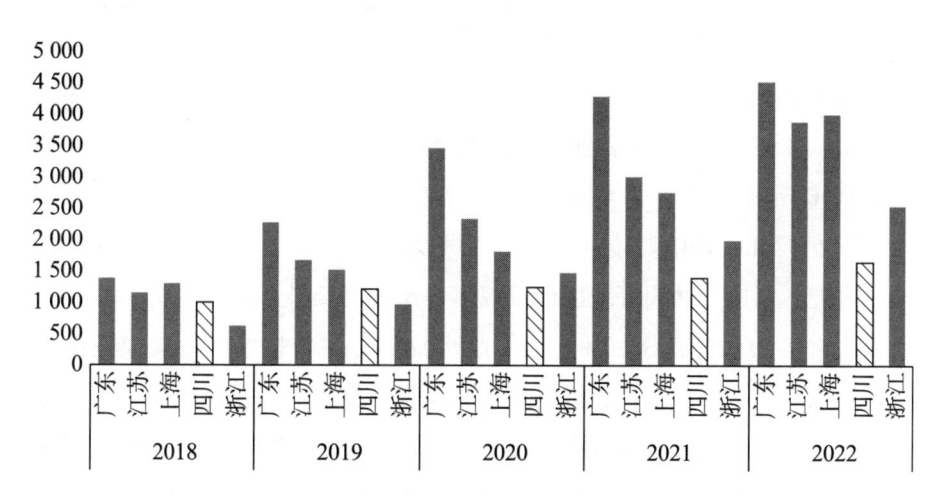

图 4-8 四川省与部分省份技术市场成交额对比分析

3. 高新技术企业产值

2022 年，四川省全年高新技术产业实现营业收入 2.65 万亿元，同比增长 12.3%，较 2018 年增长 51.43%（见表 4-18）。这表明该地区的高新技术产业在经济发展中发挥着越来越重要的作用，取得了显著的成绩。创新型企业数量也呈现高位提升的趋势。截至2022年末,四川省拥有高新技术企业1.46万家,较2021年增加0.44万家,这充分反映了地区科技创新力量的不断壮大。同时,备案科技型中小企业数量为18 693家,比上年增长26.2%,显示了科技型中小企业在该地区的蓬勃发展。四川省的高新技术企业和科技型中小企业数量分别在全国排名第9位和第8位,进一步彰显了该地区在科技创新和产业发展方面的领先地位。

表4-18 四川省2018—2022年高新技术产业营业收入

年份	2018	2019	2020	2021	2022
高新技术产业营业收入(万亿元)	1.75	1.89	2.02	2.36	2.65
规上高新技术产业营业收入(万亿元)	1.12	1.28	1.44	1.83	1.98
占规上工业营业收入比重	27.6%	29.2%	31.9%	34.8%	36.0%
高新技术企业数(万家)	0.43	0.57	0.82	1.02	1.46
科技型中小企业数(万家)	0.66	0.93	1.23	1.48	1.87

资料来源:作者根据统计年鉴和统计公报整理。

对2021年各市(州)规模以上高新技术产业进行分析(见表4-19),成都市以8 431.9亿元的营业收入领先全省,占比达到46.08%。绵阳、德阳、宜宾分别位居第二至第四位,营业收入分别为2 326.53亿元、1 176.77亿元和1 030.73亿元,占比分别为12.71%、6.43%和5.63%。乐山、南充、眉山、达州等地区也表现出一定的高新技术产业活力,其营业收入占比在2.92%到3.69%之间。这些城市的高新技术产业规模逐渐增长,为当地经济作出了显著贡献。相对而言,雅安、资阳、巴中、阿坝等地的高新技术产业营业收入占比较低,仅在0.2%到0.6%之间,反映了这些地区在高新技术产业发展上还存在一些挑战,需要更多的支持和投入。总体来看,成都依然是四川省高新技术产业的核心,其他城市在不同程度上都在推动高新技术产业的发展,但仍然存在一些地区的高新技术产业相对较弱,需要加强支持和引导的情况。

表 4-19 四川省各地区 2021 年规上高新技术产业营业收入

地区	规上高新技术产业营业收入（亿元）	占比	地区	规上高新技术产业营业收入（亿元）	占比
成都	8 431.9	46.08%	自贡	396.77	2.17%
绵阳	2 326.53	12.71%	凉山	331.78	1.81%
德阳	1 176.77	6.43%	广元	262.4	1.43%
宜宾	1 030.73	5.63%	内江	229.84	1.26%
乐山	675.75	3.69%	攀枝花	229.74	1.26%
南充	586.13	3.20%	雅安	110.15	0.60%
眉山	542.23	2.96%	资阳	82.1	0.45%
达州	535.19	2.92%	巴中	68.21	0.37%
泸州	438.6	2.40%	阿坝	38.73	0.21%
遂宁	402.74	2.20%	甘孜	0.36	0.00%
广安	401.39	2.19%	平均值	871.34	—

资料来源：作者根据统计年鉴和统计公报整理。

第三节 四川省科创金融资源配置效率实证研究

在本节研究中，将着重探讨四川省科创金融资源的配置效率。在评估融资效率时使用数据包络分析法（DEA）。DEA 是一种非参数方法，适用于评估多个输入和输出的绩效，其优势在于不需要事先了解输入和输出之间的函数关系或权重设定，因此能够避免主观评价，简化计算过程，并降低误差。然而，传统 DEA 模型得到的效率值仅为相对效率，易受外部环境、随机因素、样本敏感性和生产前沿非效率的影响。这意味着，效率评估可能因外部条件的变化或随机干扰而不稳定。此外，样本的选择也会显著影响结果，降低模型在不同情境下的稳健性。生产前沿的非效率因素则会导致对真实效率水平的低估或高估，进一步限制了 DEA 模型在动态环境中的应用效果。因此，引入了 DEA-BBC 模型和 Malmquist 指数法，这两种方法能够在静态和动态两个层面上对四川省的科创金融资源配置效率进行更全面和深入的分析评估。

DEA-BBC模型能提供更细致的分析，Malmquist指数法能动态追踪效率变化。通过这两种方法的有效结合，我们可以更全面地了解四川省科创金融资源配置情况，并提出更具针对性的改进建议。具体而言，本部分首先使用DEA-BBC模型测算2021年四川省各市（州）金融支持实体经济发展的效率，并分析其变化特征。进一步地，为了了解四川省各地区科创金融资源配置效率的年度变化情况，本节运用Malmquist指数法测算2017—2021年金融支持实体经济效率的DEA-Malmquist指数，分地区动态分析金融支持实体经济的效率。这一综合性分析将有助于全面了解四川省在科创金融资源配置方面的表现。

一、研究设计

本部分的研究目标是通过DEA-BBC模型和Malmquist模型分析，对四川省21个市（州）的科创金融资源配置效率进行评估和解析。

（一）研究方法

DEA作为一种非参数统计方法，其基本原理是通过比较决策单元之间的表现来确定其效率。具体而言，通过收集各决策单元的输入和输出数据，采用DEA模型估算出一个有效的生产前沿面，并根据每个决策单元到这一生产前沿面的距离来评估其相对有效性。常用的DEA模型包括CCR模型（Charnes，Cooper and Rhodes模型）、BBC模型（Banker，Charnes and Cooper模型）以及Malmquist生产率指数模型。CCR模型假设规模报酬不变，适用于衡量在同一规模水平上的效率；BBC模型则允许规模报酬可变，更适用于不同规模的决策单元的效率评价；Malmquist指数模型则在动态分析上具有优势，可以通过时间序列数据评估决策单元效率的变化和技术进步指数。

1. CCR模型

CCR模型假设存在n个决策单元（DMU），每个DMU包含m种投入

（记作 x_i）（$i=1, 2, \cdots\cdots, m$）和 q 种产出（记作 y_r）（$r=1, 2, \cdots\cdots, q$）。将选取的决策单元记为 DMUk，其效率值可以通过以下公式计算：

$$\min \theta - \varepsilon \Sigma (s^- + s^+) \quad (1)$$

$$\text{s.t.} \sum_{j=1}^{n} \lambda_j x_{ij} + s_i^- = \theta x_{ik}$$

$$\sum_{j=1}^{n} \lambda_j y_{rj} - s_i^+ = y_{rk}$$

$$\lambda_j \geq 0; \quad s^- \geq 0; \quad s^+ \geq 0;$$

$$i=1,2\cdots m; j=1,2,\cdots n; r=1,2\cdots q$$

其中，λj 为决策单元的系数，s^- 为投入松弛变量，s^+ 为产出松弛变量。决策单元的效率值记作 θ^*（$0 \leq \theta^* \leq 1$），ε 设为接近 0 的正数（如 0.0000001）。当 $\theta^* = 1$ 且 s^- 和 s^+ 都为 0 时，DMUk 处于强有效状态；若 $\theta^* = 1$ 但 s^- 和 s^+ 不为 0，则为弱有效状态；若 $\theta^* < 1$，则为无效状态。

2. BBC 模型

CCR 模型计算综合效率，但不能区分纯技术效率和规模效率。为了解决这一问题，BBC 模型在 CCR 模型的基础上加入了 $\Sigma = 1$ 的约束条件，使得其结果反映了与被评估决策单元相同的生产规模。在 BBC 模型中，通过以下公式计算决策单元 k 的效率值：

$$\min \theta - \varepsilon \Sigma (s^- + s^+) \quad (2)$$

$$\text{s.t.} \sum_{j=1}^{n} \lambda_j x_{ij} + s_i^- = \theta x_{ik}$$

$$\sum_{j=1}^{n} \lambda_j y_{rj} - s_i^+ = y_{rk}$$

$$\sum_{j=1}^{n} \lambda_i = 1$$

$$\lambda_j \geq 0; \quad s^- \geq 0; \quad s^+ \geq 0;$$

$$i=1,2\cdots m; j=1,2,\cdots n; r=1,2\cdots q$$

3. Malmqusit 模型

CCR 模型和 BBC 模型主要用于在特定时间点测量决策单元的生产技术水平，但它们处理面板数据的能力较弱，无法有效捕捉效率随时间的变化趋势。为了解决这一问题，Fare 等（1994）引入了基于 DEA 的 Malmquist 生产率指数。这一指数能够补充静态 DEA 模型在连续时间序列数据分析方面的不足。Malmquist 全要素生产率（Total Factor Productivity，TFP）指数特别适合用于评估不同时间点上决策单元的生产率变化。它在不同的行业和地区的面板数据分析中表现尤为出色，能够动态刻画效率的变化轨迹。Malmquist 指数通过计算两个时期（t 期和 t+1 期）生产率指数的几何平均值反映 t 期到 t+1 期生产率的变化情况，具体公式如下。这一方法不仅提供了更细致的效率分析工具，还能更准确地评估政策或外部环境对生产效率的长期影响。

$$MI(x_K^{t+1}, y_K^{t+1}, x_K^t, y_K^t) = \sqrt{\frac{E^t(x_K^{t+1}, y_K^{t+1}) E^{t+1}(x_K^{t+1}, y_K^{t+1})}{E^t(x_K^t, y_K^t) E^{t+1}(x_K^t, y_K^t)}} \tag{3}$$

上式中 x^t 表示决策单元在 t 期的投入量，y^t 表示决策单元在 t 期的产出量。$E^t(x_K^t, y_K^t)$、$E^{t+1}(x_K^t, y_K^t)$、$E^t(x_K^{t+1}, y_K^{t+1})$、$E^{t+1}(x_K^{t+1}, y_K^{t+1})$ 为距离函数。

Malmquist 指数是一种用于衡量生产力变化的指标，它可以进一步分解为综合技术效率变化指数（effch）和技术进步指数（techch）。在综合技术效率变化指数中，可以进一步细分为纯技术效率变化指数（pech）和规模效率变化指数（sech）。具体来说，当 Malmquist 指数大于 1 时，这意味着从 t 期到 t+1 期，综合效率呈现出上升的趋势，表明生产效率得到了提升。如果 Malmquist 指数小于 1，则意味着在同一时间段内，综合效率呈下降趋势，表明生产效率有所降低。当 Malmquist 指数等于 1 时，这表示从 t 期到 t+1 期，综合效率没有变化，生产效率保持不变。也就是说，综合技术效率变化指数（effch）反映了管理和技术水平的变化，纯技术效率变化指数（pech）主要衡量的是技术操作的有效性，而规模效率变化指数（sech）则关注生产规模对效率的影响。技术进步指数（techch）则反映了技术进步对生产率的影响。通过这种分解，我们可以更深入地分析影响生产效率的具体因素，找到改进的方向和措施。例如，如果发现技术进步指数较高但纯技术效率变化指数较低，则可能需要加强技术操作的有效性；

如果规模效率变化指数较低，则可能需要调整生产规模以提升效率。综合这些分析，Malmquist 指数为我们提供了一个全面的工具来评估和改进生产效率。

（二）指标选取

DEA 方法是一种"多投入—多产出"的绩效评价方法，为保证模型结果的准确性，投入指标与产出指标的选择至关重要。在现实情况中，科创金融活动复杂多样，不可能涵盖所有的投入和产出指标。因此，为了保持客观、准确，并尽可能全面，我们选择了最关键的要素和指标，如表 4-20 所示。

表 4-20　投入与产出指标

	投入指标	政府资金投入	全市（州）财政科技支出
科创金融投入与产出效率指标体系		市场金融资源投入	金融机构贷款
	产出指标	企业资金投入	R&D 经费内部支出
		企业绩效产出	高新技术产业收入
		成果转化产出	发明专利授权数

指标的具体含义主要有以下几点。

(1) 全市（州）财政科技支出

即各市（州）政府在财政预算中专门用于科技发展的支出，包括对科技项目的资金支持、科技基础设施的建设投入以及科技人才的培养等。该指标反映了政府在推动科技创新方面的投入力度。

(2) 金融机构贷款

即企业从商业银行和非银行金融机构借入的资金。商业银行贷款是企业负债经营时主要采用的筹资方式。

(3) R&D 经费内部支出

这一指标反映了科技财力的投入，具体指企事业单位在内部进行研发活动的实际支出，包括基础研究、实验发展和应用研究的费用总和。它是衡量科技投入强度的重要指标，体现了一个组织对创新活动的资金支持力度。

(4) 高新技术产业收入

高新技术产业所产生的收入，包括高新技术产品的生产、销售收入等。该指标反映了一个地区高新技术产业的发展水平和市场竞争力，是衡量科技创新对经济贡献的直接体现。

(5) 发明专利授权数

作为衡量科技创新知识产出的指标，它表示国家专利行政部门审核并授予专利权、颁发专利证书的发明专利数量。这一指标能反映出一定的创新成果，但也有其局限性，如未申请专利的科技创新活动不被计入，同时无法直接反映科技投入所带来的经济效益。

(三) 数据来源

基于数据的准确性、可获得性和时效性，本书选取了 2017 年到 2021 年的相关数据。这些数据是能在相关统计年鉴上找到的最近的确切数据。模型数据来源包括《四川统计年鉴》《四川科技年鉴》《全省专利数据简报》以及国泰安经济金融数据库等相关权威文献与年鉴。

(四) 模型构建

1. DEA-BBC 模型分析

一是评估各市（州）的科创金融资源配置效率，通过综合技术效率、纯技术效率、规模效率等指标，揭示不同地区的金融资源配置状态。

二是分析规模报酬情况，了解金融资源投入与产出之间的关系，以确定是否存在金融资源过度或不足的情况。

三是利用松弛度分析，找出各地区存在的资源利用的潜在问题和改进方向。

2. Malmquist 模型分析

一是运用 Malmquist 指数测算和分解，评估四川省 21 个市（州）的科创金融资源配置效率的变化趋势。

二是通过全要素生产率的角度，揭示不同地区在这段时间内的整体效率增长情况，以及是否存在技术进步和创新。

三是对 Malmquist 指数进行分解分析，探讨技术效率变化、技术变化和综合技术效率的波动，以深入理解配置效率演变的过程。

二、实证分析

根据前文的研究设计，本部分对实证结果进行分析。首先，通过数据包络分析法（DEA-BBC 模型），测算了 2021 年四川省各市（州）金融支持实体经济发展的效率，并详细解析了各市（州）在科创金融资源配置方面的表现及其变化特征。其次，为了更全面地理解四川省科创金融资源配置效率的动态变化，运用 Malmquist 指数法，对 2017—2021 年四川省各地区科创金融支持实体经济的效率进行了测算和分析。

（一）DEA-BBC 模型分析

基于 DEA-BBC 模型，对 2021 年四川省 21 个市（州）科创金融的投入产出效率进行测算，测算结果如表 4-21 所示。

表 4-21　2021 年四川省 21 个市（州）科创金融 DEA-BBC 模型效率测算结果

地区	综合技术效率	纯技术效率	规模效率	规模报酬	地区	综合技术效率	纯技术效率	规模效率	规模报酬
成都	1	1	1	不变	眉山	0.921	1	0.921	递减
自贡	0.889	0.899	0.988	递增	宜宾	0.859	1	0.859	递减
攀枝花	1	1	1	不变	广安	1	1	1	不变
泸州	0.506	0.51	0.992	递减	达州	0.674	0.872	0.773	递减
德阳	1	1	1	不变	雅安	0.469	0.58	0.81	递增
绵阳	1	1	1	不变	巴中	0.549	0.782	0.702	递增
广元	0.689	0.914	0.754	递增	资阳	0.485	0.564	0.859	递增
遂宁	0.934	0.945	0.989	递减	阿坝	0.702	1	0.702	递增
内江	0.558	0.808	0.691	递增	甘孜	0.267	1	0.267	递增
乐山	1	1	1	不变	凉山	1	1	1	不变
南充	0.568	0.745	0.763	递减	平均值	0.765	0.887	0.860	

数据来源：根据 DEA-BBC 模型计算得出。

1. 综合技术效率分析

综合技术效率（Overall Efficiency，OE）是一个介于 0 到 1 的指标，用于评估决策单元在特定投入下的生产效率。OE 值由纯技术效率（由 CCR 模型评估）和规模效率的乘积得到。当 OE 值为 1 时，意味着纯技术效率和规模效率均达到了最高水平，表明该地区的科创金融资源配置处于最优状态，实现了资源的高效配置。如果 OE 值小于 1，则至少有一个效率指标未达到最高水平。

当 OE 值在 [0.9, 1] 之间时，说明科创金融投入产出相对有效，但仍存在微调的空间，以实现最佳配置。这种情况下，科创金融资源基本达到了合理配置，但通过一些细微调整，可以进一步优化资源利用。

当 OE 值在 [0.1, 0.9] 之间时，表示科创金融资源配置效率明显不高效。此时，需要进行较大程度的调整和优化，以提升资源配置效率。这可能涉及改进管理方式、提升技术水平或优化规模效益等多方面的措施。

当 OE 值在 [0, 0.1] 之间时，表明该地区的科创金融投入产出效率极低，几乎没有效果。这种情况下，迫切需要进行重大改进和重组，包括重新评估和配置资源、改进管理策略、提升技术和生产能力等，以显著提升资源利用效率。

通过对全省各市（州）的平均综合效率进行计算，可以得出 2021 年全省综合技术效率平均值为 0.765。同时，我们进行了科创金融资源配置效率的对比分析。观察各市（州）的科创金融资源配置效率，我们发现成都、攀枝花、德阳、绵阳、乐山、广安和凉山这七个市（州）的综合技术效率值达到了 1，表明它们在一定的产出条件下运作得非常高效，位于生产前沿，属于第一梯队。这说明，这些地区不仅在科创金融资源投资规模上表现出色，而且在综合技术效率方面也是最优的。自贡、遂宁、眉山和宜宾紧随其后，属于第二梯队，这些地区通过适度的调整可以提高资源配置效率，使其达到更好的水平。泸州、广元、内江、南充、达州、巴中和阿坝则属于第三梯队。雅安、资阳和甘孜的综合效率值最低，属于第四梯队，它们离有效水平差距较大，这表明可能存在科创金融资源分配不当或其他严重问题。这些结果表明，四川省各市（州）的科创金融资源配置效率存在显著差异，尤其是甘孜地区的综合技术效率仅为 0.267，远远低于其他地区，这意味着地区之间的发展极不平衡。

2. 纯技术效率和规模效率分析

纯技术效率（Technical Efficiency，TE）和规模效率（Scale Efficiency，SE）是科创金融资源配置中关键的评价指标。TE 反映了管理和技术等因素对生产效率的影响。当 TE 值为 1 时，意味着在给定的投入组合下，投入要素得到了充分利用，实现了产出的最大化。换言之，生产过程没有浪费，所有投入资源都被有效利用，这是科创金融资源配置中的理想状态。SE 则关注规模因素对生产效率的影响。通过对规模报酬表进行分析，SE 可以评价规模效率的有效性。当 SE 值为 1 时，说明规模效率处于最优状态，规模报酬保持不变，表明企业的规模是适宜的。然而，当规模报酬递增时，表示服务规模过小，需要扩大规模以增加规模效益，从而提高生产效率；而当规模报酬递减时，则意味着服务规模过大，存在规模过度扩张的风险，可能导致资源的浪费和效率的降低。综合考虑 TE 和 SE，可以帮助科创金融领域的决策者更好地理解和优化资源配置，以实现生产效率的最大化和规模效益的优化。通过持续监测和调整 TE、SE，科创金融领域可以不断提升其资源利用效率，从而促进经济的健康发展和可持续增长。

通过比较发现，成都、攀枝花、德阳、绵阳、乐山、广安和凉山七个市（州）的 TE 为 1，表明这些市（州）科创金融资源配置效率高，说明金融对科创企业发展的贡献度较高。眉山、宜宾、阿坝、甘孜四个市（州）的 TE 均为有效状态，但 SE 为非有效状态。这表明这些决策单位可能需要优化其规模以提高 TE，或者改进其技术以提高 SE。说明这些地区金融机构业务管理创新对实体经济的增长具有正向促进作用，但科创金融资源未能得到有效利用，可能是因为科技投入不足，对实体经济发展的支持作用较弱。其他地区在 TE 和 SE 上均存在损失，SE 小于 1 的公司需要考虑调整其规模以减少 SE 损失，而 TE 损失可能是由于资源利用不当、低效的生产过程或其他问题导致的。处于末三位的地级市分别为资阳、雅安、甘孜。

3. 规模报酬分析

从规模报酬变动情况来看，泸州、遂宁、南充、眉山、宜宾、达州六市规模报酬递减，可能是这些城市在科技创新和金融支持方面投入了大量资源，但由于企业规模较小或其他因素，它们的技术效率和产出并没有按预期提高。因此，需要审视投入资源的合理性，并优化资源分配以提高效率，表明这些城市在科创金融资源管理方面需要更精确的规划和策略，以确保资源的有效利用。自贡、广元、内江、雅安、巴中、资阳、阿坝、甘孜八个市（州）处于规模报酬递增阶段，表明若想继续推动这些市（州）的科创企业发展仍需投入更多金融资源。这可能暗示这些地区在科技创新和金融支持方面具有潜力，但目前还没有充分发挥。更多的投入可能有助于提高技术效率和产出水平，推动当地经济的增长。这些地区可以考虑制定策略，以增加对科创企业的金融支持，包括创业资金、研发资金、技术培训等，以激发创新和产出的增长。其他市（州）规模报酬不变，这表明这些市（州）在不同规模下都能够维持相对稳定的技术效率和产出水平。可能有以下几方面的原因。

一是适当的资源配置。这些市（州）可能已经在资源分配方面找到了适当的平衡点，以确保资源得到有效利用，同时维持相对稳定的技术效率和产出水平。这可能需要在不同领域进行精细的资源分配，以满足不同产业和企业的需求。

二是较高的管理效率。这些市（州）可能具有较高的管理效率，能够有效地组织和管理科创企业、金融资源以及其他资源。这可能是因为它们实施了有效的政策和措施，以提高生产效率和绩效。

三是较为成熟的产业生态系统。这些市（州）可能拥有较为成熟和多样化的产业生态系统，可以支持不同规模和类型的企业，而不会导致技术效率或产出水平的大幅波动。

总的来说，规模效率不变的情况表明这些市（州）可能已经在科创金融资源分配和管理方面取得了成功，并且具备了一定的稳定性。这意味着它们需要在维护现有的稳定水平的前提下继续追求卓越。这也为其他地区提供了学习的机会，从而改进资源配置和管理，以实现更好的效率和产出水平。

4. 松弛改进

在数据包络分析（DEA）中，松弛改进是一个重要的概念，指的是在效率测算过程中，对各决策单元（DMU）的投入和产出变量进行调整，以消除非零松弛变量，从而使其达到效率前沿面。具体来说，松弛变量反映了在当前资源配置下，某些投入可以减少或某些产出可以增加的潜力。松弛改进方法通过优化这些变量，不仅提供了提高效率的具体路径，还能更准确地反映各 DMU 的真实效率状况。松弛改进的重要性在于它能够帮助我们识别资源配置中的冗余和不足。在本研究中，松弛改进方法可以揭示出在不同市（州）中，哪些区域的资源配置存在浪费，哪些区域的产出尚有提升空间。在本部分的实证分析中，我们应用松弛改进方法，对四川省各市（州）的金融资源配置进行详细的优化分析。首先，我们利用 DEA-BBC 模型计算各市（州）的初步效率值，其次通过松弛改进方法，对这些地区的投入和产出变量进行调整，识别出每个地区在现有资源配置下可以改进的具体方向。通过这种分析，可以了解各市（州）目前的资源配置效率，为提升整体效率水平提供科学的依据和可操作的改进路径。下文将详细展示松弛改进的实证结果，分析各市（州）在金融资源配置中的具体表现和优化空间。

表 4-22 报告了 2021 年四川省 21 个市（州）科创金融投入产出的松弛改进情况。输出松弛度反映了在当前产出水平下，单位是否还能进一步减少产出所需的资源。正值表示单位可以进一步提高产出水平而不增加资源使用。在我们的研究中，广元、内江等四市的输出松弛度明显不为 0，这意味着这些单位在其当前产出水平下，仍有未被充分利用的资源，具备进一步提高产出而不增加资源使用的潜力。表明这些单位可以通过更有效地配置管理其资源，实现资源的最大化利用，从而推动科创金融的发展。输入松弛度表示在当前资源使用水平下，单位是否还能减少资源使用而不降低产出水平。泸州、内江等八座城市在输入松弛度方面表现明显，表明在这些城市的当前资源使用水平下，仍存在可以降低资源使用而保持产出水平的潜力。具体而言，这些城市在全市（州）财政科技支出和金融机构贷款等投入指标

上都显示出较高的松弛度。这意味着这些城市在当前资源利用水平下，可能存在一些冗余或浪费，需要通过优化资源配置来实现更有效的资源利用。

表4-22 2017—2021年四川省21个市（州）科创金融投入产出的松弛改进分析

地区	高新技术产业收入（亿元）	发明专利授权数（百个）	全市（州）财政科技支出（亿元）	金融机构贷款（百亿元）	R&D经费内部支出（百亿元）
成都	0.000	0.000	0.000	0.000	0.000
自贡	0.000	0.000	0.450	0.000	0.000
攀枝花	0.000	0.000	0.000	0.000	0.000
泸州	0.000	0.000	0.732	0.000	0.000
德阳	0.000	0.000	0.000	0.000	0.000
绵阳	0.000	0.000	0.000	0.000	0.000
广元	0.643	0.148	0.000	0.000	0.000
遂宁	0.000	0.000	0.000	0.000	0.000
内江	1.274	0.000	0.000	0.000	0.025
乐山	0.000	0.000	0.000	0.000	0.000
南充	0.000	0.020	0.740	3.920	0.000
眉山	0.000	0.000	0.000	0.000	0.000
宜宾	0.000	0.000	0.000	0.000	0.000
广安	0.000	0.000	0.000	0.000	0.000
达州	0.000	0.463	0.891	3.270	0.000
雅安	0.000	0.000	0.859	0.000	0.000
巴中	0.000	0.000	0.000	1.755	0.000
资阳	0.000	0.000	0.140	0.000	0.000
阿坝	0.000	0.000	0.000	0.000	0.000
甘孜	0.000	0.000	0.000	0.000	0.000
凉山	0.000	0.000	0.000	0.000	0.000
平均值	0.091	0.030	0.182	0.426	0.001

数据来源：计算得出。

即便综合技术效率值为 1，如果投入或产出的松弛改进值不为 0，则表示弱有效率。在这种情况下，虽然无法实现每种投入数量的等比例减少，也无法实现每种产出数量的等比例增加，但仍有一定的调整空间。这意味着尽管整体效率接近最佳，但仍存在一些潜在的改进余地。通过对资源配置进行精细调整和优化，可以在不影响整体效率的情况下，提高特定投入或产出的效率水平。也就是说，弱有效状态下，虽然不能等比例减少所有投入，但某些种类的投入仍可以减少；同样，在不增加投入数量的情况下，某些种类的产出也可以增加。然而，如果综合技术效率值为 1，并且投入或产出的松弛改进值全都为 0，则为强有效状态。在这种情况下，无法减少任意一种投入的数量，也无法增加任意一种产出的数量，实现了帕累托最优，即在不损失任何产出的情况下，无法进一步提高生产效率。根据表 4-22 可知，2021 年综合技术效率为 1 的七个城市（成都、攀枝花、德阳、绵阳、乐山、广安和凉山）松弛改进值均为 0，因此这些城市在 2021 年的科创金融投入产出达到了强有效状态，实现了帕累托最优。

表 4-23 介绍了存在松弛改进的城市情况。

表 4-23　存在松弛改进的城市情况

指标名称	城市名称
高新技术产业收入	广元、内江
发明专利授权数	广元、南充、达州
全市（州）财政科技支出	自贡、泸州、南充、达州、雅安、资阳
金融机构贷款	南充、达州、巴中
R&D 经费内部支出	内江

（二）Malmquist 模型分析

投入指标使用市（州）财政科技收入、金融机构贷款、R&D 经费内部支出，产出指标使用发明专利授权数，运用 DEAP2.1 软件对 2013—2021 年四川省 21 个市（州）科创金融资源配置效率进行 Malmquist 指数测算和分解，得到各年金融资源配置效率的动态变化情况，具体运算结果见表4-24。表4-24中的五个指数的值代表了相关指标在下一年与上一年之间的比值的年均值。以综合技术效率变化指数（TEC）为例，它表示了下一年综合技术效率与上一年综合技术效率的比值的年平均值。将这些指数的值减去1后，就能反映出下一年相对于上一年的增长率的年均值。如果这个值大于1，就说明下一年相对于上一年的年均增长率为正；而如果这个值小于1，则表示下一年相对于上一年的年均增长率为负。

表4-24 2013—2021年四川省21个市（州）年均科创金融Malmquist指数及其分解

年份	综合技术效率变化指数	技术变化指数	纯技术效率变化指数	规模效率变化指数	全要素生产率指数
2013—2014	0.951	1.161	0.962	0.989	1.104
2014—2015	0.949	1.427	0.946	1.003	1.354
2015—2016	0.841	1.278	0.980	0.858	1.075
2016—2017	1.161	0.877	1.004	1.156	1.018
2017—2018	0.976	0.817	0.965	1.011	0.797
2018—2019	0.804	1.094	0.940	0.855	0.879
2019—2020	0.916	1.002	0.979	0.936	0.918
2020—2021	0.977	1.055	0.948	1.030	1.030
平均值	0.942	1.073	0.965	0.976	1.010

数据来源：计算得出。

1. 全要素生产率分析

由表4-24可知，2013—2021年四川省科创金融全要素生产率Malmquist指数的平均值为1.010，因此从总体来看，这段时间四川省各市（州）的科创金融效率越来越高，即平均每年以1%的增长率增长。为了更清晰和直观地研究Malmquist指数及其分解项的变化情况，根据表4-24数据画出Malmquist指数的变化情况图，如图4-9所示。根据Malmquist指数法的原理可知，Malmquist指数为综合技术效率变化指数（TEC）与技术变化指数（TC）的乘积。

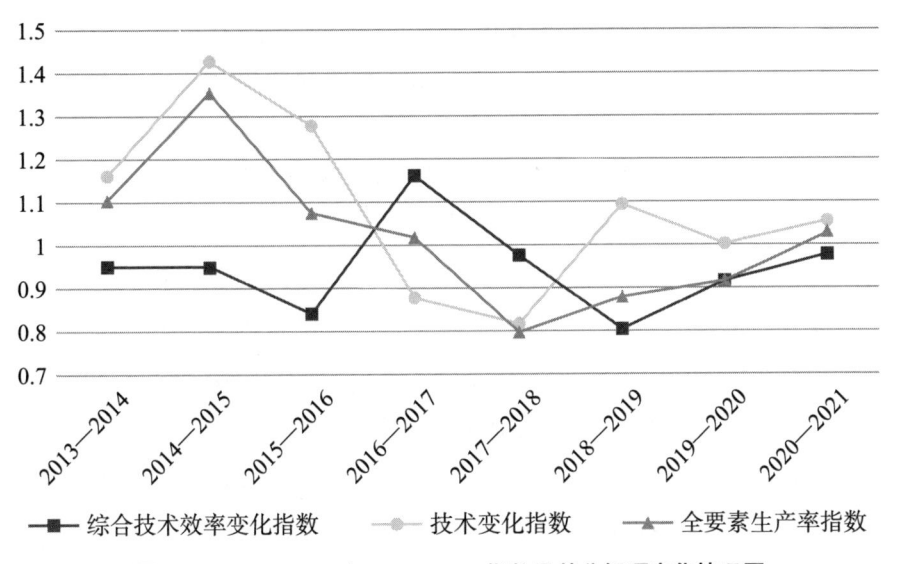

图 4-9 2013—2021 年 Malmquist 指数及其分解项变化情况图

通过观察图 4-9，我们可以明显看出，2013 年至 2021 年，Malmquist 指数呈现了一个整体的波动趋势，先是下降，然后逐渐上升。值得注意的是，在 2017—2018 年、2018—2019 年、2019—2020 年这三个时期，Malmquist 指数均小于 1，而在 2021 年达到了显著大于 1 的值。这种变化趋势揭示了四川省科创金融资源配置效率的演变过程。特别是在 2021 年，Malmquist 指数的显著增加反映了该地区科创金融配置在产出和资源使用方面达到了更为有效的平衡。

进一步对 Malmquist 指数进行分解分析，我们发现 2013—2021 年，综合技术效率变化指数（TEC）和技术变化指数（TC）都经历了较大的波动。技术变化指数的波动方向基本上与全要素生产率指数的波动方向一致，这表明科创金融领域的技术进步和创新在一定程度上影响了整体生产率的变化。值得注意的是，综合技术效率在 2013—2017 年的波动方向与全要素生产率相反，这可能暗示着在这一时期内，虽然技术进步和创新存在，但整体的技术效率却没有得到有效的提升。这种不一致性反映了在该时段内，科创金融资源的配置方式可能还存在一些潜在的优化空间，需要更加系统和有针对性的政策干预。

2. 综合技术效率及其分解分析

为了更清楚地研究综合技术效率变化指数及其分解项的变化，根据表 4-24 的数据，画出其变化情况图，如图 4-10 所示。2013—2021 年，可以观察到综合技术效率变化指数（TEC）和规模效率变化指数（SEC）呈现出一致且波动较大的趋势。特别是 2016—2017 年，这两个指数达到峰值，TEC 约为 1.16。这表明在这一时期，科创金融领域整体效率取得了显著的提升，可能受到技术创新和规模扩张等因素的共同推动。然而，2018—2019 年，TEC 和 SEC 均达到最低点，分别为 0.804 和 0.855，显示出效率水平的降低。这一阶段受到了一系列因素的影响，可能包括资源配置不当、市场需求波动等，需要进一步深入研究。与此同时，纯技术效率变化指数（PEC）波动较小，保持在 0.940 到 1.004 之间。这说明在科创金融资源配置的技术方面，变化相对较为平稳，没有经历明显的波动。这反映了科创金融领域在技术方面的相对稳健性，需要注意的是，虽然波动较小，但 PEC 仍然保持在小于 1 的水平，表明在纯技术方面仍有提升的潜力。

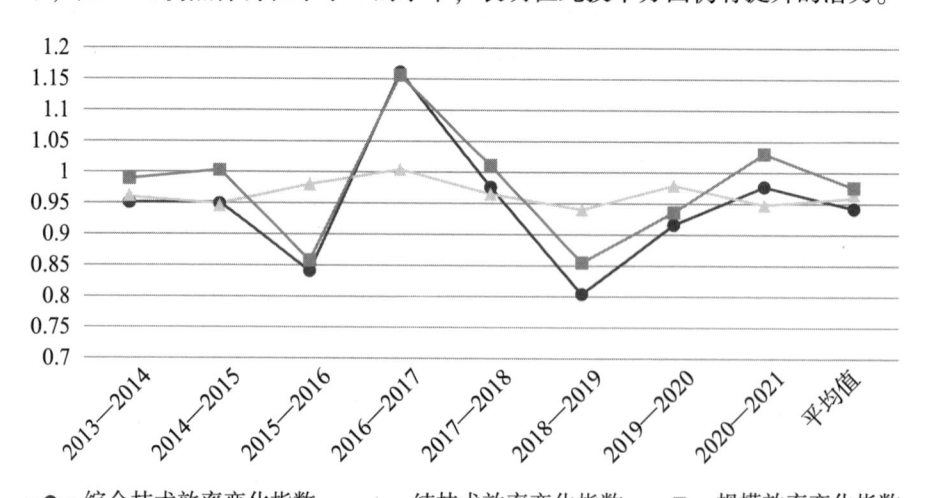

图 4-10　2013—2021 年综合技术效率变化指数及分解项变化情况图

3. 市（州）全要素生产率分析

四川省 21 个市（州）2013—2021 年的全要素生产率变化指数的平均

值为 1.01（见表 4-25）。可以看出在这一期间，整体的全要素生产率有轻微的增长，平均水平有所提高。技术变化指数的平均值为 1.073，这意味着 21 个市（州）整体上取得了一定程度的技术创新，技术水平有所提高，对全要素生产率的增长产生了积极影响。综合技术效率变化指数的平均值为 0.942，可以看出 21 个市（州）的整体技术效率在两个时期之间略微下降，即全要素生产率整体上的增长受到技术效率下降的抵消。综合技术效率的年均增长率分解为纯技术效率变化指数的年均值 0.965 和规模效率变化指数的年均值 0.976。21 个市（州）的纯技术效率和规模效率整体上都有所下降。这反映了技术水平的滞后或者在生产中未能最大程度地利用生产要素，且在规模方面还需注意生产规模的适度和有效利用。

表 4-25 2013—2021 年四川省 21 个市（州）年均科创金融 Malmquist 指数及其分解

地区	综合技术效率变化指数	技术变化指数	纯技术效率变化指数	规模效率变化指数	全要素生产率指数	排名
成都	0.956	1.020	1.000	0.956	0.975	14
自贡	0.996	1.064	0.981	1.015	1.060	6
攀枝花	1.000	1.148	1.000	1.000	1.148	2
泸州	0.887	1.058	0.889	0.997	0.938	18
德阳	0.918	1.087	0.904	1.016	0.998	9
绵阳	0.997	1.146	1.000	0.997	1.143	4
广元	0.844	1.070	0.989	0.853	0.903	21
遂宁	0.938	1.056	0.914	1.026	0.991	10
内江	1.021	1.127	1.014	1.008	1.151	1
乐山	0.929	1.132	1.000	0.929	1.051	7
南充	0.843	1.122	0.956	0.881	0.946	17
眉山	0.903	1.053	0.929	0.971	0.950	16
宜宾	0.885	1.036	0.860	1.029	0.917	20
广安	0.922	1.072	1.026	0.899	0.988	11
达州	0.846	1.094	0.943	0.897	0.926	19

续表

地区	综合技术效率变化指数	技术变化指数	纯技术效率变化指数	规模效率变化指数	全要素生产率指数	排名
雅安	0.895	1.083	0.931	0.961	0.969	15
巴中	1.022	1.069	0.959	1.066	1.092	5
资阳	0.945	1.034	0.953	0.992	0.977	13
阿坝	0.972	1.010	1.000	0.972	0.982	12
甘孜	1.026	0.999	1.000	1.026	1.026	8
凉山	1.078	1.063	1.047	1.029	1.146	3
平均值	0.942	1.073	0.965	0.976	1.010	

数据来源：计算得出。

4. 城市分组分析

根据全要素生产率变化指数的不同范围，将各城市分为五个组别，如表4-26所示。这有助于更清晰地了解各城市在全要素生产率变化上的相对表现。

表4-26 全要素生产率变化指数分段表

分段点	城市数量	城市
≤0.95	6	南充、泸州、达州、宜宾、广元、眉山
0.95—1	7	成都、德阳、遂宁、广安、阿坝、资阳、雅安
1—1.05	1	甘孜
1.05—1.1	3	巴中、自贡、乐山
≥1.1	4	内江、攀枝花、绵阳、凉山

全要素生产率的年均增长率大于10%的地区有内江、攀枝花、绵阳、凉山4市，这表明这些地区在科创金融资源配置中取得了显著的增效成果。值得注意的是，乐山、攀枝花和凉山三市在这一期间不仅在全要素生产率上表现出色，而且其综合技术效率变化指数和技术变化指数均大于1，进一步证明了其在技术创新和整体效率提升方面取得的良好成绩。绵阳在技术变化方面表现出色，但综合技术效率变化指数却略低于1，这表明其全

要素生产率的增长可能主要受到技术水平提升的推动，而在整体效率利用方面仍有改进空间。全要素生产率的年均增长率为负值的地区有成都、泸州、德阳、遂宁等 13 市。上述城市的技术变化指数均大于 1，说明在科技创新方面取得了一些进展。科创金融全要素生产率的下降主要来自综合技术效率的下降。广安和阿坝两市的综合效率变化指数下降主要来自规模效率指数的负增长，表明它们可能需要调整生产规模以提高效率。而德阳、遂宁、宜宾三市的综合技术效率指数的下降主要来自纯技术效率的负增长，表明在这些城市，更多的关注可能需要放在提升技术操作效率上。其余八市的两项指标均为负增长，说明这些地区需要全面审视其科创金融资源配置体系，通过综合性的改革措施提升全要素生产率水平。

三、研究结论

对本章实证所得出的结果进行分析研究，可以得出以下结论。

（一）基于 BBC 模型的研究结论

1. 综合技术效率分析

综合技术效率值在 0 到 1 之间，反映了纯技术效率和规模效率的综合表现。成都、攀枝花、德阳、绵阳、乐山、广安和凉山七个城市在 2021 年的综合技术效率值达到了 1，表明它们在科创金融资源配置方面运作非常高效，处于生产前沿，是第一梯队。自贡、遂宁、眉山和宜宾四个城市属于第二梯队，通过适度的调整可以提高资源配置效率。泸州、广元、内江、南充、达州、巴中和阿坝属于第三梯队。雅安、资阳和甘孜的综合技术效率值最低，属于第四梯队，存在较大的提升空间。

2. 纯技术效率和规模效率分析

成都、攀枝花、德阳、绵阳、乐山、广安和凉山七个城市的纯技术效率值为 1，表明它们在管理和技术等方面取得了最佳效益。规模效率方面，泸州、遂宁、南充、眉山、宜宾、达州六市规模报酬递减，需要审视投入资源的合理性。自贡、广元、内江、雅安、巴中、资阳、阿坝、甘孜等八个城市规模报酬递增，有进一步投入的潜力。其他城市的规模效率基本保持不变，表明它们在不同规模下都能够维持相对稳定的技术效率和产出水平。

3. 规模报酬分析

泸州、遂宁、南充、眉山、宜宾、达州六市规模报酬递减，可能存在过度投入的情况。自贡、广元、内江、雅安、巴中、资阳、阿坝、甘孜八个市（州）规模报酬递增，需要更多的金融资源支持，以推动经济增长。其他市（州）规模报酬不变，维持相对稳定的技术效率和产出水平。

4. 松弛改进分析

广元、内江等四市的输出松弛度明显不为0，存在未被充分利用的资源，具备提高产出而不增加资源使用的潜力。泸州、内江等八市在输入松弛度方面表现明显，存在可以降低资源使用而保持产出水平的潜力。成都、攀枝花、德阳、绵阳、乐山、广安和凉山七市的松弛改进值均为0，达到了强有效状态，实现了帕累托最优。

（二）基于 Malmquist 模型的研究结论

1. 全要素生产率分析

2013—2021年四川省科创金融全要素生产率 Malmquist 指数平均值为1.010，表明整体效率呈轻微增长趋势。Malmquist 指数图表显示2017—2018年、2018—2019年、2019—2020年全要素生产率下降，2021年显著增长，这种趋势变化反映了配置效率的演变过程。

2. 综合技术效率及其分解分析

综合技术效率变化指数和规模效率变化指数波动较大，2016—2017年达到峰值。2018—2019年，整体效率水平下降，可能受到资源配置不当、市场需求波动等因素的影响。纯技术效率变化指数相对稳定，但保持在小于1的水平，表明在纯技术方面仍有提升的潜力。

3. 市（州）全要素生产率分析

四川省21个市（州）2013—2021年的全要素生产率变化指数平均值为1.010，总体上有轻微增长。技术变化指数平均值为1.073，表明21个市（州）整体取得了一定程度的技术创新。综合技术效率变化指数平均值为 0.942，整体上微降，需要更系统和有针对性的政策干预。

4. 城市分组分析

内江、攀枝花、绵阳、凉山等四市全要素生产率年均增长率大于 10%，取得显著增效成果。成都、泸州、德阳、遂宁等 13 市虽有技术创新进展，但全要素生产率下降，需要综合性改革提升效率水平。

综上所述，本节采用数据包络分析法（DEA）中的 DEA-BBC 模型和 Malmquist 指数法，对 2017—2021 年四川省 21 个市（州）的科创金融资源配置效率进行了实证分析。首先，计算了各市（州）的静态效率值，识别出各地区在金融支持实体经济发展中的具体表现和改进空间。其次，运用 Malmquist 指数法对各市（州）的效率变化进行了动态分析，揭示了各地区在科创金融资源配置效率上的年度变化情况。再通过松弛改进方法，进一步优化各市（州）的投入产出配置，为提高整体效率提供了具体的改进建议。本节的分析不仅提供了四川省科创金融资源配置的现状和动态变化情况，还为政策制定者提供了科学依据，有助于推动区域创新能力的提升和经济的高质量发展。

第四节　四川省科创金融资源配置中存在的主要问题分析

四川省科创金融正在迅速发展，踏上了高速增长的"快车道"，为地区经济发展注入了强劲动力，其科创金融效率也逐渐提升。然而，尽管取得了显著成就，但仍面临一些不可忽视的瓶颈性问题，这些问题对其未来发展构成了重要挑战。具体来说，表现在以下几个方面。

一、科创金融资源投入总量较低，地区间差异显著

四川省科创金融资源的投入总量相对较低，与同期广东、江苏、浙江、上海、安徽等创新型试点地区存在显著差距，成为制约四川省科创金融发展的主要因素。尽管在效率和运作方面取得了一定成就，但总体资源

规模较小，难以满足不断增长的创新需求。另外，四川省内不同地区的科创金融资源配置存在明显不均衡现象。各地级市在科创金融资源配置方面呈现出显著差异，其中包括政策取向、经济结构和科技创新基础等。成都作为省会城市，凭借其强大的经济基础和资源优势，吸引了大量科创金融资源，形成一定的集聚效应。而一些经济相对落后的地区，如甘孜、阿坝等，则科创金融资源相对匮乏，难以满足当地科创企业的融资需求。这种不平衡的科创金融资源配置进一步加深了区域经济发展的不均衡。在资源相对匮乏的地级市，由于融资渠道受限，可能难以有效支持本地的创新活动，这不仅限制了创新活动，也形成了科技创新的空白地带，进而影响了地区经济的可持续发展能力。

二、科创金融资源配置结构欠协调

通过 Malmquist 模型分析，四川省的科创金融资源配置效率呈不连续稳定态势，存在一定波动性。这种波动性反映了四川省科创金融资源配置方式和结构的不稳定性，因此需要全面审视和调整其配置体系。政策导向与市场机制、金融机构间资源配置能力不均衡等因素，导致科创金融资源结构欠协调。

三、科创金融资源配置未能因地制宜，地区复合效应突出

四川省的科创金融资源配置呈现复合效应，具体表现为，一些地区的资源配置效率不足，而其他地区则存在资源配置效率冗余的情况。这可能导致整个省份科技创新效益不能得到充分发挥，进而引发不同领域资源的不均衡分配。DEA 模型测算效率原理指出，在科创金融资源投入产出效率达到相对最优水平后，若随着投入规模的扩大，相应的产出规模未能得到提升，将可能引发资源配置的冗余风险。在泸州、遂宁、南充、眉山、宜宾、达州等地区，这种情况较为明显，其规模报酬呈递减趋势，即尽管有较大规模的资源投入，但相对于产出的增长来说，并未获得相应的效益，造成了一定的资源浪费。而巴中、资阳、阿坝、甘孜等地区则处于规模报

酬递增阶段，表明它们仍能通过进一步的投入来提高科技创新的产出效益，反映了这些地区在科技创新方面仍存在潜在的发展空间。

科创金融资源配置的复合效应受到多个方面因素的影响，包括地方科技政策导向的差异、经济结构的异质性、地方政府的支持力度、科技创新生态系统的完善度以及市场机制的不完善等。各地的经济结构和产业特点不同，导致对科技创新的需求和投入存在差异。一些地区通过提供慷慨的财政支持和积极的政策扶持，成功吸引科技创新，而另一些地区则因政策支持力度不足而未能充分发挥其科技创新潜力。同时，地方政府对科创金融的支持力度不一致，导致地区间的科技创新生态系统建设水平存在明显差异。这种差异可能影响科创金融资源的有效配置。另外，科技创新的成功需要市场机制的全面支持，包括风险投资和创新型企业上市等。在一些地区，由于资本市场不够发达或其他市场机制不完善，导致科技创新的资源配置效率受到限制，从而限制了创新的广度和深度。

四、科创金融资源配置风险分担机制仍需完善

科创领域的投资通常伴随着相对较高的风险，然而传统的金融资源配置方式可能缺乏足够的风险管理手段，导致资源在高风险项目中过度投放，进而增加整体投资的不稳定性。此外，金融机构可能倾向于对已成熟稳定的企业进行投资，而对初创企业的支持不足。这种情况可能限制创新项目的融资渠道，从而影响科技创新的发展。地方政府对各省科创发展路径的不明确或频繁变动也可能导致投资者的不确定性，影响他们对科创项目的投资决策。缺乏清晰的投资方向可能导致资源过于集中在某一领域，而忽略了其他潜力巨大的领域，从而限制了创新的广度和深度。因此，政府主导的公共金融服务应更具动态性，根据市场金融参与融资情况以及科技型中小企业不同阶段的科技创新活动及其资金需求的变化，灵活调整金融配置方式。目前政府主导的公共金融配置方式包括财政补贴、税收优惠、政策性贷款、利率优惠、创新补贴等，需要进一步将这些服务嵌入创业风险投资、科技担保和保险、科技资本市场等多元化的金融工具中，以

更好地满足科创企业的多样化融资需求，推动科技创新全方位、多层次的发展。

受到银企信息不对称、政策执行不力、成本效益不匹配及支持体系不健全等挑战的制约，金融机构间的合作机制仍需完善。特别是在银行与担保机构的合作中，由于科技信贷风险较高，担保机构对科技企业风险分担的意愿较低，主要集中在流动资金贷款担保，而对高风险、长周期的技术研发贷款担保支持有限。同时，较高的反担保条件，如要求固定资产抵押，使得"轻资产"的科技企业难以获得担保支持。因此，需要建立更加灵活的合作框架，实现风险共担、利益共享，以促进科技创新的持续发展。

第五节　提升四川省科创金融资源配置效率的对策建议

一、统筹好有效市场和有为政府关系

高风险和广泛外溢的科技创新活动凸显了政府和市场两种资源配置机制合作的独特性。在科创金融市场中，创业风险投资机构、资本市场投资者和商业银行等是核心参与主体。然而，在四川省，对初创期科技创新企业的支持和培育力度相对不足。这是由于创投资金更倾向于那些具备稳定发展预期和现金流的企业。实证数据表明，地区经济发展水平和市场化程度对公共科创金融在科技创新活动中的影响存在显著差异。因此，需要通过政府资金的引导，采取设立专项资金和产业基金等措施，促使风险投资机构更广泛支持四川省的科创企业，引导更多社会资本投向科技创新领域。政府在市场失灵领域，尤其是在基础研究和前沿技术等方面，应发挥其独特作用，通过降低科技创新风险，有效引导投资并分散风险。同时，政府应根据地区发展的不均衡性和科技创新的特殊性，动态调整公共金融资源的配置策略，确保公共金融的进入、运作和退出机制完善。在经济欠发达、财政资源有限、金融体系尚不成熟的地区，政府应扮演更为积极的

角色，培育科技创新的市场主体。随着经济和市场的成熟，政府应逐渐聚焦于资本市场的深化、科创金融体系的完善、政策法规的制定与执行以及市场失灵问题的处理。在市场能够自我调节的领域，政府应充分尊重市场的决策权，形成政府与市场之间的有机协调与合作关系。

为了促进公共科创金融资源与市场科创金融资源、科技创新的深度融合，政府可以联合政策性银行、财政部、科技部等相关部门，共同构建一个科技创新公共金融支持平台。该平台将充分利用政策性银行等机构在信息搜集方面的优势，有效整合科技和公共金融资源，减少创新主体与投资主体之间的信息搜寻和交易成本。通过该平台，政府可以制定并实施一系列优惠政策（如存款支持、贴息政策等），激励科技担保、科技保险等市场资金积极投入科技创新领域，降低信息不对称，实现投资主体风险与收益的合理匹配。在这个过程中，政府应发挥主导作用，引导更多资本流向科技市场，并构建多元化的投入机制。同时，政府应持续关注并适时注入公共金融资源，确保对科技创新的持续、稳定支持。

二、基于地区特性加强科创金融制度顶层设计

在科技政策领域，政府应强化系统性和整体性规划与管理，以确保各项政策之间相互协调、相互支撑，形成合力。科技政策的中长期规划应根据实际情况制定，同时要加强对政策实施情况的监测和评估，及时发现问题并采取有效措施解决。政府应避免在短时间内发布大量同类政策，以免影响政策的实际效果。此外，政府还应注重政策整体的协调性和内容的连贯性，强化政策执行力，通过对各个环节的评价工作，及时反馈科创金融的发展状况，不断提升科创金融政策的实施效果。

为促进科技政策、产业政策和金融政策的协同并进，需要构建一个三位一体的政策体系。科技政策应以推动产业发展为核心，产业政策则应激励企业深化科技创新。政府应提升对科技创新及产业发展的监督与分析能力，灵活调整科技政策和产业政策，以实现最优的协同效果。及时捕捉科技创新与产业发展的动态与走向，为企业提供良好的政策环境。通过建立

信息共享平台，集中整合科技和产业领域的数据，促进科技政策的精准制定和产业政策的有针对性实施，有助于提高政策的科学性和有效性。同时，确保技术标准与产业标准之间的协同发展，避免标准的不一致对产业发展造成的阻碍。通过技术创新和产业升级推动标准的更新和完善，形成技术创新与产业发展之间的良性互动。

此外，还应从省级层面出发，统筹整合分散在不同部门、机构和行业里的科创金融资源，制定促进科技、产业、金融融合创新发展的综合性政策。这些政策应涵盖制度设计、政策引导、执行监管等多个方面，形成政策合力，共同推动科技、产业和金融的协同发展。同时，要注重各市（州）科创金融政策发展策略的特定性，确保与经济基础、产业特性等相匹配。加强市（州）之间、市（州）与省级科创金融政策资源的协同性，以防止地区间科创金融发展程度与区域创新发展水平的差距进一步扩大。强调各市（州）经济、地理空间上的相关性和科技政策的空间溢出效应，通过破除行政区划的障碍，促进科创金融资源的充分流动，加强各市（州）在政策制定、执行等各阶段的相互协作，以促进整个地区的科创金融协同发展。

三、多措并举引导各方资源加大科技创新投入

政府在创新财政支持方面正积极探索多元化的途径，以促进科创金融的发展。首先，通过设立地方科创金融发展专项资金，强调在创业投资、债权融资、科技担保、科技保险、科技小贷等领域的投入。在此基础上，政府通过改革财政投入机制，不断完善风险分担和投资退出机制，以提高对科技型企业的资金支持力度。同时，在财政支持和税收优惠方面，提倡"补改引、补改投、补改贷"等综合管理方式，以引导投资机构和金融机构加大对科技型企业的资金支持。政府还加强了对创业投资领域的引导与扶持，包括加大对创业投资主体的税收优惠政策支持，并鼓励其投资于国家科技计划项目。其次，政府积极参与科技保险领域，建立相关制度，优化保费补贴政策与财政配套机制，以提高投保企业的积极性，并逐步放宽保险供给主体的准入限制。在合作方面，政府与区域高新区、园区展开深

度合作，探索科创金融风险补偿资金池的共建共补机制，并通过省区市联合奖补机制，推动科创金融区域创新联合体的建立，实现资源共享、合作对接和项目融资，全面推动区域协同一体化发展。为了解决不确定性问题，政府应建立财政资金投入容错机制，并充分发挥政府引导基金的公益性和扶持性作用。同时，建议组建地方科创金融投资引导基金，覆盖科技企业的全生命周期，并完善科创金融政策性补助方式，采用市场化运作手段如贷款贴息、担保、适度补助等，以最大程度放大政府资金的杠杆效应。

市场层面需要完善金融市场的参与机制，以更好地支持科技创新企业的融资需求。首先，鼓励金融机构创新金融组织形式，加速科技信贷专营机构的建设。针对科技创新企业面临的风险与收益不对称问题，设立专门的科技信贷机构，有针对性地提供信贷支持，是解决这一挑战的有效途径。这些机构可包括金融机构设立的科技支行、科技小额贷款公司等，旨在为科技企业提供更专业、更便捷的融资服务。其次鼓励各商业银行在科技产业园设立科技支行，为科技企业融资提供专业服务，并降低科技小额贷款的准入门槛，促进科技小贷公司的发展。这些专营机构将专门服务于高新技术产业开发区、经济开发区等，审批流程更加简便、灵活，审批效率更高。然而，也要注意科技小额贷款公司的风险控制。

商业银行应根据科技创新企业不同阶段的资金需求，制定差异化的贷款政策，以确保贷款周期与企业发展周期相匹配。同时，商业银行应积极推动适应科技创新企业特点的金融产品创新，特别是将知识产权视为提升"轻资产"科技企业融资的关键要素，加大知识产权质押、股权质押等贷款产品的开发力度。为增强知识产权在融资中的杠杆效应，推动知识产权证券化等金融产品创新，商业银行应提升商标、专利等知识产权在抵押贷款中的作用。建议通过积极探索知识产权证券化等创新型金融产品，以增强对融资的杠杆效应。为解决知识产权质押融资难的问题，建议建立健全知识产权价值评估机构库、专家库，及时评估知识产权价值的变化，并优化知识产权质押品的动态管理。应进一步完善知识产权政策体系，健全知识产权评估、交易、成果转化以及投融资等业务模块，加强知识产权金融生态建设。积极探索股权、专利权等担保贷款业务，创新科技企业流动资金贷款还款方式。鼓励通过区块链技术构建科技产业的供应链金融，支持金融机构与创业投资等科创金融主体的合作，创新投贷联动业务模式。加大对科技型中小企业的普惠性信贷支持力度，通过政策性金融支持，引导金融机构创新投贷联动服务模式。利用大数据技术降低信息与人力成本，提高普惠科创金融的覆盖面，支持科技创新型中小企业发展。

在债券市场方面，应鼓励四川省内相关机构在银行间债券市场、交易所债券市场、区域性股权市场发行包括创业投资基金类债券、双创孵化专项企业债券、双创专项债券、创新创业公司债和私募可转债等在内的多样化债券产品。同时，深入探索并发行针对科技型中小企业的高收益债券，以提供更多元化的融资选择。

对于资本市场，四川省应采取一系列积极措施，以提升科技型企业在资本市场的融资便利性和体验。稳步推进股票发行注册制，以确保市场准入更加公平、透明，同时优化信息披露机制，确保投资者充分了解企业的运营状况与前景，增强市场信心。为促进科技型企业快速融资，应建立专门的"绿色通道"，以便具备关键核心技术的企业更便捷地实现上市融资和并购重组，从而为市场引入更多优质上市公司，提升市场整体质量。在服务中小企业科技创新方面，应加大对区域性股权市场的支持力度，使其更加贴近中小企业的实际需求，提高市场活跃度。同时，支持符合条件的科创企业在新三板基础层和创新层挂牌，为其提供更灵活的融资选择，进一步扩大融资渠道。为了促进科技创新企业更好地适应资本市场的需求，应完善资本市场转板机制，使得科技创新企业能够在不同层次的资本市场实现顺畅转板，同时加强区域性股权交易市场与交易中心的建设，满足地方科技创新企业挂牌融资的需求。另外，鼓励社会主体设立中介服务机构，通过优惠政策和降低准入门槛，吸引更多机构参与市场中介服务，提升市场运作效率。建立资源库，为科创企业提供全面、专业的服务，助力企业更好地挂牌上市，进一步促进科技型企业融资的顺利进行。这些综合性措施将有力促进四川省以资本市场为核心的市场科创金融体系的发展，为科技型企业提供更广泛、更灵活的融资支持,助力推动四川省经济的创新和高质量发展。

四、促进科技保险与担保工具的创新与推广

为确保科创金融服务的稳定性和可持续性,健全的风险分担和补偿机制至关重要。科技保险和担保工具在降低科技创新与创业风险方面具有不可或缺的作用。在推进科技保险与担保工具的过程中,要深入剖析科技创新过程中涉及的各类风险,准确识别和评估创新项目的风险水平。通过改进科技保险的精算统计模型,全面量化风险,可以确保保费的科学合理定价。为了满足不断变化的创新项目需求,需要持续推出新的保险产品,提供更多样化和灵活的保险方案,以覆盖各类创新项目的独特保险需求。同时,还应建立灵活的担保机制,例如风险共担模式,积极探索科创金融共赢模式。通过发挥保险在风险保障方面的作用,与投资机构共享科创企业成长的红利,实现资源的共建、共享与共用。

建设科技担保的信息共享平台对于促进担保机构、金融机构和创新企业之间的信息交流至关重要,有助于更好地理解和评估创新项目的风险。此外,应着力开发标准化的中小型科技企业服务方案,特别关注解决中小型科技企业在知识产权保护、产品责任等方面的共性问题,以促进这一群体的健康成长。通过以上措施的有机整合,可以促使科技保险和担保工具更广泛地应用于科技创新和创业领域,从而降低参与者的风险感知,推动更多创新项目的成功落地。这不仅有助于保护企业利益,而且能够有效促进整个创新生态系统的稳定和健康发展。

金融监管机构应与科技管理部门紧密合作,定期交流信息,完善对科创金融风险的预警和应对机制。通过跨部门协作,及时发现和应对科创金融领域的潜在风险,保障科创金融生态的健康发展。政府部门或第三方机构应定期发布区域科创金融风险评估报告,为投资者提供参考。例如,可设立专门的科创金融风险评估机构,定期对区域内的科创金融风险进行评估,发布风险预警报告,并提供风险管理建议。

第五章 科创金融支持四川省创新驱动发展机制创新问题研究

本书第二章至第四章从宏观政策制度、中观区域产业发展视角对四川省科创金融资源配置的投融资制度结构、资源集聚与制度环境、资源配置效率做出了较为系统的评价和分析。本章主要从健全微观市场机制的角度，对科创金融支持创新驱动发展的资源配置机制作深入研究。重点考察风险投资投入退出机制、科创金融与供应链金融协同机制、科创金融与资本市场融资协同机制。最后结合前述机制可能存在的问题，主要从政府资助、科技信贷、人才集聚、政策优化四个维度探讨科创金融支撑四川省创新驱动发展机制创新的路径。

第一节 创新完善风险投资投入退出机制

随着经济社会的飞速发展，科创金融融合了科创和金融的优势和发展经验而日益发展壮大，越来越受到学界的关注和重视，大量的理论研究如雨后春笋般涌现。与此同时，从国家层面到地方政府，从东部沿海到西南内陆地区，都在探寻科创金融的实践与发展道路。

现代科技的创新突破离不开风险投资的大力推动，约90%的美国高新企业因风险投资获益颇多。无论是美国的硅谷，还是我国的中关村，历史与经验都已证明，相比于传统的银行贷款，创业投资或风险投资更能满足科技创新的金融主体的需求。当前，风险资本作为高科技初创企业的重要投资主体，更是金融行业的重要组成部分。因此，科创金融服务体系担负着两个主要目标：解决企业的融资问题；解决科创企业的风险管理问题。

长久以来，四川省都十分重视科技和金融行业的发展。近年来，"速宝网络""琳宸生物能源""盛迪医药""云智天下"等高新科技企业的迅速崛起，很大程度上提高了四川省的科学技术水平、科学研究创新能力。在金融领域方面，四川省紧抓全面创新改革试点这一重大契机，不断深化改革和创新，金融行业综合实力和综合竞争力持续攀升，金融业增加值在服务业增加值和地区生产总值中的比重越来越高，成都金融城作为四川省金融领域发展标杆，产业集聚效应日渐明显，引领着四川省金融行业向上发展。

在新经济时代，金融对科技创新发展的支撑作用愈发明显，同时起着推动区域经济发展的重要作用。为转变经济增长结构，促进区域经济持续向好发展，四川省近年来大力发展科技和金融的同时积极摸索两者的融合发展模式，此外，还在通过风险投资促进科创金融发展方面积累了诸多有效经验。

一、风险投资的特点及风险投资退出机制的作用

（一）风险投资特点

1. 高风险性、高收益性并存

传统投资者更愿意选择投资风险较小的行业和企业，这些企业普遍而言能够让投资者把资产投入其中后不必日日提心吊胆，担心投资会化为乌有。而科技型企业的科创项目通常在风险投资领域更受欢迎，尽管其风险性相对而言比较高，但与之相伴的巨大的潜在收益也十分具有吸引力，虽然投资成功的概率并不是很高，但是也常常吸引着那些敢于冒险、追求高利润的投资者。

2. 偏好知识型产品

传统的工业企业往往能够吸引传统的投资者，在早些年占据了投资的大半江山。但是随着人工智能、区块链、物联网、大数据等新技术的萌芽与崛起，越来越多的投资者将目光转向知识密集型产品，尽管此类产品具有极大的风险，保守谨慎者往往望而却步，不会轻易尝试投资知识型产

品，但是对于冒险者而言，这是他们挑战自己、追求财富的巨大机会。

3. 风险投资家是投资主体

任何行业的发展，都离不开人才的作用，尤其是高精尖型专业人才，往往会对行业的发展起着重要作用，甚至是决定性作用。这就像风险投资家之于风险投资。风险投资活动源自风险投资家，他们在庞大的资本市场中找到心仪的、适宜的投资企业和投资项目，在进行专业化的评估、审核之后，决定是否对该企业或者项目进行投资，并且在后续资本的退出等活动中，风险投资家仍将发挥重要作用。

4. 股份转让是收益的主要手段

风险投资家最擅长的事就是不把鸡蛋放进一个篮子里，当他们投入的原始资金在一个项目或者一个企业里获得成功、收获大量的投资回报之后，他们就会想办法把自己的钱连本带利地拿回来。怎么样才能拿回自己的本金和投资企业为自己赚到的高额利润？股份转让是最常见也是最常用的方式。投资者通过股份转让的方式，把自己的本息拿回来，带着更大的投资目标和赚钱野心开始新一轮的投资活动。

（二）风险投资退出现状

纵观国内风险投资市场，风险投资退出的总量还不足，几种退出方式的占比极其不平衡，比如 IPO 占比较高，而并购退出是企业通常选择的备用方式，还存在退出结构不合理的问题。同时，行业内对风险投资退出的内涵理解不够透彻、认识还不够到位，导致退出机制过于简单，在实际操作中流于表面、效率不高，阻碍了风险投资行业的发展。风险投资的退出方式主要有四种，通过对退出方式的分析可以简要了解国内风险投资退出现状。

1. 首次公开发行（IPO）

IPO 的全称为 Initial Public Offering，是指创业企业不断发展壮大，待时机成熟时公开上市、发行股票，私人股权因此可变为公共股权，在股市进行交易后能够实现增值，风险投资家得以获得流动的股权。由于 IPO 能够保障公司的独立自主，从而保证风险投资家掌握公司的管理权和控制权。此外，因为能够产生较高的收益率，给风险投资家带来高额回报，所以 IPO 是全球范围内公认的最佳退出方式。创业企业通过 IPO 实现持续融资，获得来自民间资本的资助，弥补政府扶持的不足。

2. 兼并与收购

企业并购是股权转让的两种形式之一，即 M&A（Merger & Aquisition），是风险投资家通过对市场进行整体的分析和研判后，抓住时机以其他企业或风险投资机构为跳板，对创业风险企业及其股权进行兼并或收购，使其前期投资的风险资本得以实现退出的一种形式。通常而言，一般并购指的是创业企业被并购，二期并购指的是股份的收购，这是投资失败后的被迫退出，退出价格也不容乐观。兼并与收购在风险投资退出中占比近三分之一，收益率却远低于 IPO，约为其 20%。兼并与收购退出是较受风险投资家和战略并购者青睐的退出方式，风险投资家可以通过兼并与收购迅速实现退出，提高退出效率、降低退出成本，同时获得现金和证券，战略并购者通过并购创业企业可以快速掌握行业新兴技术，提高竞争力，提升自身价值。与之相对应的是，创业企业被并购之后不再拥有完全的独立性，将受到并购一方的制约，无法轻易实现企业原本制定的战略目标和发展方向，因此兼并与收购通常情况下不太受创业企业的欢迎。

3. 股权回购

由于我国尚未建立多层次资本市场，通过 IPO 退出将受到多重约束，风险投资通过 IPO 退出失败后，股权回购就是首选的退出方式。当风险投资不顺畅、有失败风险之时，为保障已投资金的安全，风险企业及其管理人员、普通员工便从风险资本家手里，通过现金支付等形式，购回并注销本公司已卖出的股份。2023 年新修订的《中华人民共和国公司法》对对赌协议在回购上的相关原则规定作了规范，明文规定了回购情形、回购决策程序等，以更好地发挥对赌协议的功能，提高风险投资退出效率，保障风险投资家的合法权益，为他们带来合法范围内的更高收益，提高其投资积极性，为创业企业搭建更为畅通的融资渠道，促进风险投资市场的健康有序发展。

4. 清算

在创业企业的发展过程中，成功并非是必然，更多企业常常掉进失败的沼泽里费力求生存。当企业发展看不到光明的前景,也无法提高生产力和竞争力,难以实现既定的战略目标、获得较为可观的预期收益时,就要及时果断地考虑退出。清算一定会造成损失,但为了"留得青山在",最大可能收回一部分投资值,以进行新一轮的投资活动,清算是不可避免的。按照相关的法律规定,一般由公司董事会主持开展本企业的清算程序,通过解散清算、自然清算和破产清算等方式清理公司的债权债务、财产等。

(三)退出机制的功能

1. 补偿投资风险

退出机构就像是给自己留一条后路,投资者进行风险投资的主要目的是赚取高额利润,但并不代表他们会在投资的企业或者项目中"死磕到底",如果有合适的时机,他们都愿意撤出自己的资金,若投资成功,退出后可以进行新的投资,若投资失败,那么就可以通过退出机制最大限度地保留自己的原始资本,使自己始终处在进可攻退可守的不败境地,不至于血本无归,从而有足够的资本和信心进行一轮又一轮的投资活动。

2. 促进风险投资循环运转

风险投资是一种周而复始的活动。在资本的反复投资过程中,若缺乏良好的资本退出渠道,就无法保持投资的连续性,也会导致投资链条中断。把鸡蛋放在一个篮子里,篮子掉落时就会全部打碎,没有人愿意冒这么大的风险,同理,若资本进入投资后不能退出,那么大家对投资就会变得谨慎,若不是极度自信或者极度冒险,大家就不会愿意将大量的资本投入一个项目之中。

研究公司 Preqin 在 2022 年 1 月的统计数据显示,2020 年,中国市场的风险投资总额为 867 亿美元,这个数字在 2021 年达到 1 306 亿美元,同比高出约 50%,创下新的纪录①。在风险投资日益发展壮大的过程中,风

---

① 2021年大中华区风险投资超千亿美元[EB/OL]. [2022-03-28]. https://haitou.blog.caixin.com/archives/255566.

险投资公司和高新科技产业创业者正在不断寻求新的领域和新的机会,目光从 20 世纪末 21 世纪初热门的互联网行业转向芯片、人工智能、企业软件等核心科学技术产业。政府资本始终有限,而规模庞大的社会资本是近年来风险投资眼里的"肥肉",但是否能够成功募集到大量社会资本,还得看退出机制是否完善,如果不能顺利退出,即使社会资本规模再大,投资者也不会轻易将其投入高科技企业中。

二、科创金融风险投资退出概念及作用

(一) 相关含义

当投资者将资金投入科创金融企业或项目之后,经过一定阶段和时间的发展,在项目达到稳定状态或者失败状态之后,投资者可以将自己的本金或者投资成功时赚取的利息一并撤回。如果没有退出机制,就有可能使投资者承担投资失败的全部风险,其后果是投资者出于安全问题考虑,不会轻易冒险将资本投入风险投资,这将会打破风险投资的有效循环,资金链也将可能因此断裂,科技型企业就会无法获取发展所需要的融资,从而导致整个行业发展的停滞。

(二) 主要作用

1. 获得收益的主要方式

正如前文所言,在风险投资项目组合中,成功和失败的风险投资项目概率均等,平凡的风险投资项目占绝大多数。为尽最大可能从投资中获利,投资者就要根据企业的实际发展情况选择退出或者继续留下来。投资者之所以敢毫无顾虑地投资科技型企业,其主要原因是退出机制能够保证获利,至少不会输得一无所有。

2. 帮助评估企业价值

科技型企业具有"轻资产、重智产"的特点,很难评估其资产的价值,导致其在资本市场进行融资活动时常常被银行等金融机构拒绝发放贷款。因为退出机制的存在,这个问题能够在一定程度上得到解决。如

果企业在退出机制的规范下,能够让投资者实现资本撤回,那么其在一定程度上是有价值的,如果不能撤回或者撤回后投入的原始资本也所剩无几,那么就说明这个科技型企业或者项目是不值得投资的,是没有价值的。

3. 促成风险投资运行

退出机制是风险投资中必不可少的一环,如果缺乏这个环节,那么就意味着一旦投入资金,不管投资成功与否,都将没有后悔的余地,那么在投资失败时,无法及时止损,在投资成功时,也无法将本金和获得的回报取出来,那么风险投资将变成一潭死水,不能有效地流动起来,继续进行新一轮的投资,就不能让资本循环往复地在资本市场进行流通,促进科技型企业的投融资活动,这将影响科技型企业和科创金融行业的创新发展。

三、风险投资退出机制存在的问题

(一)缺乏完善的法律法规体系

在风险投资领域,还没有形成一套完整的法律制度,风险投资缺乏法律的保护,将寸步难行,而现有的法律法规,则存在一些漏洞和不合理之处。

(二)文化环境不适宜风险投资发展

高新技术企业的创业及其新技术新产品的研发最易吸引风险投资,但是我国的文化传统历来讲求中庸,相对而言偏向保守,一切以"稳"为主,就像是在一个舒适的环境里待久了就会懒于思考,不易变通,在此种环境下容易形成固定思维和刻板印象,不利于营造适宜风险投资发展和进化的文化环境。

(三)市场制度有待完善

一方面主板市场要求过高,另一方面国内多数风投公司规模不大、实力较弱,出于保障投资安全和快速实现投资回报的考虑,通常会将资本分散投入到多个风险企业之中,导致每个需要融资的企业获得的资本并不多，难以满足主板市场的上市标准，只有极少数企业能够通过"买壳""借壳"的形式跻身主板市场得以实现上市，因此主板市场通常不是主流的退出渠道，多数企业只能选择场外协议转让。尽管场外交易市场给风险投资退出提供了可能和平台，成为多数风险投资企业退出的最佳选择，但目前我国产权市场的建设还不够合理，主要表现为：税费过高，提高了退出成本和风险；实物交易仍然是产权交易的主流，柜台交易市场还存在一定的缺陷，阻碍了中小型创业企业的产权交易，导致无法实现退出；缺乏有效的市场监管，而且没有在全国范围内建成一个统一的、综合性的产权交易中心，产权交易难以实现跨区域、跨行业；对市场中介的规范程度还不够，行业人员素质还不够高、服务质量还有待提升，相关体系建设还有待完善，加大了退出成本，降低了退出效率。

（四）退出机制不完善

在被投资公司发展到一定程度后，风险投资通过股权转让，可以获得丰厚的回报，实现退出。风险投资的发展与国家的股票市场和产权交易市场的发展程度有关。中国的股票市场发展还不成熟，产权转换市场的发展也不算特别发达，风险投资机构难以通过产权交易市场将自己拥有的高科技企业的产权换成资金进行再次投资。

四、建立健全风险投资退出机制

相关机制体制的缺失，是风险投资不完善的重要原因。风险投资退出渠道畅通的重要性不言而喻，其不仅能够为投资机构提供退路，激发其大力投资科技型企业的信心和热情，更是完善风险投资体制机制的重要一环，是风险投资得以循环发展的重要组成部分。因此，完善风险投资退出政策有利于科创金融行业的发展。

（一）确定政策创新的目标

1. 控制风险投资退出成本

在风险投资过程中，如若新投资者与高科技企业的各个主体间皆存在信息不对称、信息监管有明显漏洞的情况，将会大大增加风险投资退出的交易成本；如若存在资本市场相关制度不完善的问题，将会阻碍风险投资退出机制的运行，阻碍风险投资的正常进行，打击投资者的投资积极性。制度的不完善将影响整个行业的发展，各种费用的增加是其导致的重大影响，不仅增加了投资者和被投资企业的经费压力，也会增加投资者的投资疑虑，从而减少投资，又间接导致企业的融资困难。因此将退出成本控制在一个合理、可接受的范围，是进行科创金融风险投资政策创新的一个重要目标。

2. 实现风险投资经济效益

投资者进行风险投资的主要目的不是为了做慈善，也不是为了帮扶企业上市挂牌，他们在资本市场中筛选出具有投资价值和增长潜力的企业作为投资对象，主要是为了从投资活动中获得巨大的经济利益，这也是他们愿意承担巨大的投资风险的主要动力。即便不能获得成功投资，他们也希望自己能够及时脱身，而不是在失败的沼泽里越陷越深，直至赔光所有。退出机制的不完善，将会束缚风险投资行为，使投资者无法从中获得经济上的收益，同时，科技型企业也不能独善其身，自身缺乏发展实力、外部缺乏推动力，企业便很难获得长足的发展。因此，应该制定一系列奖补政策，以保障在投融资过程中各方主体都能获得经济利益，这也是政策创新应该实现的重要目标。

3. 维护投资者利益

对投资者利益的维护是吸引投资者置身风投领域的重要前提。能够保障风险投资各方主体的利益不受侵犯的政策才是合理有效的政策，风险投资公司在经过前期的评估判断后投入大量的资本到风险市场，能够保障风险投资的良性循环，畅通资本退出渠道，使投资者能够从投资行为中获取利益，同时加强对投融资过程的管理力度，规范投融资行为，保障双方的合法权益不被侵害。达到合作双方的共赢，维护整个资本市场的良好秩序，让风险投资行为能够持续开展下去（吴文建，2006）。

（二）四川省风险投资退出机制的政策创新

1. 鼓励高科技企业积极上市

企业的上市是企业进行融资的重要方式，能够帮助其实现资本的退出。尽管近些年来四川省的资本市场发展态势良好，但总体而言还不够完善，相比而言，海外创业板的部分制度比较规范，有诸多值得我们学习借鉴的地方，已有相当多国内企业在中国香港或国外上市后获得融资的成功案例，因此政府应该采取多方措施支持高科技企业到中国香港或国外上市。

2023年1月，成都开始尝试跨境投融资合作，成都创新金融研究院领头加强与东南亚等地开展投融资方面的协同合作，共同探索金融领域风险防范、业务创新的新模式新道路[①]。与此同时，加大对外资的引进力度，放宽对它们投资领域的限制，充分利用外资基金或者机构的优势，允许它们收购省内企业，或者采取合资的方式投入到省内风险资本运作中，通过此种方式让省内企业间接实现境外上市。

成都致力于构建参与全球资本配置的内陆金融开放体系，出台了一系列政策，支持市内的金融企业开展跨境业务和资本活动，充分利用境外的资本市场实现自身的发展壮大，从而带动四川省内科创金融领域的大力发展，使整个行业朝气蓬勃，欣欣向荣。

开展外债便利化试点，按照相关规定，支持非金融企业试点开展相关外债业务，促使跨境投资交易登记和兑换更加便利、快速、高效[②]。支持企业通过运用投资项目收入支付便利化、非投资性外商投资企业境内再投资等政策，有效使用外商投资企业资金，支持满足相应条件的企业申请结

---

① 四川省人民政府. 关于印发四川省贯彻《成渝共建西部金融中心规划》实施方案的通知 [R/OL]. （2023-01-09）[2023-01-10]. https：//www.sc.gov.cn/10462/zfwjts/2023/1/10/1879d6f7d1dd4700b80e51fbb4e4579c.shtml.

② 四川省人民政府. 关于印发四川省贯彻《成渝共建西部金融中心规划》实施方案的通知 [R/OL]. （2023-01-09）[2023-01-10]. https：//www.sc.gov.cn/10462/zfwjts/2023/1/10/1879d6f7d1dd4700b80e51fbb4e4579c.shtml.

售汇业务资格等①。

2. 规范柜台交易市场

规范柜台交易不但可以帮助投资者顺畅地从资本市场退出，同时可以维护资本市场秩序，使资本市场能够健康稳定发展。

其主要作用在于可以帮助科技型中小企业进行高效及时的融资活动，使其能够获得发展所需要的大量资金，同时为企业的上市活动积累行之有效、可以借鉴的经验教训，为科技型企业的上市活动做好充足的准备，使企业的上市之路平稳、顺畅，借助资本市场使自己获得长足发展。

2023年7月，四川省启动年度地方政府债券柜台发行，期限为3年，发行规模近6亿元。2019年，四川省和其他5个省市一起，成为首批地方政府债券柜台发行试点地区，经过近5年的发展，截至目前已累计发行约70亿元，发行规模领先于大多数地区，位居全国前列。

四川省柜台地方债券的主要特点有如下四个方面：一是以省政府的信用为保障，提升了安全系数，降低了投资风险；二是投资的门槛较低，认购最低金额标准为100元，认购起点低；三是收益稳健，票面利率比同一期限的记账式国债利率要高，且利息收入免征收企业所得税、个人所得税、增值税等；四是交易灵活，不限制交易的时间段，投资者可以根据实际情况灵活买入或卖出，同时保证资金实时到账②。

3. 提升各市（州）证券交易中心规范化程度

四川省出台相应政策，要求地方政府加大管理力度，促进证交所规范发展，不断提升其管理和服务的能力，为科创金融产业的发展提供良好的服务环境，帮助科技型企业开展融资活动，以解决科技型中小企业融资成

---

① 四川省人民政府.关于印发四川省贯彻《成渝共建西部金融中心规划》实施方案的通知 [R/OL]. （2023-01-09）［2023-01-10］. https://www.sc.gov.cn/10462/zfwjts/2023/1/10/1879d6f7d1dd4700b80e51fbb4e4579c.shtml.

② 卢薇，吴忧.四川启动2023年地方政府债券柜台发行［EB/OL］.（2023-07-21）https://www.sc.chinanews.com.cn/cjbd/2023-07-21/191906.html.

本高、融资难度大等问题①。

支持天府（四川）联合股权交易中心扩大活动范围，在全国范围内开展业务活动，在科技型中小企业的改革发展中留下浓墨重彩的一笔，帮助企业积极上市、实现创业创新发展。大力打造省级数字资产交易中心，为科创金融领域的发展提供完善完备的数据资源库，实现科技型企业的数字化发展②。

近年来，四川省致力于清理整顿成都市、宜宾市、雅安市及其他地市交易场所，要求各市（州）认清形势、按照要求，提升防范化解金融风险意识，打好攻坚战，抢抓服务实体经济新机遇；对交易场所的公开性、社会性、风险滞后性和外溢性等特征要有充分认识，同时对"强监管、严监管"的国家金融监管形势有清醒认识。解决发展体制机制问题不能一蹴而就，要认识到过程的长期性、复杂性、艰巨性，必须在现有制度的约束下，将责任落实到位，在强化内部控制的基础上加强各市（州）的交流与协作，不断探索地方交易所健康发展的新路径。

4. 制定政策积极推出二板市场

按照相关规章制度的规定，主板市场会阻碍资本的退出。随着经济社会的快速发展，越来越多的科技型企业如雨后春笋般涌现，带动了行业的繁荣发展的同时，也造就了大量的融资需求。这些科技型中小企业创新能力强、发展前景光明，尽管深受风投市场青睐，但是主板市场的有限资源却无法为大量的科技型中小企业提供足量的融资帮助，总有一部分企业会被淘汰和抛弃，这并不利于整个市场的健康发展，也将打击科技型企业创新创业的积极性，因此，二板市场的出现对于发展科技型中小企业而言十分重要。

---

① 四川省人民政府. 关于印发四川省贯彻《成渝共建西部金融中心规划》实施方案的通知 [R/OL]. （2023 - 01 - 09） [2023 - 01 - 10］. https：//www.sc.gov.cn/10462/zfwjts/2023/1/10/1879d6f7d1dd4700b80e51fbb4e4579c.shtml.

② 四川省人民政府. 关于印发四川省贯彻《成渝共建西部金融中心规划》实施方案的通知 [R/OL]. （2023 - 01 - 09） [2023 - 01 - 10］. https：//www.sc.gov.cn/10462/zfwjts/2023/1/10/1879d6f7d1dd4700b80e51fbb4e4579c.shtml.

2016年以来,四川省发布多个文件,助力创投基金实现退出。同时要求为拟上市企业提供高质量服务,做好上市前充分准备。同时不断扩大私募基金规模,发挥市场的力量,汇聚大量的社会资本满足科技型中小企业的融资需求。通过主板、中小板、创业板、非上市公司股权转让等形式,充分发挥新三板资本市场的作用,建立民间风险资本的进入、退出机制;对股权众筹门户的经营活动加强监管,扩大披露股权众筹信息的范围,打造交易平台支持股权众筹份额流通,明确规定股权众筹份额转售流通细则,建立有效退出通道,加强在众筹平台上挂牌融资的风险投资家的信心。

"天府新四板"充分发挥塔基作用,建成多层次资本市场,为中小微企业提供多项业务活动,如企业和公司挂牌、股票和债券发行、股票交易转让、协办贷款等,为拟上市企业提供资本市场服务,如诊断评估、促进投融资、上市推荐和上市前培育孵化等。

(三)基于市场实际完善市场主体机制

1. 建设市场中介政策

在科技型中小企业的股交活动中,控制信息搜寻成本、建立风投组织等都离不开中介服务体系的作用。政府、社会、风险投资公司等需加强协作,共同建成风险投资中介社会化服务体系。

四川省科技厅在2015年5月发布《关于建立和完善风险投资机制鼓励人才创新创业的意见》,提及遵循资本运作规律、完善风险投资退出机制、畅通风险投资资金撤出渠道、构建风险投资中介服务体系等内容。意见要求,要将境外市场与省内资本市场相结合,采取并购、上市等形式,为省内高科技企业尤其是其中的中小企业提供服务,促使其风险资本有效变现。

四川省在全省范围内不断优化科创金融服务体系,打造了30余个市县级服务机构,于2020年建成了"1+1+2+N"的科技金融服务体系,该体系由1家研究服务机构——四川省高新技术产业金融服务中心,1家产学研用平台——四川创新科技金融研究院,2家研究教学机构——四川大学中国科技金融研究中心、西南财经大学金融智能与工程重点实验室，N 个服务机构①构成。四川省打造建设的一系列科技中介机构在全国范围内收获广泛认可和好评，2021 年获国务院点名表扬。

2. 维护风投主体利益政策

风险投资得以有效循环的逻辑就是原始资本能够根据投资者的意愿及现实情况实现有效退出，原来的投资者可以离开去投资新的企业和项目，而新的投资者又可以对已经接受过投资的企业进行新的投资，如此循环，才能保障原来的投资者和新的投资者以及被投资企业的利益，在投融资活动中使各方主体都能够实现愿望，从而激发企业的创新创业热情、投资者的投资热情。

四川省通过发布政策吸引相关风险投资主体，如政府直采、提供贷款担保、减税免税等，引导风险投资资金的运作市场化、规模化。与此同时，2009 年 5 月，四川高新中小企业服务中心设立，这是一家中小企业管理机构，以创新服务为宗旨，在省经济和信息化厅的指导下，加强指导、管理中小高新科技企业，并提供高效专业的链式服务。

3. 完善风险投资政府服务体系政策

控制风险是风险投资政府服务体系的主要目标。提供信息服务、有效监管、提高中介机构行为规范程度等都是控制风险的有力措施。

2020 年，成都市出台《关于支持金融科技产业创新发展的若干政策措施》，站在政府管理的角度完善风险投资服务体系。建立地方金融风险预警平台和行业综合监管平台，提升服务水平、加强监管力量。成立金融科技协会，加强行业管理、促进行业自律、建设职业道德，严格管理从业人员资质资格，营造公平公正公开的市场氛围，促使中介机构优胜劣汰；严厉处置行业内企业和中介机构的违法行为，降低在风险投资过程中出现因信息不对称而滋生道德风险的可能性，维护市场秩序，建设健康的科创金融发展环境。

---

① 乔永祯，胡旭阳. 四川已形成"1+1+2+N"科技金融服务体系 了解一下！[EB/OL]. (2020-10-20). http://news.china.com.cn/live/2020-10-20/content_1006070.htm.

4. 建立高效及时的市场信息交流平台

金融领域的有效信息能够帮助从业者及时了解市场动态和发展趋势，以作出更为科学有效的决策，因此，金融信息对于实现财富增值和风险控制至关重要。建立一个供各方主体进行有效交流的平台，能够降低信息交换的成本，同时提高信息交流的效率，是投融资活动得以顺利进行的重要前提。

2014年10月，四川省发布《四川省科技服务业发展工作推进方案》，明确提出要在科创金融服务业领域，吸引国内外各类财团、资本在四川省内成立形式多样的科技风险投资、管理公司，建成以民间资本为主导、政府引导投资为辅助的发展格局；同时，明确要求在科创金融服务领域建立有效、实时、顺畅的风险投资信息交流网络，为风险投资各方主体建立沟通协调的平台，让科技型中小企业、投资方、金融中介机构能够实现信息资源的互通共享，减少信息不对称，提高工作效率，降低投融资成本，使风险投资的各方市场主体皆能收获经济效益。

5. 修改限制风险资本流入的规章制度

充足的风险资本来源、有效的风险资本筹集通道，是风险投资得以顺利进行的首要前提条件。纵观科创金融领域的整个市场，政府和企业投资是风险投资的主要资本来源，资本来源途径比较单一，同时扩大了投资风险。为畅通风险投资资本的筹集渠道、分散投资风险，四川省应该在获取国家批准的前提下，允许其他领域的资金进入风投领域。

如养老和保险基金以及商业银行都可以成为风险投资领域的重要资本来源。鼓励保险行业投入科创金融领域，规范保险基金的发展壮大，开发与时代发展需求相适应的新型养老保险产品，通过促进商业保险行业的发展扩大科技型企业的融资范围与规模，持续推进"险资入川"，完善和发展投融资对接机制，加大科创金融领域内的重大战略和重点项目扶持力度。支持保险机构开发和创新科技保险产品，构建科技保险奖补机制，为科技企业提供专利保险等服务。

6. 广泛吸纳社会闲散资金

社会闲散资金也是科创金融风险投资的重要来源，私募基金是一种直接融资方式，与公募基金相对应，在资本市场上发挥着不可替代的作用。四川省依法、适时设立专门的风险投资基金，以广泛地吸收社会闲散资金。

2023年下半年发布的《2023西部地区私募股权和资本市场发展报告》显示，成都基金在过去五年或已成为西部地区的投资主力，所投项目信息技术储备丰富，同时本地创新活力攀高，返投效果初现。相关数据表明：成都新设立的私募股权投资基金数量近年来稳定增长，目前已超过300支，占西部地区总量的15%。2021年是新设基金巅峰，数量达60余支；2020年和2018年持平，皆接近60支；2019年的数量接近50支；2022年新设基金数量最少，不足40支。在退出方面，从西部地区整体情况来看，退出成果稳步发展，成都市天府新区、高新区表现突出①。

第二节 科创金融与供应链金融协同机制创新

近年来科技与金融逐渐融合发展，这既是两个领域的有机结合，也是多条价值链的协同发展，它们关系密切，利益相关，只有互相配合、共同进步，才能促进科技与金融的有效融合。

供应链金融科技融合了科技、金融、产业，是实现三者高效循环的重要助推器，经济的高质量发展需要供应链金融科技来推动。供应链金融既要关注企业的静态财务，更要动态监控金融企业的动产质押品，对监控信息分类整合，对业务周期全程多维测评，从而进行有效的风险防范。伴随着互联网时代的深入发展、新兴科学技术的广泛推广，经济社会的发展也将越来越智能化、科技化。

近年来，政策越来越关注金融科技对于推动供应链金融的数字化转型

---

① 投中研究院.2023西部地区私募股权和资本市场发展报告［R/OL］.（2023-09-05）. https: //finance.sina.com.cn/money/fund/jjzl/2023-09-05/doc-imzkrmfm8488830.shtml.

的重要作用，2020年以来已出台了近10部相关政策。2021年12月，关于"十四五"期间发展壮大中小企业的文件印发，规定要加快供应链金融数字化建设，推进供应链各方信息协同，打造"金融科技+供应链场景"；当月，国务院发布信用体系助力中小企业融资的政策规定，对多主体共同建设信用信息的时间安排、路线规划、任务清单作出明确规定。在相关金融科技政策的扶持下，供应链金融业务即将高速运行，有研究通过建立模型，预估其将在2024年超过40万亿元规模。

一、金融科技为供应链金融提供支撑

供应链金融快速发展带来的风险问题近年来越来越引起社会的重视。全社会大力发展智慧应用，信息沟通不畅的情况可得到有效缓解，帮助投贷双方在信息平等的基础上进行对话沟通，减少误解，加强合作。

（一）大数据提供技术支撑

大数据技术已经在多个领域实现了广泛应用，其与征信、税务等信息平台加强结合，可以有效减少信息经费支出，同时有利于各政府单位之间实现资源共享，准确掌握中小企业的实时情况，在制定政策、采取行动时才能基于真实准确的企业信息做出决策。与此同时，大数据技术可以帮助核查企业的交易状况，使企业无法隐瞒自己的真实信息，以往仅仅提供纸质交易证明材料的时代一去不复返，大数据技术让一切都无处遁形。这有利于政府部门和投资企业了解企业的日常运营情况，以海量的数据资料为依据判断企业的日常活动，同时为企业制定清晰准确的发展和融资目标。

（二）区块链数字平台提供服务支撑

实体经济的发展壮大是夯实中国经济的重要基础，供应链金融在其中功不可没。为了更好地促进实体经济的发展，就要致力于解决供应链金融存在的问题。

在供应链上，各方企业并没有共享同一套信息资源计划系统，因此经常不在一个信息频道上，经济损失时有发生，区块链数字平台的建构可以有效解决上述问题。金融云是区块链的核心技术，可以与供应链联动使用，在不同行业实现深度合作，为科创金融企业做好服务工作。以腾讯云区块链为例，其功能齐备，具有多种信贷服务能力，同时能够依托其较为强大的数据资源与分析技术，为科技型企业提供安全可控的发展途径，帮助其及时有效地进行融资。

（三）金融科技创新风控模式

供应链金融同样需要做好风险管控。在供应链金融体系中，各个主体既要进行科技创新，又要依托技术的力量，提高风险控制能力，保障供应链金融风险可管可控。在供应链金融中应用金融科技，核心逻辑是利用区块链、人工智能等先进的科学技术手段，不断收集大量的数据信息，在此基础上优化和完善业务流程，使其朝着数字智能的趋势大力发展，使各个主体都能够平等地使用系统内的信息数据，依托数据信息做好风险防控，提供安全可靠的发展环境，促进科创金融的健康发展。

二、科创金融与供应链金融融合发展

科创金融近年来得到越来越多的关注，其发展也越来越迅猛，供应链金融不能再拘泥于保守的发展模式，而是应该拥抱新兴技术，在智慧社会的建设中、在新技术的帮助下实现自身的改造升级，使自己朝着智能化的方向发展，从而带动经济的飞速发展，使自己立于不败之地，获得长足可持续的发展。

（一）科创金融与供应链金融协同发展模式

科创金融与供应链金融的协同发展主要有以下几种模式。

1. 物流企业主导

该模式中物流公司是主体，提供收货、监管等服务，通过对货物信息的统计分析整合，可以收集到相关市场主体，如企业、投资机构、金融服务机构等的基本信息情况，方便各方主体在科技型企业进行融资活动时提供真实有效的信息。各方在做出决策前都是基于真实的信息数据，因此可以减少决策的失误,正确开展投融资活动,降低投融资过程中的信息成本,保障各方利益,促进供应链金融向好发展。

2. P2P主导

点对点模式可以帮助科技型中小企业快速融资,速度快、无担保是其主要特点和优点,但与此同时,该模式却无法对融资过程中产生的风险进行一定的防范,其风险预警主要来自外部提示,所以也经常存在处于险境而不自知的情况,风险性较高是其另一大特点和缺点。以"道口贷"为例,该模式就是从众多优质的校友企业中筛选出供应商,并将他们作为承付主体,以获取民营资本的支持从而得以实现融资。"道口贷"平台是清华校友企业间的中介服务机构,并为中小企业提供信用评价,是一种以自身信用为基础,结合企业融资的现实需要,为校友企业提供交易组织服务的贷款模式(谭寒冰等,2020)。

3. 传统产业巨头主导

推动企业改革创新、进行结构调整,致力于推进现代金融和产业体系的大力融合。基于此背景,"产业链金融"应运而生,并流行于各大领域,成为产业发展的重大指引,促进产业链的发展完善,探索在产业背景下发展金融的全新路径,建成持续发展的供应链金融。海尔等国内传统产业巨头都已布局供应链金融业务。例如知名度较高的"海尔金控",利用集团拥有的数据、物流等自有优质资源,聚焦于集团物联网的改造,在大力发展产业的同时为用户提供良好的体验,积累丰富的用户资源,从而为集团的业务发展带来更多的优质客户,实现产业发展和金融发展的双赢(谭寒冰等,2020)。

4. 银行主导

随着互联网的发展,科创金融的身影遍布各行各业。近年来,供应链金融频繁出现在各大银行的发展战略中,只因其是银行占领市场的不二法宝。为促进供应链金融的发展,银行花了大力气,下了大功夫,不断整合优化内部的高质量资源并进行投入,以促进业务项目的快速增长。银行更青睐于选择行业内口碑较好、发展前景广阔、服务质量较高的供应链企业,来提高自身应对风险的能力,减少企业面临风险的概率。银行拥有丰富的人力资源与资格审查经验,在金融活动中更加注重审查各类凭证的真实有效性,从而保证项目的可靠安全,因此,银行主导的供应链金融模式也是行业内的热门选择(张文超,2019)。

(二)"双链联动"拓宽科技型中小企业融资渠道

科创金融与供应链金融有着各自的特点和优势,二者的联动拥有着"1+1>2"的效果,帮助科技型中小企业畅通融资渠道主要可以采用以下方法。

1. 依托新兴技术建设金融服务平台,实现数字化风控

科技型中小企业的融资难问题是行业沉疴,也是制约企业发展的一大重要因素。其中很大一部分原因在于,在传统的融资模式中,由于缺乏认可度较高、信息真实有效的信用评估,从而导致科技型中小企业在申请贷款时常常吃闭门羹,费时费力,融资成功率还不高。当科创金融与供应链金融强强联合时,新兴技术就可以有效串联供应链的各个环节和流程,打造清晰透明、高效可操作的生态系统,汇聚多方综合性信息,消除信息不对称导致的决策盲区。与此同时,汇聚的海量数据还能够建成多维的数据模型,通过对数据进行交叉验证以便更加全面地掌握科技型中小企业的经营情况、信用状况以及偿还债务的能力和实力。企业自身可根据数据模型进行更高效的决策,风险投资企业可以根据数据模型实现数字化风控,更加准确地筛选出有潜力、有前景的科技企业进行投资,降低了投资的成本和风险,开辟了科技型中小企业融资新赛道。

2. 智能匹配供需双方,提供精准金融服务

科创金融与供应链金融联动打造的金融服务平台,利用大数据技术根据用户喜好进行画像,精准推送产品和服务,为银行、保险公司、信托公司等提供准确的价格、风险信息,寻找合适的资产,同时以较低的成本为产业链中的科技型中小企业提供适合的资金服务,进行智能化的投资方和融资需求方匹配,充分满足各方需求,提高融资的效率和准确度。同时,由于实现了精准推送,避免过多的无用功,很大程度上简化了融资流程,大大减少了投融资成本，同时实现了资源的有效配置，在一定程度上解决了科技型中小企业融资难、融资贵、融资慢的问题，实现产业和金融的融合发展。

3. 提供多元化金融产品，推动产业链良性发展

在产业链的上下游，不同类型、处于不同发展阶段的科技型中小企业融资需求丰富多样。科创金融与供应链金融联动打造的金融服务平台以新兴技术为依托，不断创新创立金融产品，使得创业企业能够根据自身的实际需求选择适宜的金融产品，促进自身的发展壮大。比如，为上游供应商提供订单融资等产品，帮助企业迅速获得融资，以解采购、生产方面的燃眉之急，让企业能够正常运转，进行持续的生产和经营。为下游核心企业优化和创新未来货权融资等金融产品，使企业能够顺利获得回款，让现金充分流动，在机会降临时有足够的资金和底气进行市场活动，实现有序、健康的发展。

三、四川省科创金融与供应链金融的协同创新

（一）为科创金融与供应链金融深度融合提供良好的政策环境

四川省供应链金融仍处于发展的起步阶段，尚有诸多问题阻碍了发展的脚步，例如征信数据较少且质量参差不齐、信息没有互联共享、存在道德风险问题等。解决上述问题离不开金融科技政策的助力，通过优化供应链金融中的关键环节和主要业务中的信用评价、风险识别和定价等，可以成功实现提升金融服务覆盖面、金融供需匹配度的目标。

2020年11月底，四川省金融科技学会联合成都多家银行和川投云链公司，在第三届金融科技发展峰会上签约供应链金融实验室合作项目、发布《2020供应链金融白皮书·供应链金融风险与金融科技创新》，从供应链金融风险角度，结合企业实际案例，融合实验团队金融科技风控方案，创造性地为发展地方实体经济提供金融科技服务[①]。

---

① 四川省金融科技学会．《2020供应链金融白皮书·供应链金融风险与金融科技创新》[R/OL]．(2020-11-28)．https：//www.tianfucaijing.com/finance/169083.html．

2022年6月，中国进出口银行四川省分行为提升供应链金融服务质量，提高科技赋能，主动寻求与供应链金融服务平台的深度合作，集中优势资源，为融合产业与金融提供支撑。例如，为十九冶集团的上游供应商提供超1.5亿元资本支持，同时将中国进出口银行的投资资金投入到约50家产业链末端企业，有效地利用科创金融资本促进产业链供应链持续稳步发展。

为促进西部地区的经济社会发展，充分发挥中心城市的引领带动作用，2023年1月，四川省出台相关政策，提出成都和重庆两个西部地区的核心城市要联合起来，共同打造西部金融中心。规定要大力推进区域供应链金融的发展，充分发挥成渝两地大型央企国企、重点和优势企业等核心企业的基座功能，带动两地产业数字化建设，一体化建设风险控制系统，多渠道进行投融资活动，同时积极开发类型丰富的保险产品，为核心企业的又好又快发展募集规模较大的社会资本。同时支持保险行业为物流行业量身定制相关保险，推广各类进出口贸易信用保险。支持各市（州）建设物流金融数据库，与四川省内多个信息平台、国际贸易平台实现信息共享互通[1]。

（二）四川省科创金融与供应链协同创新实践——以成都市撮合拍科技有限公司为例

1. 撮合拍平台基本情况介绍

该平台于2017年7月成立，旨在促进产业链发展，促进西南各地重点产业链提质增效。2018年10月，川投信息产业集团控股，与撮合拍联合成立四川川投云链科技有限公司（简称"川投云链"）。

撮合拍以金融科技为基础，应用区块链、云计算等新兴技术，通过为中小企业提供信贷业务和中介服务，加大对它们的融资支持。自成立以

---

[1] 四川省人民政府. 关于印发四川省贯彻《成渝共建西部金融中心规划》实施方案的通知[R/OL]. （2023-01-09）[2023-01-10]. https：//www.sc.gov.cn/10462/zfwjts/2023/1/10/1879d6f7d1dd4700b80e51fbb4e4579c.shtml.

来，撮合拍与国内多家大型银行开展业务合作，与 10 余家商业银行和保险公司共同开发产品，为自身的发展赢得了雄厚的产品力量支撑。撮合拍的诞生和发展壮大，对解决中小企业融资困难，有效利用核心企业的闲置授信，减少其财务开支，助推实体经济发展，落实普惠金融起到了不可替代的作用。

经过 6 年多的发展，撮合拍已经将业务范围扩大到全国，为国内大型企业、行业龙头企业等核心企业及其产业链上下游的中小企业提供服务，其特色的产品、优质的服务获得了合作对象的一致认可，因此承接到越来越多的业务。

尽管成立时间不长，但在供应链金融业务体系中，撮合拍的表现十分优异，受到了国家层面和金融行业的一致好评。其所属的川投云链公司成为国家级和成都市金融服务机构的成员单位，并荣获信息安全管理、软件著作和开发等多个领域的多项证书。因为其对中小企业的培育取得了显著的成果，2021 年，撮合拍获得了成都市官方的认可。

2. 撮合拍供应链金融服务产品

为实现打造产融结合的供应链的终极目标，撮合拍在普惠金融政策的召唤下，利用金融科技，吸引银行等金融机构成为资金提供方，助力大型企业进行低成本的融资，可以有效节省财务成本；同时让中小企业能够享受核心企业的信用，可以有效降低贷款成本；传统的融资模式存在时间长、流程复杂、贷款额度较小等问题，而撮合拍能够有效解决这些问题，提高企业的融资速度和额度，其主要的金融服务产品有两种：电票智融、商票 IPO。

商业汇票，即票据，是在产业链实际交易中使用最为广泛的支付工具，分为银行承兑汇票和商业承兑汇票，业界通常称之为银票和商票。因开银票需要向银行提前缴纳保证金，因此商票成为现实交易中最常使用的支付方式。但商票依然有其显而易见的缺点：在流转、贴现、质押融资方面存在一定的困难，这是因为银行等金融机构出于风险和运营成本等的考虑，不愿意对其进行贴现或质押融资，即使金融机构愿意，中小企业也难以承受过高的风险补偿成本。这就导致在实际交易中，产业链下游的中小企业常被拒绝使用商票。针对上述问题，撮合拍应用区块链、云计算等金融科技，研发了电票智融、商票IPO，以缓解中小企业的融资困境。

（1）电票智融

电票智融是撮合拍最主要的业务。撮合拍利用金融科技打造创新的金融服务模式，实现标准化运营，服务范围广泛。在供应链金融服务中，其将优质的大型企业、头部企业列入承兑人白名单，为持有承兑人应收账款凭证的供应商提供融资服务。已与建设银行、平安银行等多家金融机构合作，优化了金融机构结构。作为资产服务方，撮合拍的主要任务是寻找目标客户、初步审核风控、撮合意向双方完成交易等，为平台上的中小企业开拓了广阔的融资渠道，帮助其提高融资效率、降低融资成本。

传统的交易模式为先审核后打款，撮合拍优化了传统的数据交易，其流程为先打款、后背书，待签收票据后资金方再解冻资金，大大提升了票据经纪服务的便捷性和安全性。

（2）商票IPO

商票IPO是专为国内机关事业单位、大型企业和上市公司量身定制的解决清欠工作的方案，其主要特点是融资成本低，利用商票进行支付结算。商票IPO的操作流程是平台先了解大型企业的融资情况，将有融资需求的企业列入平台白名单后再发行商票，在进行业务往来时支付给合作企业，以此促进资金的流通，减轻有息负债，缩减财务成本。

前期撮合拍已经和银行等金融机构开展了资金的募集，中小企业入驻平台之后，可以向这些金融机构申请融资，简化了融资的流程，使企业能够在较短的时间内获得融资，节省了获取投资所需要花费的时间和经费，让产业链上的商票更能被广泛接受和有效流通，保持供应链金融圈的良好运转。

3. 新型供应链金融支付方式——川投链信

川投链信是金融科技和供应链金融相融合的产物，在业界通常被称为"E信"，是一种较常使用的金融支付方式，其初代产品是"云信"。当重点优势企业和合作商开启合作后，就会签发"云信"，合作商拿到"云信"后，通常会以自身实际经营状况为基础选择融资，或者拆分"云信"后转让给上游供应商。这表明"云信"可以融资，也可以拆分流转，在解决核心企业难题的同时，也为中小企业创造了全新的融资渠道，是一种有效的账款清理工具。

"川投链信"是撮合拍研发的"E 信"产品，是通过区块链技术打造的一个金融服务平台，是撮合拍与蚂蚁集团合作，在学习借鉴国内先进的"E 信"建设经验之后，结合四川省的实际情况和企业的需求而打造的一款供应链产品。

"链信"是供应链核心企业独特的债务清理工具，也是对中小企业而言方便、快捷、实惠的新型融资方式。在经过长时期的努力后，"链信"模式的表现获得多家银行的认可，与中信银行合作，为四川省范围内的重点行业领域和优势产业提供债务清理服务和融资服务。

4. 票据风险控制

为建设安全、健康、可控的供应链金融环境，撮合拍利用金融科技，研发了一系列能够识别、应对潜在风险的风控产品，为供应链金融交易把好第一道关。

撮合拍为方便中小企业线上融资，利用新兴科技，联合阿里云打造了一个电子合同平台——云链电签，合同的签署、管理和存证都是电子化的线上流程。客户在云链电签上注册和登录必须经过人脸识别和 CFCA 电子认证服务，通过银行级别认证保证客户身份的真实性；同时，蚂蚁区块链存储技术能够为合同提供加密服务，保证合同的可靠真实。

此外，为了减少金融风险，撮合拍独立研发出签票助手和票据鹰眼，签票助手提供两个主要功能：查找历史记录、分析舆情历史风险。根据查找到的相关结果，系统会将历史表现情况不佳的企业列入黑名单。当平台内的其他企业意图与黑名单企业进行合作时，系统就会自动提示风险，提醒企业核实情况，谨慎合作，避免产生不必要的损失。大大降低了金融业务开展的风险，保障了平台内企业的利益，这也是撮合拍平台获得广泛认可的重要依据。

票据鹰眼以央行的系统数据为基础，通过在数据库中进行查询，可以找到历史兑付记录。票据鹰眼收集和整理了这些兑付信息后向平台用户提供这些信息的查询服务。此外，平台还利用大数据技术建立了风险控制模型，实时监控、分析票据交易，并及时披露异常情况，为金融机构和中小企业评估交易风险提供真实有效的参考（吕梅梅，2022）。

四、促进供应链金融健康发展

1. 供应链企业要培养跨界思维

供应链覆盖范围广，发展广阔，联通的信息齐全，多个领域的信息尽在掌握之中。供应链金融的本质是要将金融和技术进行深度融合发展，就需要产业链上的企业转变思维，改变固有印象，朝着利他和跨界的方向发展。银行从业者作为行业发展的专业人士，需要将自身处于金融领域的中心地带去思考问题，厘清产业链上多个主体之间的关系、多个环节之间的衔接，积极地利用新兴技术，不断更新行业理念、开发金融产品；物流行业和互联网行业的工作者也要结合行业发展特点和时代发展需要，不断提升自身综合素质、提高工作效率，齐心协力共促供应链金融可持续发展。

2. 金融科技公司要主动建设数字化平台

论及企业自身所存在的风险，在供应链金融中，并不一定存在"1+1>2"的必然逻辑联系，比如，科技型中小企业、银行等金融机构、物流企业等机构在各自的发展过程中，都或多或少地存在一些不可控制的、未知的风险因素，如果把这些机构置于同一个产业链中，那它们各自所拥有的风险是否会叠加起来形成一个更大、更不可控的风险？答案显然是否定的，与假设相反，企业之间的融合反而会让风险变得可控，让多个风险变成一个的关键契机是数字化平台。这个平台的构建主体是能够提供技术支撑的科技型中小企业，在这个平台上，各个主体各司其职，相互配合，共享资源，保持平台的稳定性和平衡性，汇聚集体力量解决整体风险。同时，还要不断完善风险防控机制的建设，对企业的风险情况进行随时核查、实时监控,及时发现风险、排除风险、解决风险,促进供应链金融的持续健康发展。

3. 促进区块链技术发展

区块链技术在供应链金融中起着两个主要作用:保障信息共享和保证交易真实。这两个功能至关重要,同时也是产业链得以生存和发展的重要基础。首先是区块链技术可以借助金融科技的力量,不断加强自身的建设和发展,构建综合性信息共享平台,同时相关业务也可以在平台上完成。其优势在于在平台上完成的业务会自动生成电子凭证,这也将成为平台的重要数据和企业经营的真实数据。此外,该平台可以提供验证服务,不仅可以查询电子凭证的真实性,还可以同时查询其他经营活动的情况。其次是区块链技术还自带保密功能,能够保证平台的真实有效信息不被恶意删除和改动,以保留大量真实可取的证据,让各方主体可以安心交易,促进贸易活动的顺利开展。

第三节 科创金融与资本市场融资协同机制创新

缺乏资本市场支持是当前四川省科创金融存在的主要问题,其直接融资潜力尚未得到充分发挥。主要原因有两个。一是四川省高新技术企业的发展具有优势,但省内的科技企业仍将银行作为融资的首要选择,缺少市场化资本的投入。二是省内上市公司数量少,且存在发行的公司债和企业债规模不够大、数量较少、交易不够活跃等问题,导致债券融资表现欠佳。

要解决上述问题,应该加强思考,提出切实可行的工作思路。立足资本市场,结合当地科创金融发展实际情况,不断开发、探寻新的融资路径;在相关政策的指引下,牢牢把握自贸试验区发展契机,支持优质本土企业海外上市,同时吸引外资投入本土企业,走出去与引进来充分结合;扶持、规范中介机构健康发展,提供高质量的科创金融服务体系;开阔研发思路,丰富科创金融产品等。

第五章 科创金融支持四川省创新驱动发展机制创新问题研究

一、建设具备区域辐射力的金融市场体系

(一) 建设完善多层次资本市场体系

近年来，四川省级政府部门加快推进企业的上市挂牌，为拟上市中小企业充分积累各方资源，鼓励已经上市的公司充分发挥自身特色和发展优势，吸引更多的投资，进行资本市场资源的整合优化，鼓励科技型中小企业进行重组，实现强强联合，把优势资源集中起来办好大企业、好企业；出台政策激励科技企业发行上市，通过资产支持证券等直接融资工具进行融资活动；积极发展政府引导基金，用于支持省内重点行业、优势产业，大型国企央企、科技支行的发展壮大；建立和完善相应的股权交易市场，为还未上市但有上市计划的科技企业提供股权交易的场所和机会；充分发挥四川省内金融智库的作用，研究天使投资发展相关的制度政策，以政策为指导，吸引更多投资者加入天使投资者队伍，并做好培育和管理工作；充分发挥多层次资本市场为科技型企业直接融资的功能，支持科创型企业发行债券并不断扩大发行规模；同时丰富科创型企业的上市渠道，鼓励更多企业上市，此外，联合银行等金融机构，为科创型企业融资提供信贷支持，鼓励它们开展再融资和并购融资。

成都市人民政府联合多家省级政府部门，争取让北京证券交易所落地成都，设立区域性基地，促进沪、深等地的证券交易所西部基地不断创新；提供投融资基地，为四川省内企业的上市进行孵化培育，使成都成为西部地区的股交服务基地[①]。

(二) 推动基金为实体经济提供服务

科创金融发展过程中，政府财政资金常常起着重要的引导作用，财政资金的引导也更好地激发基金的作用，主要体现在招商引资、支持科创金

---

① 四川省人民政府. 关于印发四川省贯彻《成渝共建西部金融中心规划》实施方案的通知 [R/OL]. (2023-01-09) [2023-01-10]. https：//www.sc.gov.cn/10462/zfwjts/2023/1/10/1879d6f7d1dd4700b80e51fbb4e4579c.shtml.

融领域重大项目落地方面。同时，也要充分发挥市场的作用，以市场化方式建设成立科创基金和产业基金，支持股权投资机构发展，为有意愿、有资本、有经验的金融机构和个人提供进入天使投资和创业投资的机会，支持技术并购基金等基金对实体经济发挥支撑作用，在四川省范围内扩大私募基金的范围和规模，为私募基金提供优质服务并支持其退出。

（三）充分发挥保险市场功能

以国家政策为规范，以市场需求为动力，引导保险公司不断创新，开发科技保险类的保险产品与服务。重视保险业机构在融资方面的重要作用，引导保险行业涉足科创金融领域，为科技型中小企业提供担保、融资等信贷支持，持续推动"险资入川"，并充分发挥其对企业的融资作用，创新融资对接机制，强化保险行业对金融领域和高新技术企业的重大战略和重点项目的融资支持。

（四）探索投、贷、债联动多元化试点

充分发挥四川省内多个城市科学城的基地作用，开展科创金融先行先试。同时鼓励四川省内科创金融发达城市做好典型榜样，支持成都联合其他地市申建国家级科创金融改革试验区，重视银行在金融领域的重要地位，鼓励其专门设立科创金融处室，提高服务的专业性，同时加强科技支行的建设与发展，为科技型企业的融资提供更好的服务。探索投、贷、债联动，以推动融资服务模式的创新。开发新型金融产品，助力科技型中小企业的发展壮大，让更多科技型企业能够实现融资目标，解决融资难、融资贵等难题。

（五）吸引民间资本投资创新创业载体

要吸引民间资本对科技型企业发展的投资，就要重视创投引导基金的杠杆作用，以此为支点，可以成倍撬动民间资本。同时要重视创业种子基金、创业投资风险补偿资金的作用，吸引民间资本在科技型企业的种子期和初创期加大投资力度。充分发挥天使投资的重要引导作用，让科技型中小企业更多吸纳民间资本。成都已在探索建立科技成果转化引导基金，通

过风险补偿和绩效奖励等措施,支持社会资本参与到科技成果转化中来,总体而言,政府引导基金应该朝着成熟化方向发展,促进其向规模化、市场化运作机制转型,建立支持科技型企业创新发展的长效运行机制。

(六) 共建"一带一路"金融服务中心,建设内陆金融开放体系

重视"一带一路"共建国家在金融领域的发展潜力,支持科技型企业在"一带一路"共建国家进行金融活动,推动建设金融服务平台,支持省内科技型企业走向海外。支持成都成立专门的金融研究机构,如建成成都创新金融研究院,同时加强与沿途国家的科创金融合作,学习其他国家在科创金融领域的先进经验,实现资源共享,共同抵御金融风险。在遵守法律法规的前提下,允许跨国集团在成都成立全球资金管理中心等资管中心和财务公司①。

支持四川省内科创金融行业内的融资租赁企业通过合法方式扩展融资渠道,将在国内不能被满足的融资需求转移到境外。支持相关机构在东盟国家取得业务牌照资格,允许它们在法律的许可下争取在境外实现上市、发行债券的目标。

(七) 大力引进外资金融机构

在相关政策法规的许可下,成都市支持外资进入,现已争取到我国港澳地区和韩国、日本等国家的多个大型银行和证券交易所落户成都,通过积极引进境外资本,不断壮大成都的资本市场,为成都市以及其他市(州)的科技型中小企业提供高质量的融资和担保服务,解决其融资困境,让它们利用外资发展壮大,并在此基础上积极上市,以获取新的更多、更为优质的融资。

---

① 四川省人民政府. 关于印发四川省贯彻《成渝共建西部金融中心规划》实施方案的通知[R/OL]. (2023-01-09) [2023-01-10]. https://www.sc.gov.cn/10462/zfwjts/2023/1/10/1879d6f7d1dd4700b80e51fbb4e4579c.shtml.

二、建设科创金融服务平台，支持科创企业直接融资

（一）优化科创金融服务体系

四川省在全省范围内不断优化科创金融服务体系，打造了30余个市县级服务机构，建成了"1+1+2+N"的科创金融服务体系。该体系的主要作用具体表现在如下四个方面：一是促进科创金融顶层设计，做好统筹规划；二是建立完善科创金融服务体系，助力企业实现融资目标；三是大力激发政府引导基金功能，吸引民间资本参与科创金融融资；四是建立健全相关扶持资助政策，缓解全省科技企业发展困境。

为了最大限度实现政府引导基金功能，四川省近年来不断推进"双创"基金的发展壮大，2019年，四川双创基金被中国风投委评为年度中国最佳政府引导基金前50名。同时在科技成果转化方面，也加大了基金、资金募集力度，并为科技项目积极争取投资。2023年，川发引导基金位列年度中国国资投资机构50强榜单。该基金投资总金额超过4亿元，投资项目共计20余个，支持培育约20家国家级高新技术企业，积极引导民间资本投资科技型企业，共为20余家科技型中小企业带来社会资本融资。为帮助四川省科技型企业解决发展难题，尽力减轻市场造成的影响，针对科技型企业融资难、融资贵问题，不断降低融资门槛和融资成本，并积极探索科创金融结合新模式，加强技术、资本、市场和产品融合。

（二）开发科创金融服务产品，激发企业创新创业活力

2014年，为给四川省内的科技型企业提供更好的金融服务，成都开发了"科创贷"系列产品，以此为基础，2021年创新开发了"人才贷""研发贷""成果贷"等一系列金融产品，为科技型企业提供更为精准的贷款产品。截至2023年1月，"天府科创贷"引导13家商业银行共计发放超过60亿元的贷款，支持四川省内近20个市（州）的600家科技型中小企业的融资活动。此外，双创基金、科转基金、院士基金等6支政府引导基金

也在积极发挥作用,投资额共计 30 余亿元,投资项目约 170 个,孵化培育 2 家企业挂牌上市。

(三)打造"科创通"金融服务平台,整合科创资源

2015 年,成都科技创新创业服务平台——"科创通"正式上线,该平台以服务科技型小微企业为宗旨,采取线上线下相结合的模式,为科技型企业提供专业化的服务以及创新创业云孵化平台。"科创通"为行业内企业送来"及时雨",获得了业界的一致好评,收获了科技版"天猫商城"的美誉。它注重科创金融领域的"产学研",整合资本、科研机构、企业、高校等领域的资源后进行再优化配置,在科创金融领域强化对科技型中小企业的全面、精准扶持。已有近 9 000 家科技型中小企业、超 4 万家双创企业团队入驻"科创通"平台,促进各类项目成果转化近 5 000 项,鼓励和支持 20 多家企业上市。2021 年,国务院对"科创通"金融服务平台的典型经验做法进行了通报表扬,肯定了其对激发企业创新创业活力方面做出的巨大贡献。

三、推动科创金融链融合,实现科技企业与资本市场对接

2020 年 8 月,《四川省深入推进全面创新改革试验实施方案》发布,该方案明确指出,要充分发挥天府(四川)联合股权交易中心的平台作用,设立科技创新专板。此外,还特别强调要为实体经济提供金融服务,同时拓宽科技型企业的融资渠道。充分发挥资本市场的力量助力科技型企业发展壮大。

科技创新专板的服务对象是科技型中小企业,主要功能是提供证券发行、股权估值、交易转让等金融服务以及投融资对接,于 2021 年 9 月开板运营,已帮助四川聚能滤材有限公司等首批 10 家公司成功挂牌上市。约一年后,《四川省"十四五"高新技术产业发展规划(2021—2025 年)》发布,其在科创金融服务专题里再次提到科技创新专板的建设与发展,要求大力推广并充分发挥"金融顾问"的作用,加快促进科小贷提质升级,探索科创金融多种合作模式,努力提高科技企业融资服务质量,拓宽和畅通科技型企业融资渠道。

为拓宽和畅通科技型企业融资渠道，天府股交中心主要通过三项业务创新模式，为四川省和西藏自治区的科创企业提供服务：开发"天府小微科创债"，为解决因缺乏有效抵押物，科创企业而面临融资难、贵、慢等问题；私募发行股票，帮助科创企业直接融资；股权交易转让。

（一）天府新四板：科技企业与资本市场对接平台

天府新四板是四川省和西藏自治区两地区域性的股权市场，也是一个私募证券交易场所，由天府股交中心运营，与北京、上海、深圳等多个城市的证券交易所、新三板联动发展，联合组成国内多层次资本市场，是四川省和西藏自治区两地非上市科技企业对接资本市场的重要方式，提供挂牌宣传、股票和债券发行、股权估值、帮助贷款等业务，以及为拟上市企业提供培育孵化、投融资等服务，两省的各级地方政府以此为平台落实中小企业帮扶政策，中小微企业得以发展壮大。

其具体的操作流程为，川藏两地中小微企业向天府股交中心提出申请，待审核通过之后，可以在科创金融板、社会企业板等六大板块挂牌，享受天府新四板提供的挂牌宣传、股票和债券发行、股权估值、协办贷款等资本市场服务，拟上市企业还能得到诊断评估、培育孵化、投融资对接等服务，依托资本市场的力量，让自己做得更优、更强、更大。

在天府新四板挂牌的中小微企业能够获得以下助力：一是被赋予证券代码，可大幅度提高品牌价值，扩大企业知名度；二是获得政府财政补贴等政策扶持，丰富企业发展壮大的资本；三是对接多层次资本市场，有助于摆脱融资困境，提升融资能力；四是优化企业内部治理结构，建立健全现代化企业管理制度；五是获得拟上市支持，获取到京、沪、深证券交易所挂牌上市的良机。

天府新四板和天府股交社会企业板是天府股交中心的创新成果，自设立和运营以来就备受关注，是四川省探索中小微企业对接多层次资本市场的力作，在全国属于"首创"。截至2022年底，有超过10943家企业到天府新四板挂牌展示，并且源源不断有新的中小企业在天府新四板申请挂牌。

1. 科创金融板：助力企业挂牌融资上市

天府新四板共有 6 大重点特色板块，科创金融板是其中之一。这是天府新四板为了更好地服务科技型企业，在企业挂牌服务中专门设立的板块。科创金融板的企业挂牌是指利用在天府股交设立的平台，通过各种方式募集各种社会资本，同时开发融资类型的金融产品，为助力科技型中小企业进行融资活动提供资金支持、信用担保等服务，为拟上市的企业提供孵化培育等服务，从而促使科技型企业不断发展壮大。科技型中小企业通过"企业挂牌"，成功与资本市场对接，获得资本市场的入场券，相当于获得了参与资本市场相关活动的资格，也是其发展壮大的基础。

2. 社会企业板：探索引导资本促进共同富裕

社会企业板于 2022 年 7 月在天府股交中心开板，作为四川省重要的金融基础设施，天府股交中心自 2016 年以来进行了重大改革，现已建成企业挂牌展示、结算支付业务、债股联动投融资、证券登记托管、拟上市辅导孵化等一系列金融服务体系，在建设四川省区域性股权市场方面实绩突出。

近年来，天府股交中心致力于寻求"社会企业+金融"融合发展新道路，搭建具有中国特色的公益金融平台，为推动西部地区实现共同富裕作出了不可忽视的贡献，社会企业板作为其中的重要载体，能够帮助挂牌企业在资本市场中找到有意向、有实力的战略投资人，获得向上向善发展的不竭动力，同时平台内的金融和中介机构借力平台，以创新解决社会问题为主要目标，不断提升专业化的服务能力，对中小微企业的发展壮大发挥了重要作用。

3. 科技创新专板：拟上市专板

科技创新专板是天府股交中心为四川省和西藏自治区两地的科技型中小企业提供资本和金融服务的专板，简称科创专板，是天府股交中心为了满足科技型企业的上市需求，特别在天府新四板提供的科技型企业拟上市专板。其特别之处在于该专板除了提供证券发行、交易转让、股权估值等其他板块皆有的企业融资服务外，还为科技型中小企业提供拟上市培育孵化服务，邀请专业机构和行业内的专家和高端人才进行上市专业指导，通过提供资本运作、法人治理、企业综合管理、拟上市规划等一系列金融服务手段，推动科技型企业获得融资、优化发展模式，帮助其走出西南，在京沪深甚至境外证券交易所上市。

（二）川渝地区协同发展，推动科技链和金融链有机结合

2023年6月，从中央层面到四川省，都安排部署了一项科创金融领域的重大任务：推动创新链、产业链、资金链、人才链深度融合。为贯彻落实这一战略部署，推动"科技—产业—金融"链路良性循环，四川省科学技术厅联合其他8个省级部门制定《关于促进科技金融"投—贷—服"融合发展的实施意见》，包括6个部分，围绕打造两个中心、一个先行区、一个增长极，提出了总体要求和保障措施，提出了"投—贷—服"融合发展的具体任务举措。

为打造川渝科创金融创新共同体，四川省、重庆市联合拓宽科技企业直接融资道路，为两地进行地区间的股权市场交流协作搭建平台，不断发现发展两地优质科技型企业，将发展重点放在发展新兴和高新技术产业上，充分发挥股交中心的培育孵化作用，助力科技型企业与多层次资本市场成功对接，为两地的科技型企业提供优质的融资服务和拟上市服务。

为帮助科技型企业创新性发现，实现上市可能，专门开展"活水育苗"行动，要做优、做强、做大天府股交中心天府新四板的两大科技专板——"科创金融板""科技创新专板"，不断优化两大专板的资本市场服务功能，推动建设信息化投融资平台，为科技型中小企业提供更好的融资服务，同时充分发挥科创金融板的融资功能，通过企业挂牌、宣传展示、培训辅导等服务，支持和指导科技型企业挂牌融资，最终实现上市目标。

为提高成渝两地区域协调发展的水平，打造全国范围内的科创金融发展增长极，两地进行地区间的股权市场交流协作，畅通科技企业直接融资渠道，提高融资质量，联合起来为两地的科技型企业提供更为便捷优质的融资服务。为给两地有合作意向的科技型企业和项目以及金融资源搭建能够成功对接的桥梁，两地协同举办形式多样、内容丰富的科创金融对接活

动。为成功打造全国性的创新资本集聚中心，天府股交中心不断加强与全国范围内特别是京沪深等地区证券交易所的有机联系，同时持续建设科创金融板、科技创新专板等，支持鼓励银行等金融服务机构以及社会资本在多个债券市场探索性发行形式多样的创新创业类债券。

四、银行投贷联动，科技与金融结合的有效探索

为推动地区创新性发展，深入落实创新驱动发展战略，四川省在建立健全金融创新体制机制方面进行了持续有效的探索，在促进科技与金融的有机结合、开展投贷联动业务上取得了一定成效。投贷联动在中小企业的信贷活动中应用广泛，是一种将股权投资和银行信贷结合起来的联动融资模式，其内涵在于商业银行与各类资本进行深度合作，在投资机构对企业展开全面深刻的评估和一定程度的投资之后，商业银行再介入其中，采取"股权+债权"的模式，对企业进行投资。比如，投资基金在资本市场进行筛选之后选择一家企业进行股权投资，银行根据自身实际情况和对企业的评估再投入一部分贷款。此种业务模式的主要优势体现在，不仅能够有效降低传统金融业务支持企业发展模式背后收益的不确定性和高风险性，还能帮助商业银行获得利润，激发其投资主动性和积极性，以帮助中小微企业获得更多的融资金额。

在投贷联动的模式中，有专门为高新科技企业提供融资服务的商业银行，这类银行在国内通常被称作科技银行。科技银行与普通商业银行有着较大的差别，二者拥有不同的贷款客户和依据。商业银行进行投资活动，即发放贷款的依据主要有三个——流动性、安全性和效益性，科技银行则与之相反，风险投资是其投资首选。

2009年1月，成都银行科技支行落地，作为国内首家科技支行，其在支持科创金融发展方面取得了一定的成效和良好的带头作用。从诞生第一家科技银行以来，四川省大力扶持各市（州）建设科技银行服务平台，通过注入财政资金、出台科技信贷优惠政策等措施，激活省内各地区创建科技银行的积极性，促进了地区科创金融的发展。同时建立健全科技贷款风

险补偿机制，为科技银行吃下"定心丸"，优化发展科技贷款的担保机制，为科技型企业打开征信之门，提高融资的成功率。在此基础上，成都高新区"梯级融资"模式已在四川省范围内得到广泛推广，绵阳、自贡、乐山等城市已开启对该模式的学习借鉴和推广运用。

截至2022年末，四川省内已有14家科创金融专营机构，13家科技支行，共发放近150亿元贷款，支持1 000多家科技型中小企业融资，贷款余额超过1 600亿元，累计科技保险金额近1 400亿元，科技保险保障补偿资金近900亿元。

第四节 科创金融支撑四川省创新驱动发展机制创新路径

为更好地解决科创金融发展中存在的问题，推动科创金融成为四川省创新驱动发展的战略支撑，本节从政府、银行、人才、政策等四个维度探讨科创金融支撑四川省创新驱动发展的机制创新路径。

一、强化政府作用，建立科创金融政策体系

政策对科创金融发展的支撑、引领、引导作用已经无需赘言，近年来，四川省积极贯彻落实国家法律法规，并结合地方实际，出台了一系列有利于科创金融发展的地方性政策法规。良好的制度建设需要高质量的组织来推动。首先，应该充分发挥政府部门对出台科创金融政策体系的指挥作用，省级部门应该有序开展政策制定工作，在此基础上强化对政策的贯彻落实，加强监督管理，良好的政策落到实处才能最大化发挥其效用。其次，要加强区域之间的联动，在尊重地方实际的前提下加强合作，统一标准和评价体系，科创金融发达的城市要善于总结经验，汇编成功案例，进行经验推广，重点突出成都在省内科创金融产业发展中的领军地位和榜样力量，将其他市（州）科创金融发展方向、发展目标、发展路径相融合；科创金融发展相对落后的地方应该主动加强学习，不断反思不足并提出行

之有效的改进措施。为实现科创金融服务促进科技实体发展的目标,应以政府推动为主导,结合各市(州)产业结构实际状况进行,各市(州)齐心协力促进四川省科创金融的创新发展,从而促进地方经济社会的持续健康发展。

政府对科创金融发展的推动作用,主要表现在完善发展相关机制和拨付专项资金两个方面。在目前四川省内的科创金融发展过程中,银行承担了绝大部分贷款资金,可以适度强化财政的引领作用,吸引更多社会资本投入到科创金融的发展之中,解决科技型中小企业的融资难题。

1. 重视科创金融政策的引领作用

整理分析近年来四川省印发的科创金融政策及其实施成效,可以得知,行业内的相关法律法规政策对科技创新发展进步起到了有力的促进作用。但新的问题是,科创金融的内生驱动力使整个行业不断发展进步,如何在此背景下出台符合科创金融创新发展的支持政策,如何建立健全行之有效、与科创金融创新发展相匹配的配套扶持政策,以及相关的行业规范和行业道德、行业自律等问题,需要政府部门的重视和强有力的管控。

2. 更新财政资金对科技创新的投入方式

财政资金对科技型中小企业的支持,主要有两种方式。一种是比较传统的方式,即直接拨款,这种方式简单直接,但是财政拨款毕竟规模有限,并不能完全满足科技型中小企业的融资需求,因此其扶持效果有限。所以应在传统的财政支持方式之外,开展第二种扶持模式,即以财政资金为基础,设立政府引导资金,吸引大量民间资金加入,同时开发新的基金产品,帮助科技型中小企业顺利完成融资目标。

以成都市为例,此前成都市开展早期创业团队的孵化培育项目,对创新创业年限达到1年以上的科创金融团队,经过市内的金融科技专家审核认定之后,发放一次性创业奖励3万元。

3. 提高科技型中小企业信用水平

科技型中小企业能够顺利进行融资活动的一个重要基础就是其良好的企业信用,因此,为了保证科技型中小企业能够实现融资目标,着力提高其信用水平，同时助力社会诚信体系的建设，成都市已出台相关规定，鼓励以银行为主导的金融机构联合起来，建立相关机制，对金融科技企业实行联合授信和共保，符合相关规定的金融科技企业在通过评估审核后可以获得融资担保服务，按融资担保额的5‰给予最高50万元的奖励。

总而言之，为促进四川省科创金融的创新发展，首先就要充分发挥政府作用，政府作为政策制定者，可以引导多种类型的公共资源投入到四川省科创金融的协同发展之中。其次要加大对重大项目的投入，产生示范效应和榜样作用，同时加强对中小型科技企业的扶持力度，大小联动、各市（州）协同，进而实现全省科创金融产业的协同健康发展。最后，地方政府要建立较为完善的规章制度，加强对金融领域的监管，看得见的手和看不见的手相结合，两者都要充分发挥作用，预防、排除地方金融风险隐患。

二、以银行为切入点，缓解科技企业融资难问题

在全国范围内，因自身的资本实力和人才优势，银行始终能够大力推动当地的科创金融发展。四川省也不例外，银行等金融机构能够为本地的高科技企业提供贷款业务和融资业务，是科创金融发展的主要金融信贷力量，为其提供着金融服务。但是，四川省还存在地区经济社会发展不平衡的情况，部分市（州）发展较为缓慢和滞后，经济基础较差，与之相对应的是当地的科技型企业发展情况也不太乐观，存在规模小、融资难、创新滞后的情况。同时，当地的银行缺乏自身的特色产品，也会阻碍当地科创金融的发展。

1. 建立专业科创金融机构

地方政府应该指导银行建立专业性、针对性的机构，来完善地区科创金融发展需要的信贷规定，为金融科技企业提供可行的贷款业务。

科技银行与商业银行都是营利性机构，在运营方面大同小异，二者的主要区别在于为科创金融提供的服务上。因此，相关部门可以通过探索丰富的股权结构模式和服务方式，以促进科技型中小企业的健康发展，从而

为科创金融领域的发展奠定良好的基础（黄辰，2021）。成都市已成立金融科技技术专家组，设在成都市金融发展促进中心，负责引入国内外技术专家，组织研讨交流、按年度发布行业研究报告、开展金融科技企业认定和奖励评审等工作。

2. 丰富贷款产品的多样性

传统的金融产品已经日渐落后，跟不上时代发展的脚步，更加不能与飞速发展的科创金融相匹配。探索开发与时代同步、与科创金融发展相匹配的金融产品已经迫在眉睫。以成都市为例，近年来通过各种方式吸引银行、保险机构、担保公司等参与到金融产品的开发中来，通过调动它们的积极性不断更新金融产品，推出如"科创保""科创投""壮大贷""科创贷""成长贷"等科创金融服务产品，为科技型中小企业提供了较为全面的融资服务。在相关政策的指导规范下，成都市金融监管局联合相关部门及金融机构、科创金融创新创业公司，常态化开展金融科技新品推介会、博览会等。

3. 优化重组授信结构，运行"投贷联动"项目

融资难、贷款难是省内众多中小型科技企业面临的一大发展难题，通常来说它们很难获得足量的贷款和融资来解决自身的发展问题，在很多市（州），当地的多数中小型科技企业身处艰难求生的境地，它们所有的贷款额相加也难以达到地区贷款额的半数，中小型企业的贷款向来占比很小，这不利于科技型企业的发展，也将阻碍金融领域和地方经济社会的发展。

为促进四川省创新驱动发展，从而带动整个西部地区发展，应在政策的指导下从银行找到突破口，创新"投贷联动"业务。一要参照四川省前期建设科技支行的经验，促进机关单位与银行的通力合作，在各市（州）建立新的科技支行。四川省当前共建有13家科技银行，但这远远不够，还应持续推进工作或成立新的科技银行，以更好解决科技型企业融资难题。二要学习借鉴其他地区先进经验，推动四川省内"投贷联动"试点工作。在毗邻的陕西省，西安市已获批成为国内"投贷联动"试点区域，西安高新区已经开展"投贷联动"试点业务，在信贷管理、风险容忍等方面积累了经验,取得了良好的成果,四川省应该以此为参考,推动"投贷联动"工作的开展。

三、壮大科创金融人才力量

1. 培养有科创金融素质的从业人员

发展有竞争力的科创金融体系,离不开人才队伍的建设,人是促进发展的重要力量。为大力发展四川省的科创金融产业,应该重点培养一批业务能力强、综合素质高的从业人员,充实本地的建设力量。当前,四川省内科创金融工作人员可能因阅历、见识等的限制,存在较大的有限理性约束,这在一定程度上会阻碍科创金融发展。因此,各市(州)要重视科创金融专业知识的培训,使相关人员对科创金融工作的了解更为深入,尤其是对科创金融产业推动地区经济社会发展的重要意义要有更深刻的认识。

科创金融发展过程中,各市(州)政府主管机构可以因地制宜开设培训课程、举办讲座和专题研修班等,为从业人员搭建技能培训和交流平台,通过"单位—单位""单位—人""人—人"相互间分享管理和研究经验,持续提升其工作效率和业务水平,以提高从业人员的高质量专业素养,促进地区科创金融产业高质量发展。

2. 建立健全人才引进机制

对人才资源的利用,不应该仅仅停留在地方层面,而应该开阔视野,提高站位,充分利用好本地人才资源的同时,也要吸引留住外来人才。因此,对人才的引进就变得十分重要。目前四川省内的人才引进机制还十分单一,人才引进的相关政策也十分缺乏,人才吸引力远远不够,不足以为省内的科创金融发展引进足够的高质量人才。

对此,应建立高端人才引进机制,吸引外省外国专业能力较强、综合素质较高的科创金融人才来到四川、留在四川,为四川省内的科创金融发展补充新鲜血液。比如,设立科技创新基金,目前院士基金已经成功为四川省引进相当数量的两院院士。此外,还应制定相应的奖励机制,为来四川省的科创金融人才提供与之能力、实力、贡献相匹配的奖励,激发人才的创新创造活力，以更好地发展科创金融产业。成都市已在这方面积累了经验，对在全市范围内创业执业、符合相关条件的金融科技专业人才，适用《成都市引进培育交子金融人才实施办法》中关于相关人才激励政策的规定，其他市（州）可对此经验进行学习借鉴。

3. 搭建科创金融人才交流渠道

分析四川省内的科创金融产业发展现状可知，其主要是由各级地方政府在统筹规划，造成各地区的科创金融人才通常只能在当地的范围内活动，没有一个可供他们与其他地市科创金融人才进行交流学习的媒介。省级政府部门应该对此作出详细具体的规定，在全省范围内建设一个交流平台，在这个平台上，科创金融人才可以就专业知识进行学习讨论，在遇到自己不能理解和解决的问题时可以通过平台向其他人请教学习。此外，政府还应该派专人来管理平台，比如定期或者不定期地举办线上线下讲座，以供专业人才学习，同时为人才做好服务工作，比如可以作为他们的联络中介，当他们遇到技术难题时，可以为其寻找专人答疑解惑等。

4. 发展和完善科创金融人才的激励机制、集聚政策

依托"天府峨眉计划""天府青城计划"等省内知名度较高的人才计划，完善高端人才集聚政策，吸引一批具有开阔的全球视野和较强的创新意识的国内外高端科创金融人才认识四川、来到四川、留在四川，为四川省的科创金融发展作出贡献。举办较高水平的天府金融论坛、高层次人才创新创业金融资本对接会等专题论坛、会议，使人才链、创新链、资金链能够有效运转和有机衔接，同时鼓励、吸引四川省内外金融机构在四川省设立培训中心，为本地科创金融人才提供学习平台。以成都为基地，建成西部金融中心高端智库，为四川省科创金融的发展提供智库力量。

四、出台相关政策，解决科创金融支持力度不足的问题

风险程度较高、不确定性较强，是四川省内科技创新存在的主要问题，诸多科技型中小企业会因此被投资方拒绝，投资者通常不会看好一个风险极高而发展前景未知的项目。在遇到此类融资问题时，政策优势就会

显现出来。要突出地方政府的支持引领作用，除了直接的财政拨款支持，还可以利用财政拨款成立科技基金，引导社会对科技型中小企业的关注和投入。

1. 发挥创业板的桥梁作用

科技型企业的发展具有一定的滞后性，其发展成效并不是立竿见影的，也许可能在一段时期内发展都非常缓慢，看不到任何值得期待的发展前景。这类企业往往是风险投资首先拒绝的，此时就应该充分发挥创业板的融资作用，帮助发展滞后的科技型中小企业上市。

2. 扶持企业到"新三板"挂牌

从资本市场中筛选出具有广阔发展前景和潜力的科技创业企业，帮助其在证券交易所、"新三板"、股权交易中心等平台上市、挂牌。突出区域优势，给予符合条件的创业企业一定的扶持，资助其赴海外地区发行人民币债券或者上市。同时帮助科技型中小企业发行债券进行融资。

3. 充分发挥股权市场的作用

市场具有强烈的自发性，尤其是风险性本来就很高的资本市场。在此种大背景下，政府部门的监督管理就显得尤为重要，能够维持资本市场的良好秩序，保障市场的平稳运行。此时就可以借助地区股权市场，在其中查询企业的相关信息，不仅能够帮助企业完成转让转板目标，也有利于政府部门实现对市场的监管。

第六章　科创金融支持四川省创新驱动发展路径优化研究

前述研究主要从科创金融资源配置的"宏观政策制度（第二、三章）、中观区域产业发展（第四章）、微观市场机制（第五章）"不同维度切入，以科创金融支撑四川省创新驱动发展的"产业—金融"投融资结构匹配、科创金融资源集聚及制度环境建设、科创金融资源的区域配置效率评价、科创金融资源配置机制创新四方面为主要研究内容，较为系统地阐释了四川省科创金融资源配置所面临的体制机制问题。

基于前述研究，本章进一步地综合四川省等11个省市前两批全面创新改革试验的科创金融资源配置试点成果[①]，借鉴长三角（包含上海等五省市）、北京中关村、山东济南等地开展的科创金融专项试点新成果，紧扣成渝共建西部金融中心有关科创金融的规划，探索科创金融支持四川省创新驱动发展路径优化。主要内容包含：宏观制度供给优化路径是增进科创金融政策与"5+1"等高科技集中度高的工业制造业产业政策的协同性；中观区域和科技产业发展的重点在于厘清"市场—政府"资源配置边界，培育四川省科创金融主体及资本业态的多样性；微观层面提升科技企业的经营能力与治理水平、理顺科创金融资源配置的市场机制与科创金融产品供需关系。

前述三方面的路径优化，都需要有一个能保障科创金融健康运行的正

---

① 四川省、上海市、北京市入选首批8个全面创新改革试点省市；浙江省、江苏省、重庆市入选第二批全面创新改革试点省市。科创金融是全面创新改革试验的重大课题，此后国内在北京、上海、山东等地专门就科创金融开展试点。

式及非正式制度基础。鉴于此，本章在最后重点介绍了科创金融服务与制度环境建设同步促进四川省创新驱动发展的路径。以上内容均围绕如何发挥"市场—政府"作用改善四川省科创金融资源配置效率展开。本章内容可以为四川省明确科创金融供给侧结构性改革的重点，以及如何在市场化法治化轨道上推进四川省科创金融创新发展提供理论参考。

一、科创金融投融资政策与四川省科技产业政策协调配合路径优化

（一）紧扣四川省科技产业发展，推进科创金融供给侧结构性改革

基于第一章文献回顾和第五章的事实例证可以发现，高科技产业具有信息不对称、长周期、专用资源投入量大的内生性特征，常常会带来严峻的融资约束，这已演变为一个世界性难题。但是，如何有效破解该难题则需要因地制宜，立足本土具体情况深化科创金融供给侧结构性改革。

在我国供给侧结构性改革进程中，促进高科技产业发展的主体涵盖各级政府产业主管部门、财政税收部门、金融监管部门，以及金融机构、科技企业、科技中介服务机构等市场主体。在我国供给主导型制度变迁中，政府机构一般会成为中间扩散性制度变迁的初级行动方[①]，各政府机构间亦面临信息不对称和利益冲突问题，制度供给常常很难形成"拳头效应"。为了降低制度性交易成本，四川省在"十三五"期间专门成立了四川省促进中小企业发展工作领导小组，科技厅和省地方金融监督管理局牵头9家单位成立四川省科创金融工作联席会。

我们认为下一步可以继续强化科创金融领导小组的政府资源聚集效应，围绕工业"5+1"等重点产业链布局资金链，借鉴其他国家以政策性金融为主导的科创金融服务体系，学习借鉴第二章介绍的可比省市发展产业链金融、供应链金融时设立"产业链主"和"金融链主"的创新举措，

[①] 我国金融制度供给具有自上而下的特点，金融管理属于中央的事权。但是四川省属于我国全面创新改革试验区，还具有国家自主创新示范区、自由贸易试验区等科创金融试点资格，这意味着四川省具有"中间扩散型"制度变迁主体的资格。

借鉴知识产权金融 ABS 等试验成果，促进四川省科技型财政金融与高科技产业发展深度融合。目前，国内科创金融方面专业的综合性政策性金融机构较稀缺，四川省作为全面创新改革的试点省份，可以就此领域先行先试，探索新的科创金融支持创新驱动发展的"四川经验"。

财政金融要围绕促进川渝协同打造西部科技创新中心、西部金融中心，实现现代产业体系高端化、高科技自立自强等目标，着重在政策性科创金融、产融结合等领域发力。其一，结合第四章的效率评价，围绕四川省工业"5+1"重点产业链在全省 21 个市（州）科学布局母基金和子基金群。由地方财政发起产业引导母基金，在纵向上按产业链的发展布局子基金群，在横向上按产业生命周期设立创业子基金、科技成果转化子基金、知识产权子基金、产业化市场化子基金等，发挥财政资金的引导作用。同时要加大各类政策性金融股权基金的引入，与高科技产业引导基金形成互补。其二，试点科技银行 AIC、AMC、理财子公司与 VC 机构合作参与产业链金融，形成"股权+债权"联动服务模式。其三，鼓励四川省实力较强的链主企业设立 CVC 型风险投资组织，同政府高科技产业引导基金 GVC 合作，担纲联合 GP，推动四川省产业链、供应链金融发展，深化知识产权金融创新，增进产融深度合作。

表 2-4 数据显示，四川省的金融市场以银行业机构为主导，社会融资结构也以银行信贷为主，占比长期保持在 70%左右。地方多层次资本市场发育仍相对滞后，区域性交易场所正面临金融监管"清整联办"调控政策的影响，截至 2022 年底，A 股上市企业数量不足 200 家，股权融资占社会融资规模的比例约为 5%。综合这些现实制度情境可以发现，如何优化四川省 21 个市（州）科创金融资源配置支持四川省创新驱动发展，是深化四川省金融制度供给侧结构性改革亟待攻关的重大课题。

（二）优化科创金融制度供给，实现财政金融协同促进四川省创新发展

目前，四川省各级政府财政对高科技产业投融资的支持主要体现在：财政资金奖补、科技贷款贴息、基金风险补偿、设立应急转贷等方面。例

如四川省科技厅设立"天府科创贷""天府科创投",省知识产权服务中心牵头设立"知来贷"等。这些财政金融互动政策的制度执行落地一般附有较多的限制条件,比如"择优"遴选目标科技企业扶持,这些科技企业需要履行完还本付息义务,能够正常履约的科技中小企业其自身融资约束相对更小。财政资助有必要加以优化,加大财政资金的集约化利用,依据科技企业的需要协同发展"事后资助"和"事前投入"。让财政科技发挥"雪中送炭"的作用。

与此相关的财政金融互动配套政策是,结合优化营商环境的要求,加大政府采购对科技企业的支持力度。落实各项税收优惠政策,切实减轻科技企业负担,使企业真正实现开源节流。结合本研究的一线调研,有必要继续推进四川省新一轮财政金融互动改革,扩大财政资金投入科技中小企业发展基金的比例,对发放贷款的金融机构进行奖补,参考上海、北京、山东等科创金融专项试点的优化激励机制,比如按年度新增损失贷款的50%给予风险补贴。扩大风险补偿基金规模。由省政府财政主管部门牵头,与金融机构成立省级和市(州)两级风险补偿基金,探索"政府—银行—担保机构—再担保机构"的科创金融风险共担机制。扩大应急转贷规模,针对银行等金融机构开展应急转贷业务动力不足的问题,由省政府部门出面加以沟通协调,利用财政资金对开展科技中小企业应急转贷的银行按比例给予补贴。将科创金融机构执行财政金融互动政策纳入MPA考核,依其综合表现,优先支持相关机构发行永续债、转股型资本补充债券、二级资本债券以及通过地方政府专项债等方式补充资本。中国人民银行可以给予再贷款、再贴现支持。通过优化科创金融制度供给有效发挥"有效市场"和"有为政府"的作用,实现财政金融政策同向发力,推进四川省科创金融发展。

(三)强化地方政府性科创金融组织的科创金融制度执行示范作用

以上两个方面,分别从四川省科技产业发展、增强财政金融互动维度切入,以加大科创金融制度的供给侧结构性改革为抓手,探索驱动四川省创新发展的政策路径。科创金融制度供给需要与制度执行相互配合才能发挥应有的作用。尤其是在联通科创金融资源配置的"有效市场"和"有为政府"协同作用方面,地方政府性科创金融组织发挥了重要的桥梁作用。

综合前述研究可以发现,四川省科创金融融资体系中,科技信贷仍是"压舱石",与此相关的是,要为科技信贷健康发展提供良好的风险分担保障,有效的信用违约风险分担机制才能真正稳住科技信贷这一基本盘,基于此才能更进一步地发展与科技创新高风险高收益相匹配的 VC 体系及"投贷联动"模式。在这些方面,要发挥国家科技类融资担保基金、科技型中小企业发展基金、国家级科技产业引导基金的品牌优势和资金实力,加强中央政府科技创新基金与四川省级科技产业基金的上下联动,以金融资本为纽带,整合各级政策性科创金融资源和各类社会资本,设立四川省现代产业体系母基金群,统筹兼顾、服务四川省现代产业体系高级化。兼顾"一干多支""五区协同"的区域性差异,参考本书第四章的研究结果,加强与省级主管部门和市(州)政府对接,对财力较弱、科技产业发展趋势良好的区域利用政策性金融予以必要的定向资源支持。

全面落实科技创新产业引导基金、政策性科技担保或再担保团队的激励机制,优化考核激励机制,加强对产业基金"募、投、管、退"关键环节的动态考核,包括带动后续融资、新增知识产权、科技成果转化等社会绩效。对基金和保费收益等进行定性和定量考核,通过市场化的激励机制,推行团队持股,将管理人的利益与基金业绩或担保业绩挂钩,实现对高管的有效激励,解决地方政府性科创金融组织可能产生的效率减损问题。[①] 为地方政府性科创金融组织建立差异化的尽职免责容错机制,不再简单地将保值增值作为管理人的考核底线。例如,投资于种子期、起步期的高科技创业引导基金投资失败允许率为 60%,投资于四川省科技产业成熟度高的科技产业引导基金投资失败允许率为 20%。在投资失败允许率范围内的正常投资亏损,按照尽职免责原则处理。

[①] 可以积极探索省属科技型企业与清华大学等共同发起设立的四川省高校科技成果转化基金,深度参与高校科技项目研发、实施及技术转移,实现重大关键技术在四川省落地、转化、扩散。

二、科创金融服务与有效市场机制协同配合促进四川省创新驱动发展

（一）重点提高科技银行信贷服务，优化科技信贷资源纵向和横向整合

如表2-4所示，无论是金融机构数量、从业人员数量，还是金融资产规模，多方面数据均显示，四川省科创金融服务体系目前以银行信贷为主导。因此，科创金融支持四川省创新驱动发展，资源整合的重点是优化科技信贷资源配置，只有抓住工作重点才能实现"纲举目张"。

因此有必要建立科技银行服务科技企业融资的长效机制，避免大水漫灌，结合"创新积分制"将信贷资源集聚到"专精特新"企业、高价值知识产权企业、瞪羚企业、独角兽企业。以四川省各类高新技术开发区、科技园区、创新创业园区、孵化器等为空间载体，为工业"5+1"等重点产业的关键核心技术领域、不同生命周期阶段的科技企业提供差异化信贷支持。增进科技银行服务科技企业创新的意识，支持银行业金融机构在国家和省级高新技术产业开发区等科技资源集聚区域设立"科创金融专业机构"，鼓励银行业金融机构在内部成立科创金融服务中心、普惠金融事业部，有条件的分支机构可按行业和产业链有针对性地为科技企业提供专业融资服务，探索建立以知识产权、人力资本为核心的科技企业评价体系，建立完善"六专机制"①，提高科技信贷、普惠信贷在银行贷款中的占比，打造一批信贷服务企业科技创新的示范样板。

优化信贷资源市场分配机制的着力点在于激发人的活力。基于实际，可以适当下放对科技企业授信的审批权。建立独立的科技企业贷款核算与激励机制，加强信贷人员的正向激励，建立健全科技贷款激励约束机制，将信贷人员的晋升与科技贷款规模和质量挂钩。根据科技贷款的特点，科

---

① 金融服务科技企业创新的"六专机制"构成：专属融资产品、专业服务队伍、专用信贷额度、专门风控政策、专项考核激励、专营服务机制。

学测算信贷风险，动态调整科技信贷不良贷款率控制指标，实行尽职免责，合理确定科创金融服务工作人员的薪酬系数，充分调动科技信贷服务人员，尤其是科技型小微企业金融信贷服务专职人员的积极性。

（二）支持地方科创金融服务体系组织间的创新协作

在经济社会学的网络分析范式下，地方金融机构在解决科技企业融资问题上有天然地缘优势。地方金融机构扎根本土，信息掌握充分，容易了解科技型企业的经营能力等私人信息。因此，地方金融机构能对本地科技企业的信用加以精准认证，有效地降低信息不对称性。美国、日本都形成了较为成熟的社区银行体系，社区银行对科技企业法人的实际情况、企业家个人品质的了解比大银行更为翔实。因此，社区银行能更高效便捷地搜集科技型中小企业的软信息和硬信息。"软信息"是银企之间发生关系型融资的核心要素，可以有效提升融资可得性、降低融资成本。以保障科技银行信贷资产为核心，提供政府性科技担保服务、知识产权金融服务、不良科技贷款服务、地方信托公司参与"债转股"和"股权信托"服务、地方产权交易所参与科技信贷 ABS 和 REITs 服务，从而实现小规模人格化债权交易向大规模非人格化股权交易转化，以有效市场之手，促进地方科创金融服务体系组织间的创新协作。

在科创金融的银行信贷服务优化领域，四川省也可以大力支持和发展地方纵向金融信用体系。主要的方式是对城市商业银行、信用合作社、村镇银行加以重组，实现科技信贷组织机构的资源整合。鼓励地方科技小额信贷机构为科技型中小企业提供融资服务，如表 2-6 所示，四川省"十三五"期间的小额信贷公司约 350 家，尽管机构数量在近年有所下降[①]，但是机构存量相比其他地方金融机构仍较多，发展地方科技小贷横向信用可

---

① 截至 2022 年 6 月底，四川省小额信贷公司数量已经降至 199 家。赵昌文等（2011）学者认为，科技小贷相比于科技支行是更适宜我国的科技银行模式。本课题调查亦发现，基于科技小额信贷的 ABS 是我国当前知识产权金融服务模式的主流。四川省如何保持适宜的小额贷款公司数量、从业人员规模、资产资本规模，如何优化四川省科技小贷规模及结构，这些问题值得理论界和政策界深入探讨。

以与科技银行纵向信用形成有效互补。除此之外,地方担保公司、AMC、交易场所等都可以优化整合,使其成为支持地方科创金融服务体系的重要主体。

此外,中央金融工作会议亦特别强调了地方中小金融机构的风险防范问题。本书认为,需要以服务地方实体经济为原则,对地方金融组织进行优化重组。金融监管部门可以给予地方金融机构成长空间,避免"一刀切"式监管,合理健全对地方金融、中小金融机构的分类监管,以信用监管方式,对高信用等级的金融机构放宽业务准入,允许更多的行业自律,而非政府强制性规制。鼓励地方金融机构利用 AI 技术、区块链技术、云计算等大数据手段尝试数字化转型,减小信息不对称的影响。支持地方政策性金融和商业性金融合作促进科技服务业高质量发展,推动以风险共管共担为核心的新型 CDC 式合伙制科创金融控股集团组织。

(三)依托高科技产业园区发展地方科创金融,丰富科创金融主体和业态多样性

科创金融高质量发展需要一定载体。高科技产业园区是较为成熟的合作模式,可以依托与高科技产业园区合作,推动科技企业集群发展。

目前四川省科技产业细分门类多,地域分布广,这对于科创金融投融资服务信息交流和资源共享较为不便,也加大了金融服务科技企业融资的交易成本。依托省内重点开发区和各市(州)一些特色高科技产业园区,围绕核心产业、优势产业和新兴产业打造产业集群,吸引关联科技企业向产业园区聚集,整合科创金融资源,实现产业链金融协作配套,提高科技型中小企业集合融资能力。在建立高科技产业园区合作的同时,充分考量聚集科创金融资源的便利性,增进银投合作、银基合作,推动公私募股权融资与公私募债券融资,围绕产业链,布局多层次的区域科创金融资本市场。加快高科技产业园区的技术创新、管理创新和经营模式创新,梯队培育一批在国内细分市场占有率较高的科技企业,通过与高科技产业园区之间的联动发展,实现科技企业"个体化融资"到产业链"链式融资",再到高科技产业园区联盟型"团队融资"。发展地方产权交易场所、金融资

产交易场所①开发科创金融股权融资产品、知识产权金融和科技园区基础设施REITs综合化金融服务，促使地方产权交易场所与全国性证券交易场所形成科创金融多级互补的股权资本市场。《成渝共建西部金融中心规划》亦有相关的阐释。

此外，从国内外的科创金融实践看，地方非正规金融也是地方多层次资本市场的有机构成，在科技企业融资方面发挥着重要的作用，同四川省已有的约200家小额信贷公司具有相似性，地方非正规金融也主要集中在横向信用体系，但是对科创金融的市场渗透更加深入，可以为地方科技小贷发展提供更微观的基础支撑。本书调查发现，有近20%的中小企业（含科技中小企业）偏好选用民间金融渠道。Allen等（2019）学者认为，非正规金融对破解我国小规模企业融资约束意义重大，他们曾以此入手探讨40年来中国经济在正式制度环境发育不充分条件下的"高增长之谜"。Bonte和Nielen（2010）以15个欧盟成员国的中小企业为样本，发现非正规金融更适合关系型融资，这与中小企业融资的契约治理机制更匹配。这些学术观点，对构建四川省多层次资本市场，促进科创金融主体发育和资本业态多样性提供了理论参考。

三、提高科技创新主体发展能力与治理水平，促进四川省创新驱动发展

（一）结合科技创新主体的生命周期，提升科创金融服务质效

2023年中央金融工作会议提出"金融服务实体经济的质效还不高"，"晴天借伞、雨天收伞"问题突出。党的二十大明确提出"强化企业科技创新主体地位"。因为企业科技创新是长周期事业，金融支持企业科技创新不但需要具有"生命周期"服务意识，更要有"生命周期"服务能力。无论是服务意识还是服务能力，都需要科创金融资源配置市场主体具有丰

---

① 这些地方交易场所是发展多层次资本市场的有机构成，但是也受困于行业性"乱创新""伪创新"等金融乱象的影响，正面临"清整联办"行业性规制，其发展前景面临诸多不确定性。

富的专业知识。提升全生命周期科创金融服务质效，最为迫切的是以"干中学"（learning by doing）有效激发企业家精神，提升科技企业基于自身生命周期的投融资决策科学性。

一方面，企业家首先要深化对科创金融基本知识的学习，科创金融有关于"人"的决策，金融知识存量会直接影响企业家科创金融决策的有效性。若能有效结合自身生命周期科学融资则会"事半功倍"，否则就会缘木求鱼。例如，在创设初期应主动寻求内源性融资和天使资金支持，如果选用外源债权融资则会"事倍功半"；在成长期可以引入政府基金和外源私募债务融资；在成熟期则可以扩大外源性公募融资规模。以上主要基于企业家"单边理性"的新古典融资理论视角，地方科创金融市场结构、市场主体的投融资惯例、地方金融市场主体和资本业态结构也是企业家科创金融知识的有机构成。

另一方面，除企业家之外，科技企业的 CFO 一般具有更丰富的科创金融知识，应在融资规划和决策过程中发挥前瞻性作用。因为科技创新是高风险事业，发达国家和地区的经验表明，在企业生命周期的初期和成长期要立足内源融资，确保经营现金流稳定、自由现金流充足，切实提高科技企业内部预算管理水平，防范"现金断流"。为此，科技企业首先需要主动学习科创金融知识、了解政府财税金融部门相关的政策，了解和熟悉相关财税金融工具。在实施外源性融资之前，可以自主或聘请科创金融中介机构对金融市场进行调研，比较融资可得性和融资成本，科学决策自己的资本结构，理性选择债权、股权或混合型融资工具。

以下从科创金融市场主体投融资互动的视角分析如何提升四川省的科创金融服务质效。一是科创金融服务体系的投资端可以向科技企业提供更有针对性的科创金融支持。例如，第一批全面创新改革试验曾大力推广科技银行"六专机制"，向科技企业提供定制化科技信贷服务，但是其试点结果却并不尽如人意。基于制度理论分析其原因在于，科创金融的"定制化"服务意味着金融机构专用性投资强度加大，此类资产专用性同样会引致科技银行高昂的交易成本。科创金融是高风险事业，如果出现大规模的信贷违约风险则有损于公共利益。从科创金融机构风险防范和政府金融监管责任归属的角度考量，科创金融资源配置更应该让市场机制发挥决定性作用。二是科创金融市场交易可以引入关系性融资合作，以节约科创金融市场交易成本。具体来说，科技企业可以优先向开立基本结算账户的银行和支付结算量大、交往密切的非基本账户开设银行申请融资。本书调查发现，银企关系越好越有助于科技企业获得关系型融资，这会增加融资可得性，降低融资成本。

综合前述科创金融投融资互动分析，科技企业需要结合自身生命周期等属性评估自身外源融资能力，在科技银行主导的科创金融服务体系下，企业家和财务人员更应熟悉银行的科技信贷政策和授信决策相关知识，做到科创金融投融资战略"知己知彼"。长期以来，国内外科技银行授信惯例所关注的"硬"财务信息一般包括经营能力、盈利能力、偿债能力、发展能力等表征第一偿付能力的指标，还有大量的资产资本结构性指标。这些财务信息实际上都是科技企业自身商业模式、经营管理绩效的综合反映。可以认为，决定科技企业或科技产业不同层面融资可得性的微观基础，关键在于科创金融主体同步积累更多高质量的科创金融知识，持续提升自身经营能力和公司治理能力。

(二) 完善科技企业公司治理，提高融资信息披露质量和透明度

科技创新是一项战略性投资行为，熊彼特创新理论认为，企业创新主要包含5方面的内容，第一就是资源要素类"原材料"创新。其中的物质资源要素常常具有资产专用性高的属性，专用性资产一方面是熊彼特创新租金的来源，另一方面也会因信息不对称进而诱发资金供给方事后被"敲竹杠"的风险，其结果就表现为科技企业较为普遍的融资约束现象。因此，明晰投融资活动中的产权关系，健全企业管理制度，完善法人治理结构，都有助于增进科技企业和投资人之间的社会信任，进而缓解其融资约束压力。

从信息披露质量的视角分析，科技企业应完善财务制度、内控机制，尤其应重视会计信息的确认、计量、报告的规范性。我们认为，可以将规

范财务信息的生成作为科技企业"数字化"转型的"万里长征第一步"，提高科技企业的信息披露质量和透明度。鉴于此，政府财政税收可予以一定资金奖补，引导科技企业建立健全财税数字化系统，这也会助推政府税务工作效率的提升。科技企业数字化转型可以促进"数字金融"和"数字税收"发展，使科创金融资源配置的市场机制和政府机制产生链接，实现协同发展。

围绕科技企业管理人可能有技术专长，但是并不具备人力资源、财务资源管理专长的现实，四川省可以在科技服务业高质量发展领域积极探索，例如充分利用本地高校科研院所专业人才的资源优势，以及"天府科创通"和科技银行事业部的专业人力资源优势，参照"科技特派员制度"，支持组织一批科创金融服务专家队伍，深入一线探索科技企业管理实践，为科技企业提供专用性、定制化的科创金融管理咨询服务，鼓励这些知识专家参与有偿的科创金融服务或给予绩效考核工作量认定。发挥"科创金融特派员"的专业才能，协助科技企业改善公司治理，提高财务信息披露的质量和透明度，进而助力融资可得性的提升。

（三）增强科技企业等市场主体合规守信意识，助力地方社会信用体系建设

"诚信"和"敬业"是我国社会主义核心价值观的有机构成。诚信经营对科技企业这一"法人"同样重要。新制度经济学和经济社会学认为，合规守信是科技企业的一种社会资本①，是科技企业专有的生产性资源，是科技企业和投资人建立关系型契约的黏合剂。除了前文所述的企业科技创新需要投入大量专用性物质资产之外，事实上，诚信精神和敬业精神也是企业科技创新的一类重要的专用性专有性"原材料"投入，科技企业的创新成果的质量主要取决于科技工作者敬业精神等无形"原材料"的投入。一个具备诚信精神和敬业精神的人，才可能成功培育出企业家精神和工匠精神。

---

① 理论界认为社会资本的构成包括信任、合作规范、社会关系网络。

科技信贷是高风险债权投资行为，诚信是信贷债权安全性的优先保障。虽然法律保障是维系信贷债权安全性的最后保障，但是真正付之于法庭参与下的三方金融合约治理在现实金融世界中实属无奈之举。因为法庭同样面临有限理性的约束，涉及科创金融生效法律文书的执行一直是司法实践面临的难题。为了避免银企信贷治理出现事后"对簿公堂"问题，银行授信事前的信用评级程序就是评估上述"对簿公堂"的概率，信用评级也是银行是否向科技企业提供贷款以及如何定价的决策依据。如果科技企业或企业家有不良信用记录，将会严重降低其信贷融资可得性。随着数字金融技术在银行信用评级中的运用，其技术核心也围绕"信用画像"展开，终极目的依然是为了更加精准地测度出融资方的诚信程度。依据同样的金融逻辑，产业链金融、供应链金融的核心也是为了促进同链企业互相信用担保，实现同舟共济，共谋发展。

因此，合规守信是科技企业经营可持续、做大做强的战略性资源。无论科技企业是通过正规金融体系融资，还是通过非正规金融体系融资，都需要坚守合规守信的理念。社会信用体系是四川省发展科创金融的重要制度性基础设施。高质量建设四川省社会信用体系，是成渝共建西部金融中心的基础工作，也是发扬诚信金融文化的现实场景。

四、科创金融服务与制度环境建设同步促进四川省创新驱动发展路径

（一）优化科创金融法治环境，为地方科创金融可持续发展提供正式制度保障

除社会信用环境之外，法律制度环境也是重要的制度性基础设施。新制度经济学认为，在交易成本为正的条件下，法律环境会影响经济资源配置效率。科斯定理Ⅲ认为，法治化是市场化的前置条件。换言之，良好的法治环境是实现资源市场化配置的基础。科创金融的本质是经济组织间有关金融资源要素的市场化配置过程，因此科创金融发展必然离不开正式法律制度的保障。一个好的法律制度环境，对促进科技企业融资有着至关重

要的作用。

我国于2018年修订后的《中华人民共和国中小企业促进法》更加凸显对科技型中小企业的投融资权益保护。在法治建设方面，美国、德国、日本的立法值得借鉴，这些国家高度重视科技型中小企业在科技创新中的主力军作用，保持"政府干预"和"市场机制"相对均衡的科创金融资源配置体系。包括市场主导型金融体系的美国在内，服务科技型中小企业的金融体系也以政策性金融为主导，并赋予这些金融机构综合化职能，例如为科技型中小企业提供债权融资、股权融资、风险分担、管理咨询、员工培训等相关服务。这些国家还有成熟度较高的资本市场支持科技型中小企业融资、科技成果转化、市场化工业化。这些科创金融政策、科创金融机构、科创资本市场、科创金融人才、科创金融中介又自发形成了具有世界影响力的国际科创金融中心，进一步促进"科技—产业—金融"的良性循环。

如前文的图2-3所示，四川省市场中介组织的发育和法律制度环境发展趋势在可比省市中长期位于全国平均水平，这既可能与四川省经济大省地位不相符合，也可能与成渝共建西部科技创新中心和西部金融中心"双中心"战略存在差异。鉴于此，四川省需要以成渝共建西部科技创新中心和西部金融中心为契机，重点建设好市场化、法治化、国际化科创金融制度型营商环境。

以成渝金融法院为支柱，推进四川省科创金融法治环境建设。川渝两地可就科创金融政策法规协同、金融市场监管执法协调联动、科创金融和知识产权金融试验区联合申请、社会信用体系协同建设等方面展开深度合作，保护科创金融市场主体的合法权益。推动科创金融市场监管执法协调联动；加强知识产权保护；保障民营科技企业合法融资权益；加强科创金融法律服务领域合作；协同优化诉讼服务便利度；提升科技企业破产案件办理质效。不符合优化川渝营商环境要求的地方性法规、地方政府规章、行政规范性文件和其他政策文件按程序修订或废止。科技企业是四川省科创金融体系的核心市场主体，有必要强化《中华人民共和国民法典》等高位阶法律的执行力度,硬化科创金融市场主体的履约责任,发挥成渝金融法院在维护四川省科创金融法治环境中的重要作用,借鉴上海金融法院和北京金融法院的先进经验,使金融法院成为成渝共建西部科创金融"双中心"重要的正式制度支柱。

(二)增进科创金融公共服务的有效性,促进地方科创金融服务体系有序发展

2023年中央金融工作会议明确指出,金融体系服务实体经济的质效还不高,要深化金融供给侧结构性改革,提高金融监管和治理能力。2023年党和国家新一轮机构改革将科技体制改革与金融体制改革作为重点内容。这表明,科创金融公共服务质效提升也是地方政府金融监管体制改革的重要内容,在我国政府主导型科创金融制度变迁情境下,科创金融公共服务会影响地方科创金融服务体系的发展。结合四川省2024年推进的金融监管体制改革,在提升科创金融公共服务质效方面,省委金融办和中国人民银行四川省分行可以加强协调,深化与省发改委、科技厅、工业和信息化厅等科技创新主管部门的科创金融联席会议协调机制。在科创金融体制改革的大背景下,保持科创金融政策的一致性,创新"信易+""天府信用通""天府科创通""央行科票通""再贷款+"政策性金融服务,支持科技企业创新发展。在四川省21个市(州)采取科创金融政策倾斜等方式,发挥有为政府的作用,引导银行、证券公司、保险公司和"7+4"地方金融组织优化科创金融资源配置。

四川省改善科创金融公共服务有必要统筹纳入川渝共建西部金融营商环境制度体系。这是因为,2020年7月川渝签署的《四川省人大常委会重庆市人民常委会关于协同助力成渝地区双城经济圈建设的合作协议》明确将优化营商环境立法作为四川省和重庆市协同立法的首个项目。《成渝共建西部金融中心规划》及其实施方案和《成渝地区双城经济圈优化营商环境方案》明确到2025年西部金融中心初步建成,金融制度环境明显优化,金融营商环境居全国前列,并从完善金融社会信用、金融社会法治等角度推进金融生态营商环境优化,以宏观制度性金融交易成本的节约,助力微

观实体企业融资成本的节约。川渝两省市于 2022 年联合印发《成渝地区双城经济圈优化营商环境方案》，还相继出台《社会信用条例》等法律法规，高标准建设成渝金融法院，推进金融司法一体化。统一金融市场逐渐形成，市场分割引致的制度性金融交易成本降低。

综合以上川渝两地有关金融公共服务的政策制度，促进川渝地方科创金融服务体系发展仍需"同题共答""团结协作"。上述文件已明确，两地要共同提升政府金融公共服务质效，统一政府公共政策标准、规范中介组织服务。注重川渝两地政府金融公共服务的政策法规协同。探索成渝地区金融同类立法项目协同调研论证，地方政府规章、行政规范性文件清理及合法性审核沟通机制。建议科创金融市场主体参与涉企政策制定，强化政企双方在实体经济、企业产权保护等方面的政策互鉴和交流，充分听取企业和行业中介组织意见，提高"有为政府"决策科学化、民主化、法治化水平。

进一步地，《成渝地区双城经济圈优化营商环境方案》围绕"金融市场主体活力—政府金融公共服务—法治和信用环境"布局了 4 方面的工作重点。同样，紧扣这些重点可以增进四川省科创金融公共服务的有效性，为优化四川省科创金融服务体系提供了方向性参考。

（三）创新发展数字金融，夯实科创金融服务体系发展的制度营商环境

数字金融是我国金融工作"五篇大文章"的有机构成。四川省和重庆市联合印发的《成渝地区双城经济圈"放管服"改革 2023 年重点工作任务清单》《川渝跨区域数字化场景应用清单》等多个政策清单均涉及数字金融的应用。例如，推动"渝快办""天府通办"平台与国家部委信息系统联通，《成渝共建西部金融中心规划》专门就发展数字金融进行了部署①。因为重庆是全国首批营商环境创新的 6 大试点城市之一，成都也多

---

① 部分参考《成渝共建西部金融中心规划》有关金融科技内容的表述，本研究在此处未对数字金融和金融科技的定义作出严格区分。

次入围全国营商环境标杆城市和示范城市。川渝两地可以密切围绕西部科技创新中心和西部金融中心建设，对标国际先进水平，深化数字金融的"放管服"改革，以数字金融促进地方科创金融制度和营商环境建设。

为了提升四川省数字金融赋能科创金融营商环境建设的质效，需明确四川省科创金融营商环境建设要以降低科创金融交易成本为牵引。省大数据中心和"天府信用通"可以为数字金融拓展新应用场景。完善科技企业在线融资对接服务，加强公共征信系统建设。促进公共信用信息互通共享、规范开放，可以把各政府部门的分散信息纳入统一信息平台，打破信息孤岛。通过财政金融互动政策引导社会资本建立科技企业信用数据库，运用大数据、云计算技术，对科技企业信用状况进行实时画像，同时整合金融监管部门的金融数据、产业发展主管部门的科技企业数据、司法部门的法律数据等，构建科技企业信用数据库。将地方性科技企业信用数据接入全国"信易+"融资服务体系，最终形成全国性科创金融数据"统一大市场"。

发挥数字金融公司的科创金融中介作用。引导科创金融机构与数字金融公司在促进四川省科创金融服务体系建设领域开展深度合作。鼓励数字金融公司为科技银行、科技小贷、科技保险等金融机构提供模块化、标准化的数字金融服务方案，包括智能科技信贷、智能财富管理、智能保险经纪等服务。在确保金融安全、信息安全的前提下，可考虑由专门的政府部门与国内外著名数字金融公司合作，构建全域共享的征信系统。四川省可以将科创金融和数字金融的协同发展，融入西部科技创新中心和西部金融中心的"双中心"建设工程，创造性谱写四川省科创金融工作新篇章。

第七章　研究展望

四川省肩负着成渝地区双城经济圈建设、西部金融中心建设的历史使命。站在新的历史起点上，高质量发展怎么干、路子怎么走，是新征程四川省现代化建设必须回答的重大问题。2024年5月中共四川省委十二届五次全会作出了"以发展新质生产力为重要着力点扎实推进高质量发展的决定"，对四川省加快发展新质生产力、扎实推进高质量发展作出系统谋划和全面部署。在充分论证基础上，提出实施人工智能、航空航天、先进装备、生物制造、清洁能源、先进材料六个重大科技专项，着力突破一批关键核心技术。充分发挥四川省比较优势，在发展新质生产力上打造几张全国叫得响的名片；更大力度加快补齐城乡、区域、生态、民生等方面短板弱项，解决制约四川省高质量发展的突出症结；牢牢守住安全发展底线，实现高质量发展和高水平安全动态平衡、相得益彰。

发展新质生产力，关键在于以科技创新推动产业创新。只有让科技创新与产业创新相互促进，产业链与创新链有效衔接，才能实现以新技术培育新产业，赋能传统产业，引领产业转型升级，进而实现生产力的跃迁。科技创新、产业创新离不开金融的支持。无论是技术革命性突破，还是生产要素创新配置、产业深度转型升级，都离不开金融的支撑。从0到1的原创新和从1到N的再创新需要大量的资金投入。战略性新兴产业因为技术方向具有很大的不确定性，它的发展需要大量的、持续的投资。未来产业比不确定性还多了一层不可知性，它的发展需要更多的包括金融资源在内的各种资源的投入。面对高度的不确定性、不可知性，最好的办法就是让市场和企业家去试错和创新，政府只做确定性相对较强的工作。否则，政府会偏离其公共行政职能，政府的创新资金也容易被套利。创新最关键的就是要发挥好金融的资源集聚和配置功能。发展新质生产力，进行科技创新和产业创新，需要对分布在各个产业的生产要素进行重新配置，同时引导各种生产要素向代表新质生产力的战略性新兴产业和未来产业集聚，并建立与新质生产力发展相适应的新型生产关系。而如何实现生产要素有效配置、如何引导生产要素向战略性新兴产业、未来产业集聚，就需要进行金融创新，充分发挥金融的资源集聚和配置功能。

发展科创金融离不开资本市场，发展新质生产力也离不开资本市场，科技创新、产业创新同样离不开资本市场。资本市场是资源要素优化配置的重要平台，资本市场功能高低决定着创新资源配置的质效。健全和完善资本市场的功能是资本市场创新的重点。一项科研成果从走出实验室到孵化转化，再到规模化生产，在其全生命周期各个阶段都需要金融资本支持。资本市场的资金供给必须有效对接科技创新、产业创新各个阶段的资金需求，多层次资本市场体系应当是一个完整的生态。发展新质生产力需要加快建设多层次资本市场体系，用大力气发展天使投资、创业投资和私募股权投资，构建有利于新质生产力发展的良好金融生态。要尽快将思想认识，迅速转化为行动方案。国家要加快顶层设计，地方要组织动员。资本市场要在创新创业文化打造、投资者风险和收益匹配机制、投资者投入与退出机制等方面加强创新，激活社会资本积极参与科技创新、产业创新，共同推动新质生产力的发展。

由于历史原因，我国的资本市场一直注重融资功能。相当一部分学者认为我国资本市场必须强化投资功能。长远地讲，强化资本市场的投资功能有利于动员社会资本、维护中小投资者利益、激励企业改善经营绩效，也有利于促进企业技术创新、管理创新。发展新质生产力需要资本市场协调发挥融资与投资功能，应当在资本市场的融资与投资功能如何协调发挥作用的运行机制、规制等方面加强创新。

按照国家总体部署，我国将形成京津冀、长三角、粤港澳大湾区、成渝地区双城经济圈四大经济增长极。在全国性资本市场布局上，京津冀有全国中小企业股权交易中心（北交所），长三角有上海证券交易所（上交所），粤港澳大湾区有深圳证券交易所（深交所）、香港联合证券交易所（港交所），成渝地区尚未布局全国性资本市场。在《成渝共建西部金融中心规划》里，中央赋予成渝两地进行制度创新探索的空间，因此，成渝两地应该主动作为，为创建全国性资本市场创造条件。特别是要在构建现代金融体系、打造世界级现代产业体系、西部金融中心建设等重点领域探索路径，创新发展。重点要在事关新质生产力形成和发展的生产要素聚集与配置、战略性新兴产业和未来产业形成与发展的资本市场创建上下功夫，比如，申办全国数据资产交易所、全国知识产权交易所等。有利于新质生产力发展的金融创新不仅仅需要资本市场创新，金融制度、金融机构、金融产品、金融技术、业务模式等都需要系统创新。我们迫切期待服务新质生产力发展的新金融体系尽快形成。

为此，以实现四川省经济高质量发展为总体目标，在科创金融支持创新驱动发展课题基础上进一步研究，还可在三大方面持续和深入。一是四川省科创金融发展全生命周期生态体系构建研究。以发展新质生产力为着力点，以提升全要素生产率和实现高质量发展为目标，重点从科创金融发展法律制度环境、科创金融发展市场主体、科创金融发展政府调节机制等方面加强研究。二是四川省"科技—产业—金融"良性循环机制形成路径研究。重点从深化创新链、产业链、资金链、人才链"四链"融合、加快发展新质生产力、培育和发展战略性新兴产业和未来产业、构建现代产业体系等方面进行研究。三是加强四川省金融强省建设路径的研究。四川省是经济大省但还不是经济强省，与此相对应，四川省金融业规模总量和质量与经济金融发达省市比较，还有不小的差距，金融强省建设路径有待进一步的研究。

参考文献

[1] 白俊红,李婧. 政府R&D资助与企业技术创新——基于效率视角的实证分析[J]. 金融研究,2011,(06):181-193.

[2] 白钦先,丁志杰. 论金融可持续发展[J]. 国际金融研究,1998,(05):28-32.

[3] 蔡隽. 论所有制差异对信贷资源配置的影响[J]. 华东经济管理,2007,(02):135-137.

[4] 曹颢,尤建新,卢锐等. 我国科技金融发展指数实证研究[J]. 中国管理科学,2011,19(03):134-140.

[5] 曹文芳. 科技金融支持科技创新的实证检验[J]. 统计与决策,2018,34(13):160-163.

[6] 陈涤非. 金融与科技:在互动中共同发展[J]. 现代经济探讨,2002,(6):45-47.

[7] 陈思,何文龙,张然. 风险投资与企业科技创新:影响和潜在机制[J]. 管理世界,2017,(01):158-169.

[8] 成海燕,徐治立,张辉. 科技金融政策促进科技企业发展的资源配置效率研究——来自北京市的实证调查[J]. 科技进步与对策,2020,37(04):119-128.

[9] 成力为,邹双. 风险投资后期进入对企业科技创新绩效的影响研究——选择效应抑或增值效应?[J]. 管理评论,2020,(1):80-90.

[10] 崔满红. 金融资源理论研究(二):金融资源[J]. 城市金融论坛,1999,(05):10-15.

[11] 杜金岷,梁岭,吕寒. 中国区域科技金融效率研究——基于三阶段DEA模型分析[J]. 金融经济学研究,2016,31(06):84-93.

[12] 冯锐,郑伟钢,张少华. 金融资源配置效率对地方系统性金融风险的影响研究[J]. 学术研究,2022(05):98-105.

[13] 付雷鸣,万迪昉,张雅慧.VC 是更积极的投资者吗?——来自创业板上市公司创新投入的证据 [J].金融研究,2012,(10):125-138.

[14] 甘星,甘伟.环渤海、长三角、珠三角三大经济圈科技金融效率差异实证研究 [J].宏观经济研究,2017,(11):103-114.

[15] 戈德史密斯(Goldsmith).金融结构与金融发展 [M].上海:上海三联书店,1994.

[16] 苟燕楠,董静.风险投资进入时机对企业技术创新的影响研究 [J].中国软科学,2013,(03):132-140.

[17] 辜胜阻,庄芹芹.资本市场功能视角下的企业科技创新发展研究 [J].中国软科学,2016,(11):4-13.

[18] 顾夏铭,陈勇民,潘士远.经济政策不确定性与创新——基于我国上市公司的实证分析 [J].经济研究,2018,(02):109-123.

[19] 郭庆宾,钟金融,程叶青.中国金融资源配置效率时空异质性及其影响因素 [J].资源科学,2022,44(11):2165-2177.

[20] 郝盼盼,张信东,贺亚楠.CEO 研发工作经历对企业研发活动的影响研究 [J].软科学,2019,(8):7-13.

[21] 何韧,刘兵勇,王婧婧.银企关系、制度环境与中小微企业信贷可得性 [J].金融研究,2012,(11):103-115.

[22] 贺宝成,陈霄.科技金融发展对经济增长影响实证研究 [J].合作经济与科技,2021,(22):53-55.

[23] 洪银兴.论创新驱动经济发展战略 [J].经济学家,2013,(01):5-11.

[24] 胡志浩,李勐.关系型融资研究新进展 [J].经济学动态,2019,(10):132-146.

[25] 华红梅.新发展格局下我国科创金融体系构建路径探析 [J].北方经济,2023,(02):74-76.

[26] 黄辰.西部地区科技金融支持科技创新发展的实证研究 [D].浙江大学:2021.DOI:10.27461/d.cnki.gzjdx.2021.002870.

[27] 黄瑞芬,邱梦圆.基于 Malmquist 指数和 SFA 模型的我国科技金融效率评价 [J].科技管理研究,2016,36(20):43-48.

[28] 黄宇虹,黄霖.金融知识与小微企业科技创新意识、创新活力——基于中国小微

企业调查（CMES）的实证研究［J］. 金融研究，2019，(4)：149-167.

［29］解维敏，唐清泉，陆姗姗. 政府 R&D 资助，企业 R&D 支出与自主创新——来自中国上市公司的经验证据［J］. 金融研究，2009，(06)：86-99.

［30］黎文靖，郑曼妮. 实质性创新还是策略性创新？——宏观产业政策对微观企业科技创新的影响［J］. 经济研究，2016，(4)：60-73.

［31］李苍舒. 我国金融业效率的测度及对应分析［J］. 统计研究，2014，31（01）：91-97.

［32］李后建，刘思亚. 银行信贷、所有权性质与企业科技创新［J］. 科学学研究，2015，(7)：1089-1099.

［33］李汇东，唐跃军，左晶晶. 用自己的钱还是用别人的钱创新？——基于中国上市公司融资结构与公司创新的研究［J］. 金融研究，2013，(02)：170-183.

［34］李健，马亚. 科技与金融的深度融合与平台模式发展［J］. 中央财经大学学报，2014，(5)：23-31.

［35］李俊霞，温小霓. 中国科技金融资源配置效率与影响因素关系研究［J］. 中国软科学，2019，(01)：164-174.

［36］李林汉，王宏艳，田卫民. 基于三阶段 DEA-Tobit 模型的省际科技金融效率及其影响因素研究［J］. 科技管理研究，2018，38（02）：231-238.

［37］李万福，杜静，张怀. 创新补助究竟有没有激励企业科技创新自主投资——来自中国上市公司的新证据［J］. 金融研究，2017，(10)：130-145.

［38］李万福，林斌，宋璐. 内部控制在公司投资中的角色：效率促进还是抑制？［J］. 管理世界，2011，(02)：81-99+188.

［39］李徐哲，陈林，谭晶荣. 科技信贷、股权集中度与企业科技创新——来自上海市中小型科技企业的证据［J］. 科技与经济，2021，34（02）：66-70.

［40］李杨，张晓晶，常欣. 中国国家资产负债表 2013——理论、方法与风险评估［M］. 中国社会科学出版社，2013.

［41］李扬，王国刚，王军. 产融结合：发达国家的历史和对我国的启示［J］. 财贸经济，1997（03）：3-10.

［42］李业. 企业生命周期的修正模型及思考［J］. 南方经济，2000，(02)：47-50.

［43］李颖. 分层视角的科技产业与金融结合路径探析［J］. 产经评论，2011，(3)：12-24.

[44] 林毅夫. 新结构经济学 [M]. 北京: 北京大学出版社, 2018.

[45] 林毅夫, 李永军. 中小金融机构发展与中小企业融资 [J]. 经济研究, 2001, (1): 10-18.

[46] 刘畅, 刘冲, 马光荣. 中小金融机构与中小企业贷款 [J]. 经济研究, 2017 (08): 65-77.

[47] 刘刚, 梁晗, 殷建瓴. 风险投资声誉、联合投资与企业科技创新绩效——基于新三板企业的实证分析 [J]. 中国软科学, 2018, (12): 110-125.

[48] 刘景东, 朱梦妍. 技术创新网络惯例的治理功能及维度构建 [J]. 管理科学, 2019, 32 (3): 106-119.

[49] 刘淑花, 赵海燕. 基于DEA与Malmquist指数的湛江市金融资源配置效率评价研究 [J]. 岭南师范学院学报, 2020, 41 (06): 38-46.

[50] 刘志彪. 科技银行功能构建: 商业银行支持战略性新兴产业发展的关键问题研究 [J]. 南京社会科学, 2011, (4): 1-7.

[51] 吕梅梅. 金融科技平台助力中小企业供应链融资研究 [D]. 电子科技大学: 2022. DOI: 10.27005/d.cnki.gdzku.2022.004696.

[52] 马光荣, 刘明, 杨恩艳. 银行授信、信贷紧缩与企业研发 [J]. 金融研究, 2014, (07): 76-93.

[53] 马娜, 钟田丽. 战略性资产投资对资本结构的影响——以中国创业板企业为例 [J]. 科研管理, 2017, 38 (02): 125-134.

[54] 梅姝娥, 陈文军. 我国副省级城市科技资源配置效率及影响因素分析 [J]. 科技管理研究, 2015, 35 (06): 64-68.

[55] 苗文龙, 何德旭, 周潮. 企业科技创新行为差异与政府技术创新支出效应 [J]. 经济研究, 2019, (01): 85-99.

[56] 申宇, 赵玲, 吴风云. 创新的母校印记: 基于校友圈与专利申请的证据 [J]. 中国工业经济, 2017, (08): 156-173.

[57] 史贞. 金融资源配置效率对实体经济发展影响的动态空间效应研究 [J]. 统计与决策, 2021, 37 (19): 161-165.

[58] 孙早, 许薛璐. 前沿技术差距与科学研究的创新效应——基础研究与应用研究谁扮演了更重要的角色 [J]. 中国工业经济, 2017, (03): 5-23.

[59] 谭寒冰, 刘珞东. 科技金融背景下供应链金融模式与风险 [J]. 石家庄职业技术

学院学报，2020，32（01）：41-45.

[60] 陶立祥，沈俊，刘元林. 武汉市科技金融发展效率研究——基于BC~2模型和Malmquist指数法[J]. 科技管理研究，2020，40（06）：114-120.

[61] 汪淑娟，谷慎. 科技金融对中国经济高质量发展的影响研究——理论分析与实证检验[J]. 经济学家，2021，(02)：81-91.

[62] 王聪，朱先奇，刘珂琳，周立群. 京津冀协同发展中科技资源配置效率研究——基于超效率DEA-面板Tobit两阶段法[J]. 科技进步与对策，2017，34（19）：47-52.

[63] 王冠凤. 我国多层次资本市场和金融资源配置效率分析[J]. 改革与战略，2011，27（09）：72-75.

[64] 王国刚. 马克思的金融理论[M]. 北京：中国金融出版社，2020.

[65] 王广宇. 供给侧改革中的产融结合[J]. 中国金融，2017（01）：81-82.

[66] 王建平，吴晓云. 制造企业知识搜寻对渐进式和突破式创新的作用机制[J]. 经济管理，2017，39（12）：58-72.

[67] 王满四，王旭东. 关系型融资、关系治理与企业科技创新——来自沪深A股高科技上市公司的实证研究[J]. 中国软科学，2020，(05)：118-129.

[68] 王小鲁，樊纲，余静文. 中国分省份市场化指数报告（2016）[M]. 北京：社会科学文献出版社，2017.

[69] 王勇. 新经济形势下产融结合研究[M]. 四川人民出版社，2005.

[70] 王永海，范明. 资产专用性视角下的资本结构动态分析[J]. 中国工业经济，2004，(1)：93-98.

[71] 威廉姆森（Williamson）. 治理机制[M]. 石烁，译. 北京：机械工业出版社，2016.

[72] 温军，冯根福. 风险投资与企业科技创新："增值"与"攫取"的权衡视角[J]. 经济研究，2018，(02)：185-199.

[73] 吴文建. 完善我国风险投资退出机制的政策研究[D]. 西南大学：2006.

[74] 谢家智，刘思亚，李后建. 政治关联、融资约束与企业研发投入[J]. 财经研究，2014，(08)：81-93.

[75] 谢露. 银企关联、金融发展与企业科技创新——来自民营制造业上市公司的经验证据[J]. 中国物价，2017，(09)：46-48+52.

[76] 熊彼特（Schumpeter）. 经济发展理论［M］. 商务印书馆, 1990: 115-123.

[77] 杨洋, 魏江, 罗来军. 谁在利用政府补贴进行创新？——所有制和要素市场扭曲的联合调节效应［J］. 管理世界, 2015, (01): 75-86.

[78] 叶江峰, 顾远东. 校企非正式个人联结如何促进企业突破式创新？［J］. 经济管理, 2019, (07): 36-52.

[79] 叶祥松, 刘敬. 异质性研发、政府支持与中国科技创新困境［J］. 经济研究, 2018, 53 (09): 116-132.

[80] 殷孟波, 翁舟杰, 梁丹. 解读中小企业贷款难理论谜团的新框架——租值耗散与交易费用视角［J］. 金融研究, 2008 (05): 99-106.

[81] 尹志超, 甘犁. 信息不对称、企业异质性与信贷风险［J］. 经济研究, 2011, 46 (09): 121-132.

[82] 尹志超, 钱龙, 吴雨. 银企关系、银行业竞争与中小企业借贷成本［J］. 金融研究, 2015, (01): 134-149.

[83] 余琰, 罗炜, 李怡宗, 朱琪. 国有风险投资的投资行为和投资成效［J］. 经济研究, 2014, 49 (02): 32-46.

[84] 翟胜宝, 许浩然, 唐玮, 高康, 曹蕾. 银行关联与企业科技创新——基于我国制造业上市公司的经验证据［J］. 会计研究, 2018, (07): 50-56.

[85] 张杰. 预算约束与金融制度选择的新理论: 文献述评［J］. 经济理论与经济管理, 2011 (03): 25-31.

[86] 张杰, 陈志远, 杨连星, 新夫. 中国创新补贴政策的绩效评估: 理论与证据［J］. 经济研究, 2015, (10): 4-17.

[87] 张婕, 金宁, 张云. 科技金融投入、区域间经济联系与企业财务绩效——来自长三角G60科创走廊的实证分析［J］. 上海财经大学学报, 2021, 23 (03): 48-63.

[88] 张明喜, 苏牧, 张俊芳, 周代数. 科技—产业—金融循环的逻辑解构与政策启示［J］. 中国软科学, 2024 (02): 27-37.

[89] 张明喜, 郭滕达, 张俊芳. 科技金融发展40年: 基于演化视角的分析［J］. 中国软科学, 2019 (03): 20-33.

[90] 张清叶, 赵天宇. 基于DEA-Malmquist的河南省科技创新效率研究［J］. 科技创业月刊, 2022, 35 (02): 36-42.

[91] 张其仔. 第四次工业革命与产业政策的转型 [J]. 天津社会科学, 2018 (01): 96-104.

[92] 张庆君, 朱方圆, 胡秀雯. 融资约束、所有制歧视与金融资源配置效率 [J]. 江汉论坛, 2015, (10): 20-26.

[93] 张腾, 刘阳. 科技金融发展是否促进了全要素生产率的提高?——基于空间计量模型的研究 [J]. 金融与经济, 2019, (02): 29-35.

[94] 张文超. 中小企业融资困境与供应链金融分析 [J]. 石家庄职业技术学院学报, 2019, 31 (01): 40-43.

[95] 张璇, 李子健, 李春涛. 银行业竞争、融资约束与企业科技创新——中国工业企业的经验证据 [J]. 金融研究, 2019, (10): 98-116.

[96] 张璇, 刘贝贝, 汪婷, 李春涛. 信贷寻租、融资约束与企业创新 [J]. 经济研究, 2017, (05): 161-174.

[97] 张晓晶, 常欣, 刘磊. 结构性去杠杆: 进程、逻辑与前景——中国去杠杆2017年度报告 [J]. 经济学动态, 2018 (05): 16-29.

[98] 张学勇, 张叶青. 风险投资、创新能力与公司IPO的市场表现 [J]. 经济研究, 2016, (10): 112-125.

[99] 张一林, 龚强, 荣昭. 技术创新、股权融资与金融结构转型 [J]. 管理世界, 2016, (11): 65-80.

[100] 张远为. 湖北省科技金融资源配置效率研究——基于BBC模型和Malmquist指数法 [J]. 湖北社会科学, 2021, (09): 58-66.

[101] 章元, 程郁, 佘国满. 政府补贴能否促进高新技术企业的自主创新?——来自中关村的证据 [J]. 金融研究, 2018, (10): 123-140.

[102] 赵昌文, 陈春发, 唐英凯. 科技金融 [M]. 北京: 科学出版社, 2009.

[103] 钟凯, 程小可, 肖翔, 郑立东. 宏观经济政策影响企业科技创新投资吗——基于融资约束与融资来源视角的分析 [J]. 南开管理评论, 2017, (06): 4-14.

[104] 钟田丽, 胡彦斌. 高技术创业企业人力资本特征对R&D投资与融资结构的影响 [J]. 科学学与科学技术管理, 2014, (3): 164-174.

[105] 钟田丽, 马娜, 胡彦斌. 企业科技创新投入要素与融资结构选择——基于创业板上市公司的实证检验 [J]. 会计研究, 2014, (04): 66-73+96.

[106] 周海涛, 张振刚. 政府科技经费对企业科技创新决策行为的引导效应研究——

基于广东高新技术企业微观面板数据［J］. 中国软科学，2016，（06）：110-120.

［107］周开国，卢允之，杨海生. 融资约束、创新能力与企业协同创新［J］. 经济研究，2017，（7）：94-108.

［108］Abdullah S, Shayem S. Financial Depth and Efficiency, and Economic Growth Nexus in Saudi Arabia and Oman［J］. Review of Economics and Business Studies, 2018, （11）.

［109］Acemoglu D, Akcigit U, Alp H, et al. Innovation, reallocation, and growth［J］. American Economic Review, 2018, 108（11）：3450-3491.

［110］Acemoglu D, Johnson S, Mitton T. Determinants of vertical integration: Financial development and contracting costs［J］. Journal of Finance, 2009, 63（3）：1251-1290.

［111］Acharya V V, Baghai R P, Subramanian K V. Wrongful discharge laws and innovation［J］. Review of Financial Studies, 2014, 27（1）：301-346.

［112］Allen F, Qian J, Qian M J. Law, finance, and economic growth in China［J］. Journal of Financial Economics, 2005, 77（1）：57-116.

［113］Allen F, Qian M J, Xie J. Understanding informal financing［J］. Journal of Financial Intermediation, 2019a, 39：19-33.

［114］Allen F, Qian Y M, Tu G Q, et al. Entrusted loans: A close look at China's shadow banking system［J］. Journal of Financial Economics, 2019b, 133（1）：18-41.

［115］Amit R, Schoemaker P J H. Strategic assets and organizational rent［J］. Strategic Management Journal, 1993, 14（1）：33-46.

［116］Amore M D, Schneider C, Zaldokas A. Credit supply and corporate innovation［J］. Journal of Financial Economics, 2013, 109（3）：835-855.

［117］Arvanitis S, Stucki T. The Impact of venture capital on the persistence of innovation activities of Swiss start-ups［J］. Small Business Economics, 2013, 42（4）：849-870.

［118］Atanassov J, Nanda V K, Seru A. Finance and innovation: The case of publicly traded firms［J］. Ross School of Business Paper, 2007（970）.

［119］Audretsch D B, Bönte W, Mahagaonkar P. Financial signaling by innovative nascent ventures: The relevance of patents and prototypes [J]. Research Policy, 2012, 41 (8): 1407-1421.

[120] Balakrishnan S, Fox I. Assets speciality, firm heterogeneity, and capital structure [J]. Strategic Management Journal, 1993, 14 (1): 3-16.

[121] Barney J B. Firms resources and sustained competitive advantage [J]. Journal of Management, 1991, 17 (1): 99-120.

[122] Barney J, Wright M, David J. Ketchen J. The resource-based view of the firm: Ten years after 1991 [J]. Journal of Management, 2001, 27 (6): 625-641.

[123] Behr P, et al. How do lending relationships affect access to credit and loan conditions in microlending [J]. Journal of Banking & Finance, 2011, 35 (8): 2169-2178.

[124] Benfratello L, Schiantarelli F, Sembenelli A. Banks and innovation: Micro-econometric evidence on Italian firms [J]. Journal of Financial Economics, 2008, 90 (2): 197-217.

[125] Berger A N, Frame W S. Small business credit scoring and credit availability [J]. Journal of Small Business Management, 2007, 45 (1): 5-22.

[126] Berger A N, Goulding W, Rice T. Do small businesses still prefer community banks? [J]. Journal of Banking & Finance, 2014, 44 (7): 264-278.

[127] Berger A N, Udell G F. Universal banking and the future of small business, in Saunders A., Walter I. (eds.). Financial system design: the case for universal banking. Irwin, Burr Ridge. 1996.

[128] Boeing P. The allocation and effectiveness of China's R&D subsidies-evidence from listed firms [J]. Research Policy, 2016, 45 (9): 1774-1789.

[129] Bonte W, Nielen S. Innovation, credit constraints, and trade credit: Evidence from a cross-country study [J]. Schumpeter Discussion Papers, 2010, 32 (6): 413-424.

[130] Botsch M, Vanasco V. Learning by lending [J]. Journal of Financial Intermediation, 2019, 37: 1-14.

[131] Bottazzi L, Da Rin M, Hellmann T. Who are the active investors? [J]. Journal of Financial Economics, 2008, 89 (3): 488-512.

[132] Braggion F, Ongena S R G. Century of firm-bank relationships: Why the transition to multiple banking? [R]. FDIC Working Paper, No. 2011-07.

[133] Chemmanur T J, Krishnan K, Nandy D K. How does venture capital financing improve efficiency in private firms? a look beneath the surface [J]. The Review of Financial Studies, 2011, 24 (12): 4037-4090.

[134] Chemmanur T J, Loutskina E, Tian X. Corporate venture capital, value creation and innovation [J]. The Review of Financial Studies, 2014, 27 (8): 2434-2473.

[135] Chen Y, Huang R J, Tsai J, et al. Soft information and small business lending [J]. Journal of Financial Services Research, 2015, 47 (1): 115-133.

[136] Cole R A, Sokolyk T. Debt financing, survival, and growth of start-up firms [J]. Journal of Corporate Finance, 2018, 50 (6): 609-625.

[137] Cole R A, et al. Cookie cutter vs. character: The micro structure of small business lending by large and small banks [J]. Journal of Financial and Quantitative Analysis, 2004, 39 (2): 227-251.

[138] Collis D J, Montgomery C A. Corporate strategy: Resources and the scope of the firm [M]. Chicago, MA: Irwin, 1997.

[139] Degryse H, Cayseele P V. Relationship lending within a bank-based system: Evidence from European small business data [J]. Journal of Financial Intermediation, 2000, 9 (1): 90-109.

[140] Dierickx I, Cool K. Asset stock accumulation and sustainability of competitive advantage [J]. Management Science, 1989, 35 (12): 1504-1511.

[141] Durguner S. Do borrower-lender relationships still matter for small business loans? [J]. Journal of International Financial Markets, Institutions and Money, 2017, 50: 98-118.

[142] Engel D, Keilbach M. Firm-level implications of early stage venture capital investment——An empirical investigation [J]. Journal of Empirical Finance, 2007, 14 (2): 150-167.

[143] Fan J P H, Titman S, Twite G. An international comparison of capital structure and debt maturity choices [J]. Journal of Financial and quantitative Analysis, 2012, 47 (1): 23-56.

[144] Freeman C, Clark J, Soete L. Unemployment and technical innovation: A study of long waves and economic development [M]. Frances Pinter, London, 1982.

[145] Fried H O, Lovell C A K, Schmidt S S, et al. Accounting for environmental effects and statistical noise in data envelopment analysis [J]. Journal of Productivity Analysis, 2002, 17: 157-174.

[146] Gambini A, Zazzaro A. Long–lasting bank relationships and growth of firms [J]. Small Business Economics, 2013, 40 (4): 977-1007.

[147] Gavazza A. The role of trading frictions in real asset markets [J]. American Economic Review, 2011, 101 (4): 1106-1143.

[148] Gurley J G, Shaw E S. Money in A Theory of Finance [M]. Washington D C: The Brookings Institution, 1960.

[149] Hall B H, Lerner J. The financing of R&D and innovation [M] //Handbook of the Economics of Innovation. North-Holland, 2010, 1: 609-639.

[150] Hellmann T. Puri M. Venture capital and the professionalization of start-up firms: Empirical evidence [J]. Journal of Finance, 2002, 57 (1): 169-197.

[151] Hicks J A. Theory of Economic History [M]. Oxford : Clarendon Press, 201-207.

[152] Hud M, Hussinger K. The impact of R&D subsidies during the crisis [J]. Research policy, 2015, 44 (10): 1844-1855.

[153] Javier T T, Antonia R, Montes L, et al. The influence of manufacturing flexibility on the interplay between exploration and exploitation: The effects of organizational learning and the environment [J]. International Journal of Production Research, 2011, 49 (20): 6175-6198.

[154] Jeong H, Townsend R M. Source and TPF grouth: occupational choice and financial deepening [J]. Economy Theory , 2007, (3): 201-207.

[155] Joskow P L. Vertical integration [A]. Menard C, Shirley M. Handbook of new institutional economics [C]. 2005: 319-348.

[156] Kim H, Kung H. Asset specificity, economic uncertainty, and corporate investment [R]. Working Paper, Duke University, 2011.

[157] King R G, Levine R. Finance , Enterpreneurship and growth [J]. Journal of Monetary Ecomonics, 1993, 32 (3): 513-542.

[158] King R G, Levine R. Finance and growth: Schumpeter might be right [J]. The Quarterly Journal of Economics, 1993, 108 (3): 717-737.

[159] Kipar S. The effect of restrictive bank lending on innovation: Evidence from a financial crisis [R]. IFO Working Paper, 2011.

[160] Kirschenmann K. Credit rationing in small firm-bank relationships [J]. Journal of Financial Intermediation, 2016, 26: 68-99.

[161] Lopez-Espi-nosa G, et al. When does relationship lending start to pay? [J]. Journal of Financial Intermediation, 2017, 31: 16-29.

[162] Kogan L. Asset prices and real investment [J]. Journal of Financial Economics, 2004, 73 (3): 411-431.

[163] La Porta R, Lopez-de-Silanes F, Shleifer A, et al. Legal determinants of external finance [J]. Journal of Finance, 1997, 52 (3): 1131-1150.

[164] Lafontaine F, Slade M. Vertical integration and firm boundaries: The evidence [J]. Journal of Economic Literature, 2007, 45 (3): 629-685.

[165] Lafontaine F, Masten S. Contracting in the absence of specific investments and moral hazard [R]. National Bureau of Economic Research, 2002.

[166] Maksimovic V, Ayyagari M, Demirgüç-Kunt A. Firm innovation in emerging markets: the roles of governance and finance [J]. World Bank Policy Research Working Paper, 2007 (4157).

[167] Maksimovic V, Titman S. Financial policy and reputation for product quality [J]. Review of Financial Studies, 1991, 4 (1): 175-200.

[168] Mancusi M L, Vezzulli A. R&D, innovation and liquidity constraints [C] //CONCORD 2010 Conference, Sevilla. 2010, 3-4.

[169] Mansfield E. The economics of technological change [M]. Norton & Co. Inc., New York, 1968.

[170] Marino M, Lhuillery S, Parrotta P, et al. Additionality or crowding-out? An overall evaluation of public R&D subsidy on private R&D expenditure [J]. Research Policy, 2016, 45 (9): 1715-1730.

[171] Montmartin B, Herrera M. Internal and external effects of R&D subsidies and fiscal incentives: Empirical evidence using spatial dynamic panel models [J]. Research Policy, 2015, 44 (5): 1065-1079.

[172] Nelson R R, Winter S G. The Schumpeterian tradeoff revisited [J]. American Eco-

nomic Review, 1982, 72 (1): 114-132.

[173] Neuberger D, Räthke-Döppner S. The role of demographics in small business loan pricing [J]. Small Business Economics, 2015, 44 (2): 411-424.

[174] Nunn N. Relationship specificity, incomplete con-tracts, and the pattern of trade [J]. The Quarterly Journal of Economics, 2007, 122 (2): 569-600.

[175] Ortiz-Molina G, Phillips M. Real asset illiquidity and the cost of capital [R]. Working paper, University of British Columbia, University of Southern California, 2012.

[176] Peneder M. The impact of venture capital on innovation behavior and firm growth [M] //Perspectives on Financing Innovation. Routledge, 2014: 193-223.

[177] Penrose E. The theory of the growth of the firm [M]. Oxford: Oxford University Press, 1959.

[178] Perez C. Technological revolutions and financial capital [M]. E. Elgar Pub. 2002: 78-102.

[179] Puri M, et al. What do a million observations have to say about loan defaults? Opening the black box of relationships [J]. Journal of Financial Intermediation, 2017, 31: 1-15.

[180] Revest V, Sapio A. Financing technology-based small firms in Europe: What do we know? [J]. Small Business Economics, 2012, 39 (1): 179-205.

[181] Rosenbusch N, Brinckmann J, Müller V. Does acquiring venture capital pay off for the funded firms? A meta-analysis on the relationship between venture capital investment and funded firm financial performance [J]. Journal of Business Venturing, 2013, 28 (3): 335-353.

[182] Santikian L. The ties that bind: Bank relationships and small business lending [J]. Journal of Financial Intermediation, 2014, 23 (2): 177-213.

[183] Schienstock G, Hamalainen T. Transformation of the Finnish innovation system: A network approach [M]. Helsinki: Sitra, 2001.

[184] Schumpeter J A. Theory of economic development [M]. Routledge, 1912.

[185] Shleifer A, Vishny R. Liquidation values and debt capacity: A market equilibrium approach [J]. Journal of Finance, 1992, 47 (4): 1343-1366.

[186] Silva F, Carreira C. Do financial constraints threat the innovation process? Evidence from Portuguese firms [J]. Economics of Innovation and New Technology, 2012, 21 (8): 701-736.

[187] Stiglitz J E, Weiss A. Credit rationing in markets with imperfect information [J]. American Economic Review, 1981, 71 (3): 393-410.

[188] Stiglitz J E. Leaders and followers: Perspectives on the Nordic model and the economics of innovation [J]. Journal of Public Economics, 2015, 127: 3-16.

[189] Stulz R M. Finance, finance structure, corporate finance and economic growth [J]. International Review of Finance, 2000, 1 (1): 11-38.

[190] Suchard J A. The impact of venture capital backing on the corporate governance of Australian initial public offerings [J]. Journal of Banking & Finance, 2009, 33 (4): 765-774.

[191] Vicente-Lorente J D. Specificity and opacity as resource-based determinants of capital structure: evidence for Spanish Manufacturing Firms [J]. Strategic Management Journal, 2001, 22 (2): 157-177.

[192] Waegenaere A, Sansing R C, Wielhouwer J L. Multinational taxation and R&D investments [J]. The Accounting Review, 2012, 87 (4): 1197-1217.

[193] Wernerfelt B. A resource-based view of the firm [J]. Strategic Management Journal, 1984, 5 (2): 171-180.

[194] Wernerfelt B. From critical resources to corporate strategy [J]. Journal of General Management, 1989, 14 (3): 4-12.

[195] Williamson O E. The vertical integration of production market failure consideration [J]. American Economic Review, 1971, 62 (02): 112-123.

[196] Williamson O E. Transaction Cost Economics: The government of contractual relations [J]. The Journal of Law and Economics, 1979, 22 (2): 233-261.

[197] Williamson O E. The economic institutions of capitalism [M]. New York: Free Press, 1985.

[198] Williamson O E. Corporate finance and corporate governance [J]. Journal of Finance, 1988, 43 (3): 567-591.

[199] Williamson O E. The mechanism of governance [M]. Oxford University Press, 1996.

[200] Yu F F, Guo Y, Le-Nguyen K, Barnes S, Zhang W T. The impact of government subsidies and enterprises' R&D investment: A panel data study from renewable energy in China [J]. Energy Policy, 2016, 89: 106-113.

[201] Zhan W, Chen R. Dynamic Capability and IJV Performance: The Effect of Exploitation and Exploration Capabilities [J]. Asia and Pacific Journal of Management, 2013, 30, (2): 601-632.